梳式防波堤水动力特性研究及应用

Research and Application
of Hydrodynamic Characteristics
of Comb-type Breakwater

臧志鹏　房　卓　编著

上海科学技术出版社

内容提要

本书介绍了新型梳式防波堤水动力学特性的试验和数值研究成果,包括重力式和浮式梳式防波堤两大类型。全书共8章:第1章重点介绍防波堤的分类和研究现状;第2~5章介绍重力式梳式防波堤的水动力学研究成果,包括非透空重力梳式防波堤试验研究、波浪与重力式梳式防波堤相互作用数值模型、非透空和透空重力式梳式防波堤的数值研究等;第6~8章主要介绍浮式梳式防波堤水动力学特性研究成果,包括浮式梳式防波堤的试验研究、浮子波浪能装置与浮式梳式防波堤集成系统的试验及数值研究成果。

本书展示了梳式防波堤结构的重大研究进展,可供水运工程领域港航专业技术人员和科研人员参考,也可供高等院校相关专业的师生参考。

图书在版编目(CIP)数据

梳式防波堤水动力特性研究及应用 / 臧志鹏,房卓编著. -- 上海:上海科学技术出版社,2025.2.
ISBN 978-7-5478-7012-9

Ⅰ. U656.2

中国国家版本馆CIP数据核字第20250ZC097号

梳式防波堤水动力特性研究及应用
臧志鹏 房 卓 编著

上海世纪出版(集团)有限公司
上海 科 学 技 术 出 版 社 出版、发行
(上海市闵行区号景路159弄A座9F-10F)
邮政编码 201101 www.sstp.cn
常熟市华顺印刷有限公司印刷
开本 787×1092 1/16 印张 10.5
字数 200千字
2025年2月第1版 2025年2月第1次印刷
ISBN 978-7-5478-7012-9/TV·17
定价:95.00元

本书如有缺页、错装或坏损等严重质量问题,请向印刷厂联系调换

前言

梳式防波堤是一种创新的海岸工程结构,旨在有效抵御海浪的冲击,保护近岸区域免受侵蚀,同时维护港口航道的安全与畅通。这种防波堤的设计灵感来源于自然的防护机制与工程学的巧妙结合,其形态犹如一排排精心布置的梳子,能够分散并减弱海浪的能量,从而减少对海岸线的直接冲击。

梳式防波堤的核心特征在于其独特的几何布局,通常由一系列平行或交错排列的透空结构单元组成,这些单元可以是固定于近岸海底的(重力式梳式防波堤)或是漂浮于水深海面(浮式梳式防波堤)。这种设计不仅减少了建设材料的使用,降低了成本,还通过其透空性促进了水体交换,有利于保持海洋生态系统的健康。在外界水动力作用下,梳式防波堤能够展现出卓越的消浪效果。当海浪遇到防波堤时,部分波浪能量被结构表面反射,部分则通过结构间的空隙发生衍射和折射,最终在海堤后方形成较为平静的水域。这一过程有效降低了波高,减缓了水流速度,保护了后方港口、码头及沿海设施免受海浪侵蚀。

随着全球气候变化和极端天气事件的频发,海洋防灾减灾的需求日益迫切。梳式防波堤作为一种高效、环保的海洋防护手段,正逐渐成为海洋工程领域的研究热点。随着海洋资源的进一步开发和利用,梳式防波堤特有的腔室结构既可作为基础结构,又具有波浪汇聚和放大的功能,可为人类探索和利用海洋资源方式提供更多选择。在我国迈向海洋强国的征途中,梳式防波堤等海洋工程技术的研发与应用,对于保障国家能源安全、促进海洋经济发展、维护海洋生态环境平衡等方面具有重要意义。

本书作者团队在海洋工程生产和研究中围绕着梳式防波堤及其工程影响开展了大量的工作,也积累了一定的经验。在此对参与本书撰写、绘图和统稿的王梓、李印康、张馨心、白雪纯等同学表示感谢。

由于作者水平有限,错漏之处在所难免,望读者批评指正。

目录

第1章　梳式防波堤的研究概述 …… 1

1.1 梳式防波堤研究背景 /2
1.2 梳式防波堤机理特点 /3
1.3 梳式防波堤研究现状 /4
1.4 梳式防波堤发展前景 /5

第2章　非透空重力式梳式防波堤试验研究 …… 7

2.1 防波堤结构水动力模型试验设置 /8
2.1.1 水动力模型试验方法 /8
2.1.2 水动力试验模型布置 /9
2.2 防波堤结构水动力试验结果 /12
2.2.1 波浪压强分布特征 /12
2.2.2 相对波高对波浪力的影响 /16
2.2.3 翼板的波浪力特性 /17
2.3 改进型结构水动力试验结果 /21
2.3.1 试验模型布置及分析方法 /21
2.3.2 三种改进结构水动力特性对比 /24
2.3.3 改进结构水动力学特性分析 /26

第 3 章　重力式梳式防波堤数值模型建立 ……………………… 31

3.1　数值波浪水槽模型的建立 / 32
3.1.1　控制方程 / 32
3.1.2　边界条件和初始条件 / 34
3.1.3　数值计算方法 / 35
3.1.4　造波方法 / 37
3.1.5　数值水槽尺度及网格划分 / 39
3.2　数值波浪水槽的验证 / 40
3.2.1　线性规则波浪的模拟与验证 / 40
3.2.2　Stokes 波浪的模拟与验证 / 43
3.2.3　随机波浪的模拟与验证 / 44
3.2.4　消波效果验证 / 46
3.3　波浪与三维结构物作用模型验证 / 46
3.3.1　波浪与直墙相互作用验证 / 47
3.3.2　波浪与漂浮三箱结构作用验证 / 49

第 4 章　非透空重力式梳式防波堤数值研究 ……………………… 53

4.1　波浪与非透空梳式防波堤作用数值模型 / 54
4.1.1　数值模型建立 / 54
4.1.2　数值模型验证 / 55
4.2　波浪作用过程流场分析 / 58
4.2.1　波浪在异型空腔内的运动过程 / 58
4.2.2　受冲击时异型空腔内的流场特性 / 61
4.2.3　结构的危险水位分析 / 65
4.3　空腔结构的优化研究 / 67

第 5 章　透空重力式梳式防波堤数值研究 ……………………… 73

5.1　波浪与防波堤作用的数值模型 / 74
5.1.1　模型建立及数据处理方法 / 74

5.2 受力机理分析 /76
5.2.1 结构表面波浪力分布特性 /76
5.2.2 翼板的波浪力随结构参数的变化 /81
5.2.3 波浪在异型空腔内运动过程分析 /84
5.2.4 异型空腔内流场特性 /87

5.3 水位在胸墙底板以上情况 /95
5.3.1 规则波下水平力折减系数 /95
5.3.2 反射系数特性及经验公式 /97
5.3.3 透射系数特性及经验公式 /98

5.4 水位在胸墙底板以下情况 /98
5.4.1 规则波下水平力特性研究 /99
5.4.2 水平力折减系数经验公式 /103
5.4.3 透射系数及经验公式 /104
5.4.4 结构危险水位分析 /110

第6章 浮式梳式防波堤试验研究 113

6.1 水动力模型试验设计 /114
6.1.1 试验模型设计 /114
6.1.2 试验工况设定 /114

6.2 模型消浪性能试验结果及分析 /116
6.2.1 浮式梳式与方箱式防波堤对比 /116
6.2.2 相对宽度影响分析 /118
6.2.3 波高影响分析 /118
6.2.4 波流共同作用影响分析 /119
6.2.5 不规则波影响分析 /120

6.3 模型改进优化措施 /121
6.3.1 加长底板改进 /121
6.3.2 增设下挡板 /122

第7章 浮式梳式防波堤集成波浪能装置试验研究 ………… 125

7.1 波浪与浮子相互作用势流理论 /126
7.1.1 浮子在流体中的运动响应 /126
7.1.2 波浪能俘获效率的求解 /127

7.2 模型试验方法设计 /128
7.2.1 试验装置设计 /128
7.2.2 试验工况设定 /130

7.3 物理模型试验结果分析与讨论 /131
7.3.1 单独浮子与集成浮子波浪能装置性能对比 /131
7.3.2 浮子与空腔相对位置的影响 /132
7.3.3 浮子与空腔宽度的影响 /135
7.3.4 空腔平面形状的影响 /137
7.3.5 浮子底部形状影响 /139

第8章 浮式梳式防波堤集成波浪能装置数值研究 ………… 143

8.1 数值模型介绍 /144
8.1.1 波浪运动控制方程 /144
8.1.2 紊流模型 /145
8.1.3 自由表面追踪的 VOF 法 /147

8.2 数值模拟结果分析与讨论 /150
8.2.1 振荡浮子数值模拟验证 /150
8.2.2 浮子相对位置优化研究 /151
8.2.3 浮子相对尺寸优化 /152
8.2.4 浮子相对吃水优化 /153
8.2.5 浮子底面形状优化 /154

参考文献 /156

第 1 章

梳式防波堤的研究概述

1.1 梳式防波堤研究背景

防波堤是防御波浪入侵的重要水工建筑物，能够保证港内具有良好的掩护条件，使船舶可以进行安全停泊、作业等工作。随着我国经济的不断发展，海岸资源开发趋于饱和，港口建设越发需要向更深的水域发展。因此，防波堤结构的优化、功能的创新引起了相关人员的高度重视，关于新型防波堤的研究也日益成为热点问题。

梳式防波堤是"九五"期间我国自主研发的一种新型防波堤结构，是在传统的直立式防波堤结构基础上发展起来的。它通过将直立式防波堤结构中的方形沉箱按适当比例取出并代之以沉箱翼板，在平面上形成一种梳齿状的直立形式防波堤（图1-1a），在消波效果、深水适应性、保证掩护水域内水质环境等方面表现出良好的综合性价比，具有较为广泛的应用前景。"十一五"期间，一种非透浪式梳式防波堤（图1-1b）应用于大连港大窑湾北防波堤工程，该结构形式在秦皇岛莲花岛综合旅游区项目的设计中也采用了。在实际应用中，梳式防波堤显示出良好的综合性价比，其消波效果显著优于传统防波堤，能够有效降低波浪能量，保护掩护水域内的生态环境。此外，梳式防波堤在深水区的适应性也得到了验证，能够满足现代港口日益增长的航运需求。梳式防波堤作为一种新型防波堤概念出现以后，经实践验证，其结构的水力学特性会随着主体沉箱尺寸、翼板位置和透空尺寸的改变而改变，使得该结构的水力特性变得十分复杂。

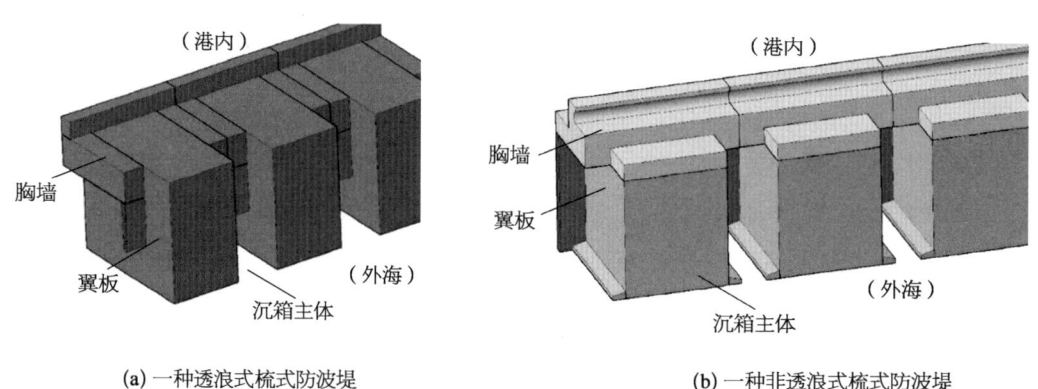

(a) 一种透浪式梳式防波堤　　(b) 一种非透浪式梳式防波堤

图1-1　梳式防波堤示意图

1.2 梳式防波堤机理特点

梳式防波堤的设计理念在于优化传统直立式防波堤结构。传统的防波堤多采用方形沉箱的方式,其消波效果往往受到设计尺寸和波浪特性的限制。梳式防波堤通过对传统结构进行改进,在沉箱设计中引入翼板,形成梳齿状的直立形式,这显著提升了其对波浪的消减能力。沉箱翼板的设计不仅增加了水流的通道,还通过适当的透空设计,减少了波浪对结构的直接冲击,从而提高了防波堤的稳定性和耐久性。

梳式防波堤前沿线为锯齿状的梳型,是由各个单元直墙结构(自成一个沉陷缝段)相连接置于抛石基床之上形成的。如图 1-2 所示,梳式防波堤每个单元可分为三部分:① 方形沉箱主体:它与普通方形沉箱完全相同;② 沉箱两侧的翼板:翼板位于沉箱主体前墙后方,设两侧翼板长为 $a/2$,翼板离沉箱前缘距为 b,翼板距海底的高度为 c;③ 上部胸墙结构:胸墙结构可根据实际工程防浪要求设计成不同的形式,其下底面距海底的距离为 c_1,高度为 c_2。

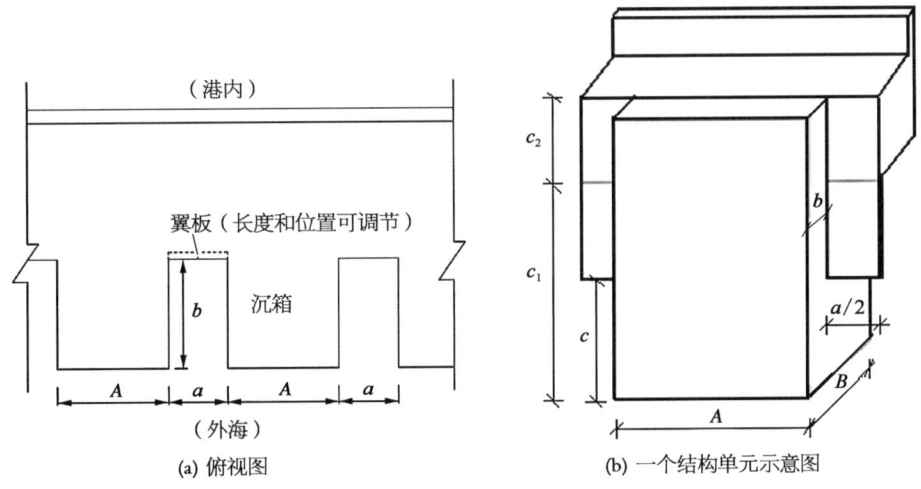

图 1-2 梳式防波堤单元结构图

梳式防波堤与直立式防波堤比较,总波浪力减小的主要原因可归结为以下两方面:其一,翼板与沉箱前沿不在同一平面内,二者之间存在一个间距,因此,在波浪击堤时,来自翼板和沉箱前沿的波浪反射会不同步。此相位差一方面可以减小波浪反射率,同时也错开了翼板所受波浪力峰值与沉箱主体前沿所受的波浪力峰值,从而减少了最大波浪总力。其二,当翼板下方不直接连接到海床时,翼板下方的孔洞使部分波能透过结构传播到港内。透过的波浪在沉箱主体后墙及翼板后侧也产生波浪力,并且与沉箱和翼板前侧的波浪力也存在一个相位差。此相位差可以部分抵消作用在结构前侧的波浪力,从而导致作用在防波堤上的总波浪力减小。

梳式防波堤的结构特征主要体现在其独特的翼板设计上。翼板与沉箱主体的相位差设计有效降低了波浪作用下的波浪力,并通过调节翼板与海底之间的距离实现了透流与非透流结构的转换。透流结构的设计使得堤前波浪从立波变为不完全立波,显著削减了对基础的冲击力,这不仅减轻了防波堤的自重,降低了基床所受的应力,还在一定程度上提高了防波堤的抗冲刷能力。

然而,梳式防波堤作为直立堤的一种,一旦发生结构破坏,修复难度较大。现有的研究主要集中在其水力学特性上,对结构的安全性及抗力性能的系统研究相对较少,导致在实际应用中仍存在一定的不确定性。这一问题亟待工程师与研究者共同努力,探索更加安全、可靠的设计方案。

1.3 梳式防波堤研究现状

朱浩等分析了梳式防波堤的工作机理及其掩护效果。由于波浪能量主要集中在水体表层,在3倍波高的水深范围内集中了波浪能量的98%。因此,将梳式防波堤的上部设计成不透空形式可阻止大部分波浪能量传入港内,下部做成透浪形式可以允许小部分波浪能量和海流传入港内,通过调节翼板的高度可以同时兼顾消浪性能和水体交换的作用。通过翼板取代直墙不仅减少了自身重量,还减少了工程量。梳式结构能够有效地降低最大水平波浪总力,可以很好地减小由于自重减轻带来的不利影响,从而保持结构稳定。梳式防波堤迎浪面形状比较复杂,箱体前沿和翼板不在同一平面,因此箱体前沿的反射波浪与翼板的反射波浪存在相位差,形成不完全立波,从而减少叠加后的总波浪力峰值。另外,透过的波浪在翼板后和箱体后产生相反方向的波浪力,又进一步消减了波浪力峰值。

李玉成、董国海等通过物理模型试验,以大连港大窑湾港区岛堤工程为背景,对当地设计高水位下(此时水位超过设计结构的胸墙下底板)的系列梳式防波堤结构水力特性进行了研究。研究结果表明:梳式防波堤能够减小波浪反射和结构受力;梳式沉箱结构的水动力特性较为复杂,堤前波态属于非完全立波;沉箱主体和翼板前后的波压力均为波动型压力。根据试验结果,确定了梳式防波堤波浪反射系数 K_R 主要与翼板位置 b 和波长 L 之比相关,并给出了经验计算公式。此外,还提供了梳式结构受力与常用实体沉箱受力之比,即波浪力折减系数 K_f 与各主要影响因素之间的相关经验公式。

刘子琪等就大连大窑湾港一期梳式防波堤上部采用曲线形防浪墙的防浪效果进行了试验模拟,分析了墙面波压力的分布。研究结果表明,若防浪墙的线型选择得当,可以在不提高堤顶高程的情况下达到阻止越浪的目的。另外,采用曲线防浪墙在阻止越浪方面效果较为显著。朱大同提出了一种计算梳式防波堤波浪反射系数的解析方法,该方法与试验结果吻合较好。该方法填补了理论解析公式的空白,并通过阻抗分析的方法推导出波浪反射系数的近似计算公式,但仍需要进一步检验与修正。房卓等采用物理模型的方法对不规则波作用下非透空式梳式防波堤表面压强分布规律以及工程危险水位进行了分析和总结。房卓利用源函数造波方法建立三维数值波浪水槽,通过数值模拟分析波浪对梳式防波堤的相互作用,并与物理实验结果进行对比验证,且通过数值模拟得到透浪系数的一组经验公式。朱洋立等使用 ANSYS 软件建立了梳式防波堤的有限元模型,利用波浪谱产生随机波浪荷载作用于防波堤,并分析其受力特点,相比于静力分析更加贴合工程实际,对其动力影响机制具有一定的启示,但计算机软件忽略了非线性影响因素,与实际情况有一定误差。赵军通过物理模型实验对比了在不同水深下梳式、扶壁式、开孔沉箱式三者的透射性能。王心玉等利用数值模拟的方法,计算得到梳式防波堤反射、透射系数并通过实例验证计算结果的正确性,得出相对梳齿宽度、沉箱和翼板长度对反射和透射系数的影响。总体上,梳式防波堤结构与传统防波堤相比,不仅造价相对低廉,还具有减小波浪反射、降低波浪总力、有效吸收波能等优点。

1.4 梳式防波堤发展前景

梳式防波堤作为一种新型的海岸防护结构,因其独特的设计和结构优势,逐渐受到工程界的关注。与传统的防波堤相比,梳式防波堤具有自重轻、基床受力小的特点。它的结构设计通过采用翼板与沉箱主体的相位差,有效减少了波浪力的作用,并通过调整翼板与海底的距离来形成透流或非透流的结构。透流结构能使堤前的波浪从立波转变为不完全立波,从而降低波浪对结构的冲击力。这一特性在设计海岸防护设施时极具价值。

然而,梳式防波堤的设计与应用仍然面临一些挑战。尽管在水力学特性方面的研究已经通过物理模型实验和数值模拟取得了一些成果,但目前尚未形成通用性强且精确度高的计算公式。这是由于梳式防波堤作为一种新型结构,其水力学性能与传统防波堤存在显著差异,而目前国内尚未出台相关的设计规范。因此,在梳式防波堤的设计理论与计算方法上,仍需要大量的研究工作来完善现有理论框架,确保其在实际工程中的安全性和有效性。

针对梳式防波堤翼板的研究,目前主要集中在翼板在规则波和不规则波作用下的受力分布及配筋计算上。这方面的研究不仅有助于提高翼板的设计质量,还能优化其在整体结构中的作用,如透浪、消能和反射等。随着深远海工程的发展,漂浮式梳式防波堤作为一种新兴的浮式防波堤形式,正在逐渐引起关注,并开始应用。然而,漂浮式梳式防波堤结构处于概念和研发阶段,需要更深入的研究和探讨。此外,将波浪能装置与漂浮式梳式防波堤相结合的研究也展现出良好的前景,这一创新设计能够将海洋波浪能转化为可再生能源,为海岸地区提供新的能源解决方案,具有重要的实际应用价值。本书将针对上述新型结构和相关问题展开初步的研究和探讨。

展望未来,梳式防波堤的研究应进一步拓展到多个领域。例如,需要针对其结构安全性进行更深入的分析和研究，探讨在极端气候条件下的抗冲击能力及其长时间使用后的耐久性。同时，应积极开展更多的实地试验，以获取更为准确的水动力数据，推动相关设计规范的制定。此外，结合现代信息技术与材料科学的发展，探索新型材料的应用，提升梳式防波堤的整体性能和使用寿命，这将为海岸防护工程的可持续发展提供强有力的支持。

第 2 章

非透空重力式梳式防波堤试验研究

近年来,梳式防波堤作为一种新型水工结构,因其独特的设计和良好的防波效果,受到了广泛关注。重力式梳式防波堤是最早得到研究和应用的结构形式。梳式防波堤具有结构形式灵活的优点,可以将其翼板部位设计成伸入海床的非透空式结构以及半截高度的透空式结构。非透空重力式防波堤由直墙防波堤演化而来,可以节省结构材料和自重,并利用两个迎浪面的相位差,提高波浪反射并降低总波浪力;而透空重力梳式防波堤除了具有非透空式结构的特点外,还可以增加水体交换功能,尤其适用于对水质环境要求较高的场合。为了深入探究梳式防波堤结构在不同波浪、不同水深条件下的受力特性和变化规律,本章通过物理模型实验的方法首先对非透空重力式梳式防波堤进行研究。通过相似比例的物理模型,直接测量了结构表面的波浪压强,以获取准确的受力数据。这些实验数据不仅提供了关于该结构受力特性的直接认识,还为后续的数值模型验证提供了基础资料。

2.1 防波堤结构水动力模型试验设置

2.1.1 水动力模型试验方法

在波浪与防波堤相互作用的物理模型实验中,应遵循重力相似准则:

$$\left(\frac{v^2}{gl}\right)_p = \left(\frac{v^2}{gl}\right)_m = F_r \tag{2-1}$$

式中,F_r 为重力相似准数;g 为重力加速度;v 为速度;l 为几何长度;下标 p 代表原型;下标 m 代表模型。

一般情况下,原型与模型重力加速度相等,即 $\lambda_g = 1$,故式(2-1)变成 $\lambda_v^2 = \lambda_l$,可得重力相似条件如下:

速度比尺 $\qquad\qquad \lambda_v = \lambda_l^{1/2} \tag{2-2}$

时间比尺 $\qquad\qquad \lambda_t = \lambda_l^{1/2} \tag{2-3}$

若模型与原型的流体相同,则力和质量比尺也相同,即

力、质量比尺 $\qquad\qquad \lambda_F = \lambda_m = \lambda_l^3 \tag{2-4}$

依据实际工程参数和实验室条件,模型几何比尺选定为 1∶27。模型试验按照《海浪模型试验规程》进行,模型在水槽中的断面布置如图 2-1 所示。试验中将模型置于距造波机 25 m 远的位置,确保有足够的距离来减少反射波的影响。模型下方铺设坡度为 1∶8、高 0.1 m 的渗流碎石基床。

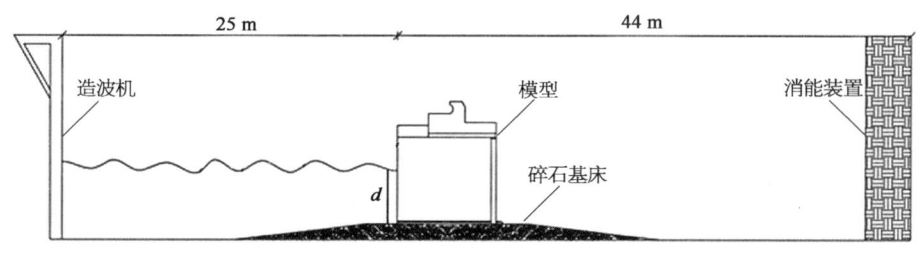

图 2-1　水槽断面布置图

试验采用不规则波,试验波要素依据实际工程设计波要素量级选取,谱型采用 JONSWAP 谱,谱峰升高因子 $\gamma=3.3$。试验时,不规则波的谱峰周期 T_s 按照平均周期的 1.2 倍来计算。为了考察波浪要素和水位变化对结构作用的影响,不规则波的 $H_{1\%}$ 在 1.5 m 到 3.5 m 范围内变化,堤前水深在 10.8 m 到 15.3 m 范围内变化。此外,在水深 $d=11.4$ m、15 m 和 16.1 m 时,取一组大波高 $H_{1\%}=7.5$ m。

固定好模型后,当波浪稳定传播到模型结构时开始采集数据,波高测量采样频率为 50 Hz,结构表面波浪压力采样频率为 20 Hz。每种工况重复试验三次,取三次试验的平均值作为最终分析结果。

2.1.2　水动力试验模型布置

该结构的主要尺寸参数如图 2-2a 所示,结构三部分尺度定义为:① 矩形沉箱主体:沉箱宽度为 A,厚度为 B;② 沉箱两侧的翼板:两侧翼板长为 $a/2$,翼板离沉箱前缘的距离为 b,翼板距海底的高度为 $c=0$;③ 上部胸墙结构:其下底面距海底的距离为 c_1,胸墙高度为 c_2。如图 2-2b 所示,该结构对应的原型尺寸分别为:$A=12$ m,$B=16$ m,$c_1=14.5$ m,$c_2=4$ m,$a/2=3$ m,$b=15.2$ m,$c=0$ m。

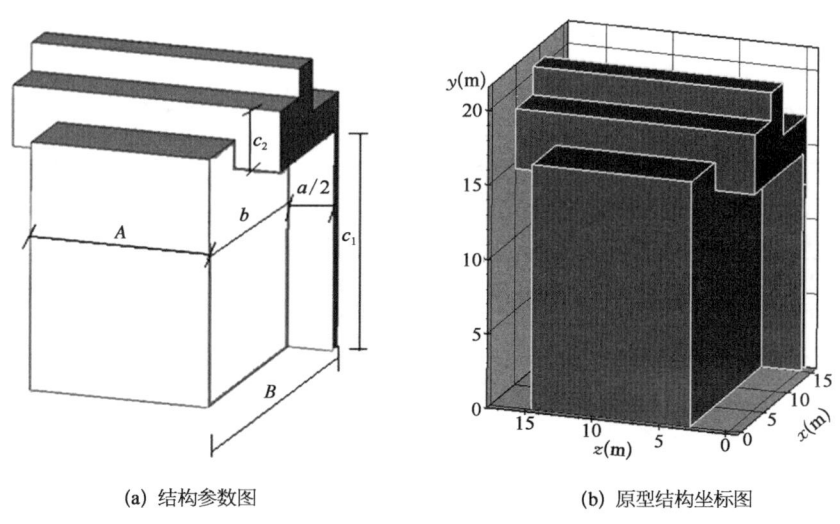

(a) 结构参数图　　　　　　(b) 原型结构坐标图

图 2-2　非透浪梳式防波堤单元结构尺寸图

试验模型中的测力单元模型结构如图2-3所示,照片显示了不同角度的压力盒布置位置。为测定结构表面不同位置的波浪力,将45个压力传感器布置在结构各表面,压力传感器布置如图2-4所示。结构上各表面的压力传感器布置详图如图2-5所示。

图2-3 试验模型测力单元

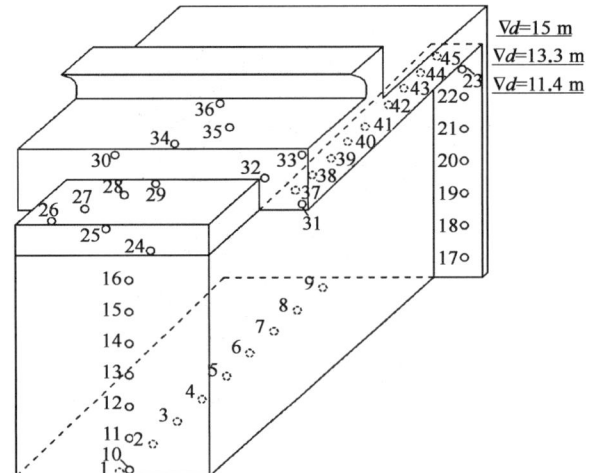

位　　置	测点号
底板	1～9
迎浪下立面	10～16
翼板	17～23
中立面	24～25
胸墙下平台	26～29
迎浪上立面	30～33
胸墙上平台	34～36
胸墙下底板	37～45

图2-4 压力传感器布置图

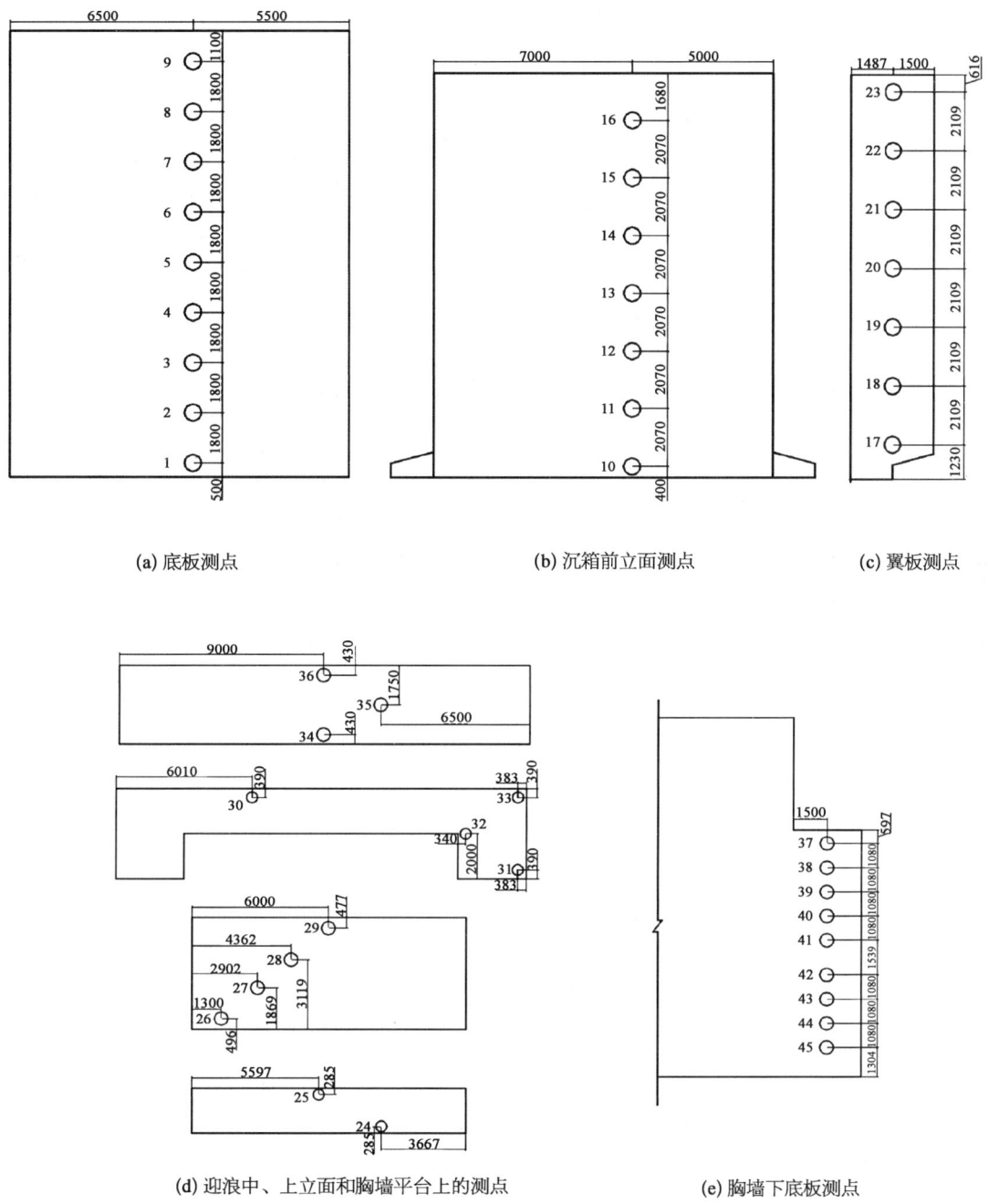

(a) 底板测点 (b) 沉箱前立面测点 (c) 翼板测点

(d) 迎浪中、上立面和胸墙平台上的测点 (e) 胸墙下底板测点

图 2-5 结构各面测力传感器布置详细示意图(单位：mm)

模型试验中将三组相同结构的模型沿水槽断面横向布置，其中中间模型如上述布置压力传感器。在水槽中模型的照片分别如图 2-6 所示。

(c) d=11.4 m、T_p=1.39 s、$H_{1\%}$=3.0 m

(d) d=15 m、T_p=1.39 s、$H_{1\%}$=3.0 m

图 2-6 模型摆放和试验

2.2 防波堤结构水动力试验结果

2.2.1 波浪压强分布特征

为了解梳式防波堤表面波浪压强的分布规律,在水深 d=11.4 m、13.3 m、15.3 m,波高 $H_{1\%}$=3.5 m 的工况下,对结构表面的波浪压强分布进行了探讨。

首先分析沉箱底板上各测点沿着底板表面的波浪压强分布,结果如图 2-7 所示。图中横坐标 x/B 代表测点距离沉箱前墙的横向距离 x 与沉箱厚度 B 的比值,纵坐标 P 代表对应测点的波浪压强。三种不同的线型标识分别代表该测点的最大波浪压强、次大波浪压强和平均波浪压强。由图可见,最大波浪压强和次大波浪压强沿着底板由前至后逐渐增加。当 x/B=0.6 左右时,最大和次大波浪压强达到最大值,然后随着 x/B 的增加而减小;平均波浪压强值浮动非常小,最大值不超过 5 kPa,基本上沿着底板从前端到后方逐渐减小。当 d=13.3 m 时,底板的最大和次大波浪压强都比其他两组水深的结果要大,最大波浪压强在 30 kPa 附近,次大波浪压强在 25 kPa 附近。当水深 d=15.3 m 时,此时水深超过胸墙下底板表面,最大和次大波浪压强明显小于其他两组水深的测量结果。

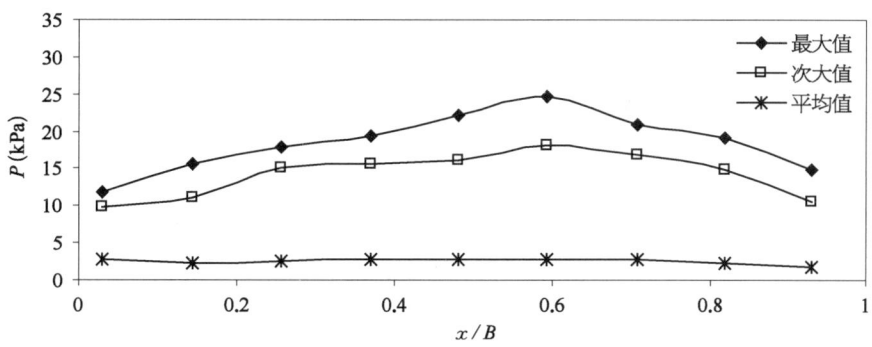

图 2-7　沉箱底板波浪压强分布($d=11.4$ m)

其次,分析沉箱主体迎浪立面上各测点沿着迎浪立面的波浪压强分布,结果如图 2-8 所示。图中纵坐标 y/c_1 代表测点距离沉箱底板的纵向距离 y 与胸墙下底板距离沉箱底板高度 c_1 的比值,横坐标 P 代表对应测点的波浪压强。可见,三种波浪压强基本沿着沉箱迎浪立面由下至上增加,当水深较低时($d=11.4$ m),在静水深附近达到最大值,然后波浪压强再逐渐减小;当 $d=11.4$ m 和 13.3 m 时,迎浪立面上的波浪压强最大值和次大值都要明显大于 $d=15.3$ m 的测量结果,最大波浪压强超过 20 kPa。

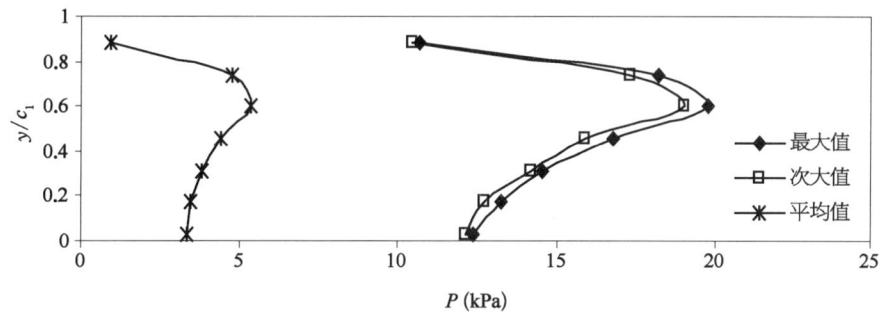

图 2-8　迎浪立面上波浪压强分布($d=11.4$ m)

接下来,继续分析翼板上各测点沿翼板表面的波浪压强分布,结果如图 2-9 所示。不同水深下,翼板上的最大和次大波浪压强沿翼板由下至上增大;当水深较小时,平均波浪压强明显小于最大和次大波浪压强;当水深 $d=13.3$ m 时,最大和次大波浪压强高于其他两个水深的对应结果,最大波浪压强超过 200 kPa;而当堤前水深较高($d=15.3$ m)时,翼板上的最大和次大波浪压强都相对小很多,最大值在 75 kPa 左右。

图 2-10 显示了迎浪上立面各测点沿着该表面的波浪压强分布。由图可见,三种波浪压强总体上是沿着该表面由下至上减小,最大波浪压强值低于 50 kPa。

图 2-11 为胸墙平台上 26～29 和 34～36 号测点沿着该表面的波浪压强分布。当水深较低时($d=11.4$ m 和 13.3 m),胸墙平台上的最大波浪压强值在 1～15 kPa 范围内;

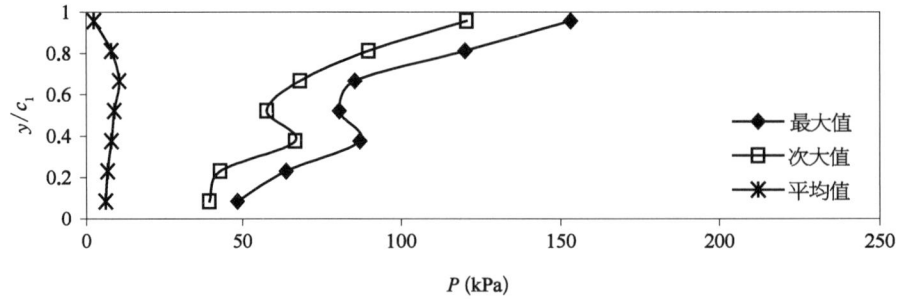

图 2-9 翼板上波浪压强分布($d=11.4$ m)

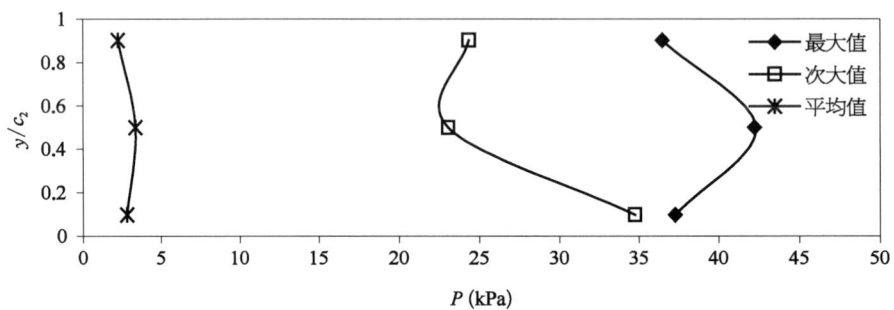

图 2-10 迎浪上立面波浪压强分布($d=11.4$ m)

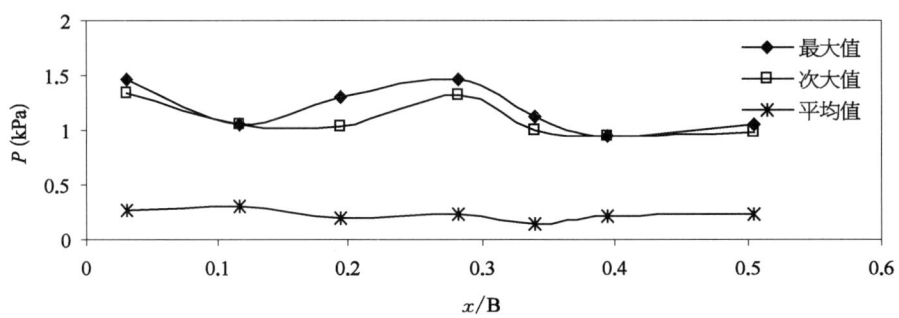

图 2-11 胸墙平台上波浪压强分布($d=11.4$ m)

当水深较高时($d=15.3$ m),最大波浪压强值在 10～35 kPa 范围内,且在 $x/B=0.3$ 左右达到最大值,该点在胸墙平台上 29 号测点处。

最后,分析胸墙下底板各测点沿着胸墙底板的波浪压强分布,结果如图 2-12 所示。由图可见,三种波浪压强总体上是沿着胸墙底板从前至后增加;当水深较低时($d=11.4$ m 和 $d=13.3$ m),波浪压强的最大值和次大值明显高于较高水深($d=15.3$ m)的结果;水深较小时,当 x/B 大于 0.6 时(对应 41～45 号测点位置),胸墙底板的最大波浪压强明显增大,最大值超过了 250 kPa。

上面对结构不同表面的波浪压强分布规律分别做了统计分析。可以看出,当水深低于胸墙底板时,该结构的最大波浪压强远大于对应测点的平均波浪压强,因此该结构的最

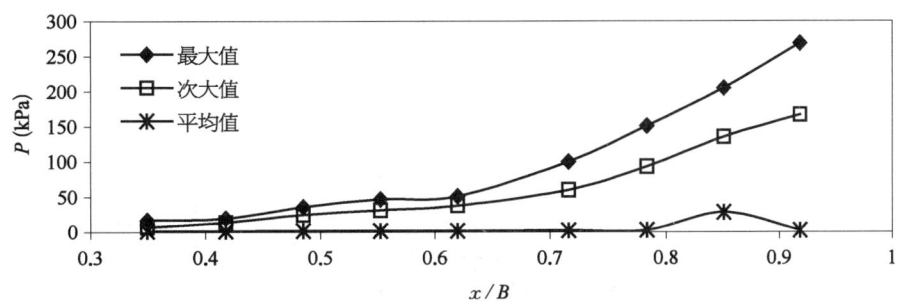

图 2-12 胸墙下底板表面波浪压强分布($d=11.4$ m)

大波浪压强应该在工程设计中作为重要考虑因素。下面,就针对结构各测点的最大波浪压强,即点压强包络进行综合分析。对于入射波浪波高为 $H_{1\%}=1.5\sim3.5$ m 的工况,结构表面各测点的最大波浪压强测定结果如图 2-13a 所示。由图可见,在相同水深下,各点最大波浪压强随着波高的增加而增大;翼板上的 17~23 号测点的最大波浪压强由底至上逐渐变大,在 21~23 号测点处出现峰值,波浪压强最大值超过 200 kPa;胸墙下底板上的 37~45 号测点的波浪压强最大值由胸墙下底板前部至后部呈现明显变大趋势,最大值出现在 44、45 号点附近,最大值超过 200 kPa;底板上 1~9 号测点和迎浪立面上 10~16 号测点的最大波浪压强均在 30 kPa 以下,随水深和波高的变化并不明显;对应于迎浪中立面和胸墙上的 24~36 号测点的最大波浪压强波动也较小,最大波浪压强在 0~30 kPa 范围内;当堤前水深在 10.8~13.3 m 范围内时,结构上翼板和胸墙底板两个部位的最大波浪压强高于其他水深($d=15$ m、15.3 m)的波浪压强值,该水深范围正处于胸墙底板以下。

极大波高的测量结果如图 2-13b 所示。除了翼板和胸墙下底板,结构各表面的最大波浪压强变化均不明显,在 50 kPa 以内;而翼板表面 17~23 号测点、胸墙底板表面 37~45 号测点的波浪压强很大,最大值甚至超过 250 kPa。而且,当堤前水深 $d=11.4$ m 时,翼板及胸墙下底板表面上的测点最大波浪压强明显高于其他两个水位。

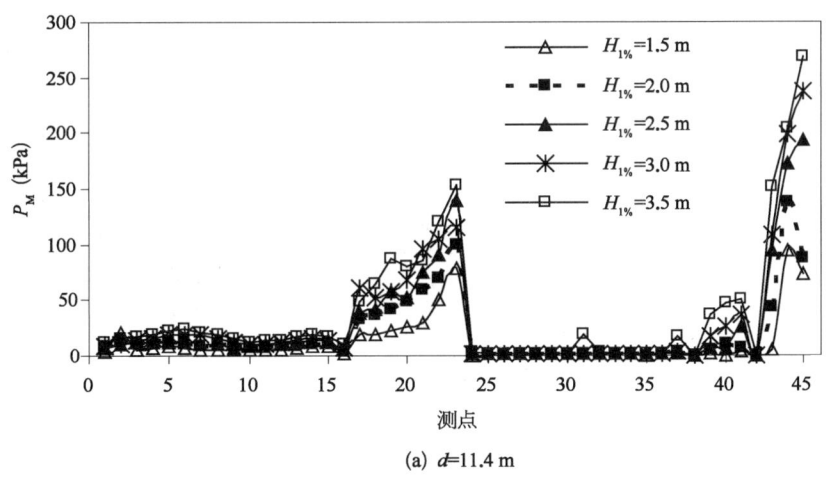

(a) $d=11.4$ m

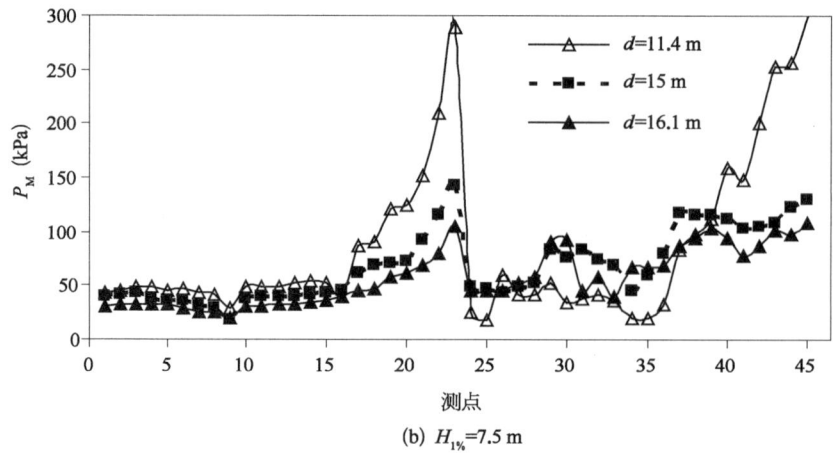

(b) $H_{1\%}=7.5$ m

图 2-13 结构表面各测点波浪压强包络图

综上所述，翼板表面和胸墙底板是整个结构中出现较大波浪压强的两个部位，最大波浪压强明显大于结构其他部位；胸墙底板上 43～45 号测点区域的波浪压强最大值也大于底板其他区域的波浪压强，最大值超过 250 kPa；翼板上的 21～23 号测点区域的波浪压强大于其他测点的压强值，最大值超过 200 kPa；相对于结构翼板来说，产生超过 150 kPa 波浪压强的水深均在胸墙底板以下 $d=10.8 \sim 13.3$ m 范围内。

2.2.2 相对波高对波浪力的影响

当其他入射波浪要素相同时，波高是影响结构表面波浪力的重要因素，因为通常波高较大的波浪具有更大的能量。因此，本节将基于上一节的研究结果，继续分析翼板和胸墙底板两个部位的正波浪压强与相对波高的关系。

图 2-14 和图 2-15 所示为当堤前水深在胸墙底板以下时，翼板和胸墙底板的波浪压强与相对波高的关系曲线。图中横坐标为相对波高 $H_{1\%}/d$，纵坐标为正波浪压强 P_M，单位为 kPa。结果显示，翼板及胸墙底板表面的波浪压强总体上随着相对波高 $H_{1\%}/d$ 的增加而增大。这一结果也证明，该梳式防波堤结构所受的波浪力总体上随着入射波高的增加而增大。

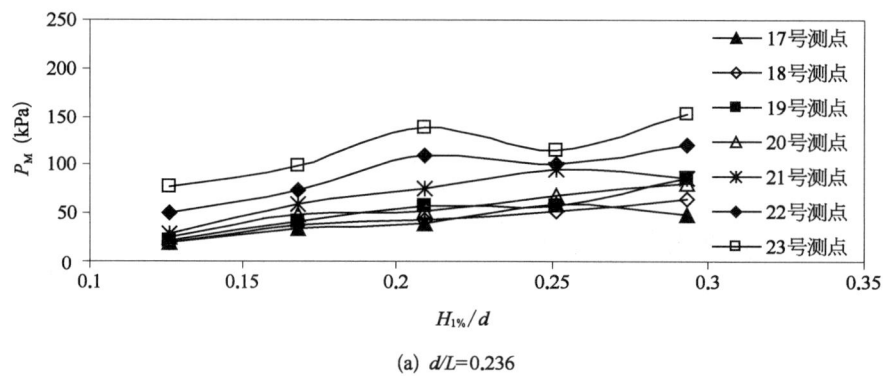

(a) $d/L=0.236$

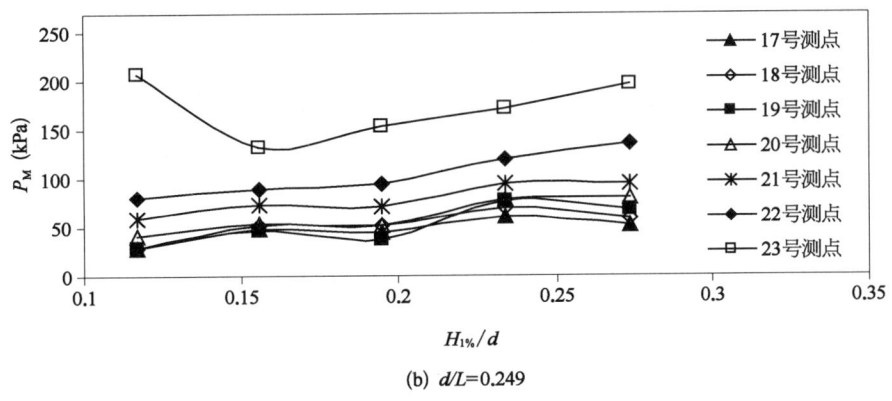

(b) $d/L=0.249$

图 2-14 翼板上最大波浪压强与相对波高的关系

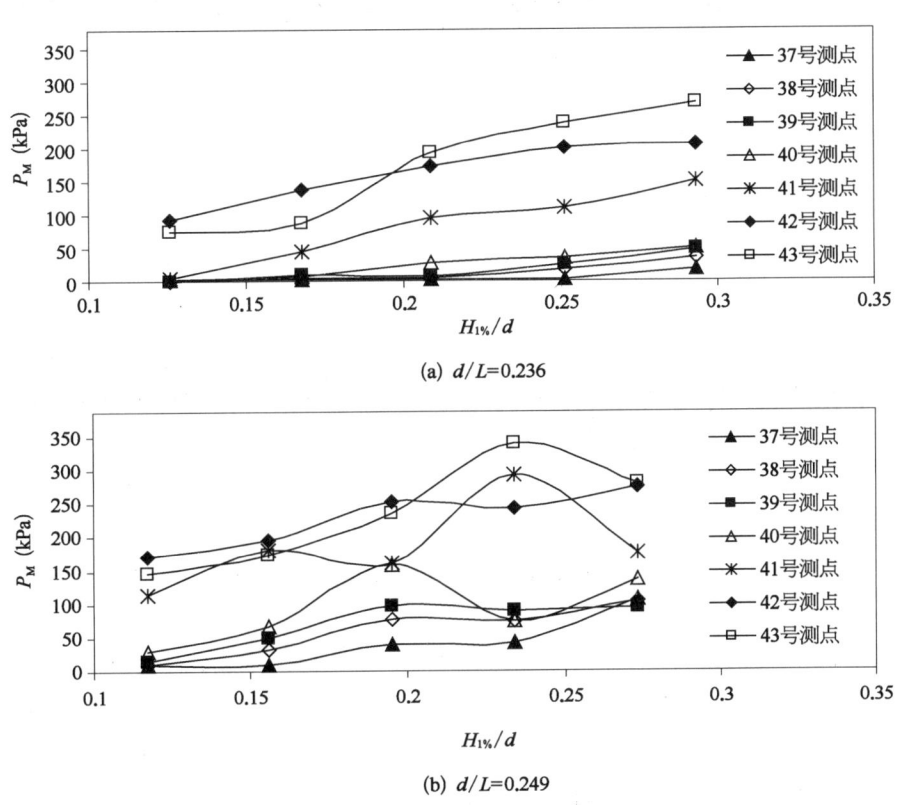

(b) $d/L=0.249$

图 2-15 胸墙下底板上最大波浪压强与相对波高的关系

2.2.3 翼板的波浪力特性

梳式防波堤的翼板相对于整体结构来说是较薄弱的部分，因此需要进一步研究翼板所受的波浪力特性。首先研究翼板从下至上的 17~23 号四个测点的波浪力历时曲线特性，取堤前水深$d=13.3$ m、波高$H_{1\%}=3.5$ m时的计算结果进行分析，如图 2-16 所示。由图可见，翼板测点的最大波浪压强从下至上增大，并且随着测点位置的升高，波浪力逐渐呈现出冲击压力特性，最顶部 23 号测点的冲击压力特性已经非常明显。在一个冲击过程中，波浪冲击到结构上之后，测点表面先受到正向较大的冲击力作用，当水体脱离结构时，结构表面受到一个幅值较小的负冲击力作用。

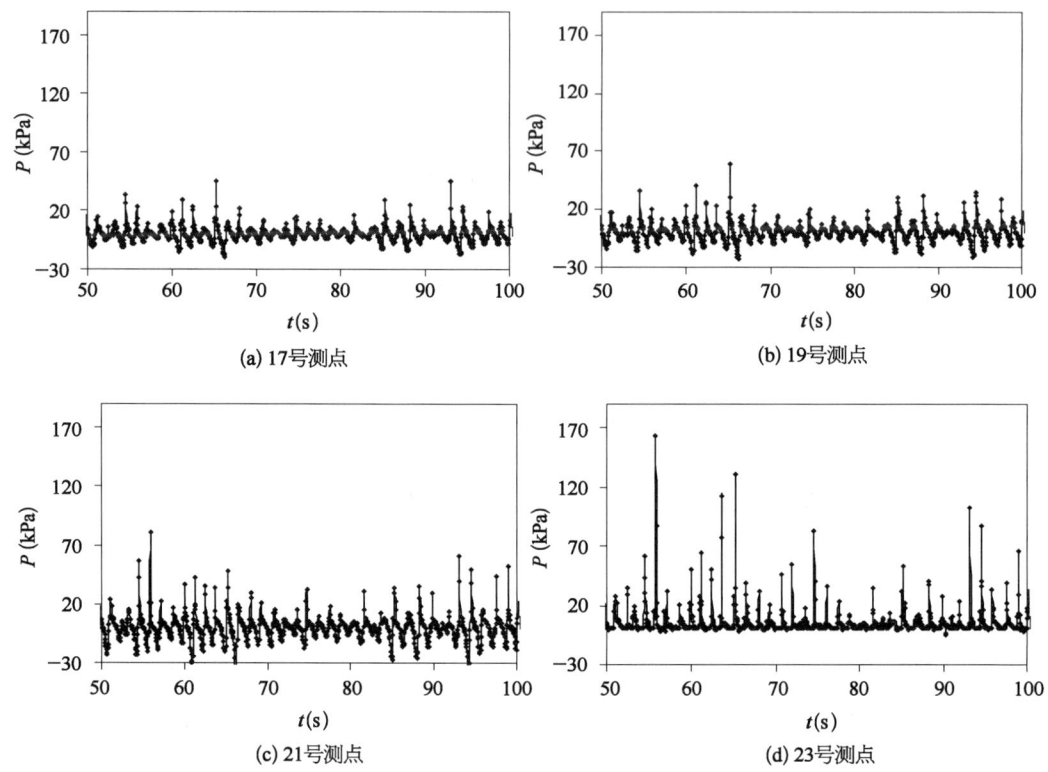

图 2-16　翼板由下至上测点的波浪力历时曲线试验值（$d=13.3$ m、$H_{1\%}=3.5$ m）

继续研究翼板上最顶部 23 号测点波浪力历时曲线随着堤前水深变化的规律，取波高$H_{1\%}=3.5$ m 时的结果来分析，如图 2-17 所示。当堤前水深d在 10.8～13.3 m 时，翼板上 23 号测点具有冲击压力特性；当堤前水深为 12.3 m 时，冲击压力达到最大值，该值接近 200 kPa；而当水深高于胸墙下底板的两组水深$d=15$ m、15.3 m 时，翼板上 23 号测点的波浪力冲击特性已经非常不明显。

由上述研究可见，翼板所受波浪力随着堤前水深的变化影响尤为明显，故下面继续分析翼板受力随着堤前水深和波高的变化规律。为探讨该问题，将翼板由下至上分成三个区域：一区（0～4.5 m）、二区（4.5～9.0 m）和三区（9.0～14.5 m）。统计在相同入射波况下，各区域的同步平均波浪压强的最大值P_{AVE}，进一步得到P_{AVE}随堤前水深d和波高$H_{1\%}$的变化规律。

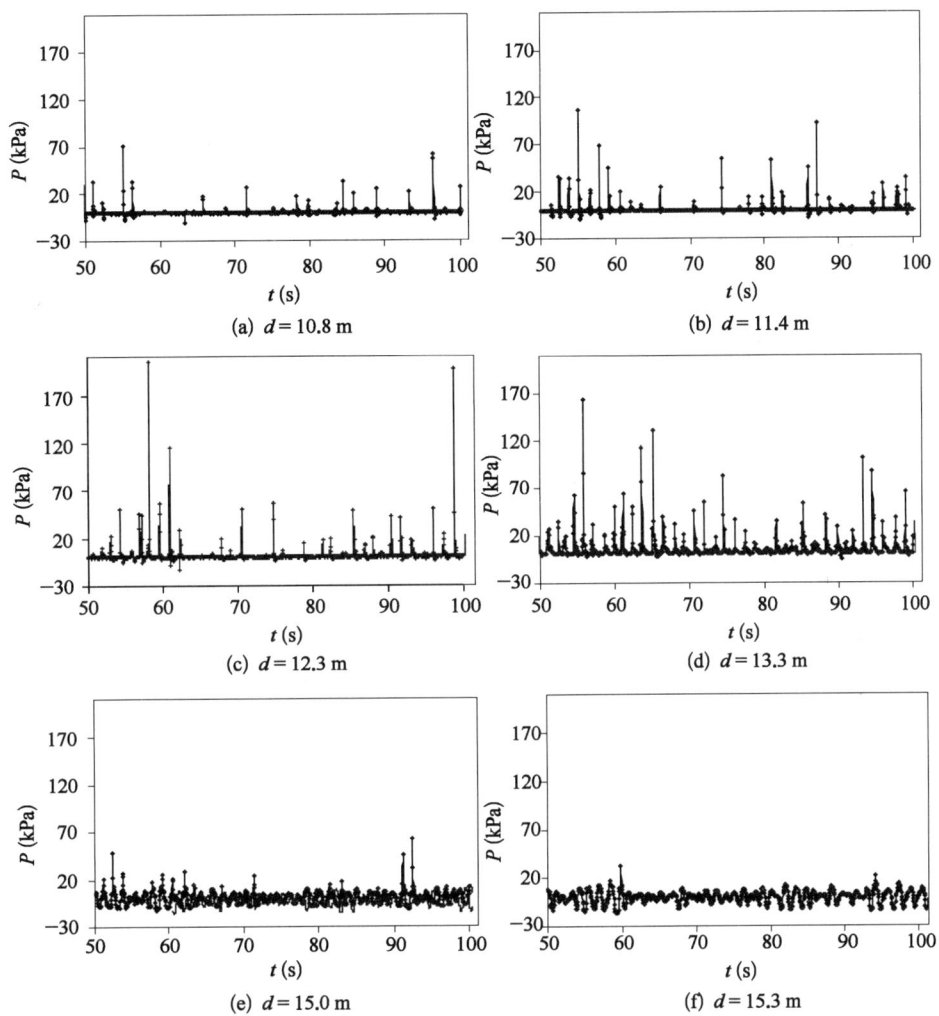

图 2-17　翼板上 23 号测点在不同水深下波浪力历时曲线试验值

图 2-18a～c 所示为入射波高在 1.5～3.5 m 时的计算结果。一区和二区的 P_{AVE} 值明显小于三区的 P_{AVE}，最大值在 150 kPa 左右。在同一区域内，同步平均波浪压强最大值 P_{AVE} 总体上随着波高 $H_{1\%}$ 的增大而增加。在同一区域内，当入射波高 $H_{1\%}$ 相同时，P_{AVE} 值随着水深的增大呈现先增大后减小的趋势，峰值多数出现在水深 11.4～13.3 m 范围。

图 2-18d 所示为 7.5 m 极大波高的计算结果。当水深相同时，一区的 P_{AVE} 值＜二区的 P_{AVE} 值＜三区的 P_{AVE} 值，三区最大值超过 200 kPa。各区的 P_{AVE} 值都随着水深的增加而减小，最大值都出现在水深为 11.4 m 时。

由图 2-18 也可得到以下结论：在相同入射波高下，P_{AVE} 值随着水深的增大呈现先增大后减小的趋势，峰值多数出现在水深 11.4～13.3 m 范围。

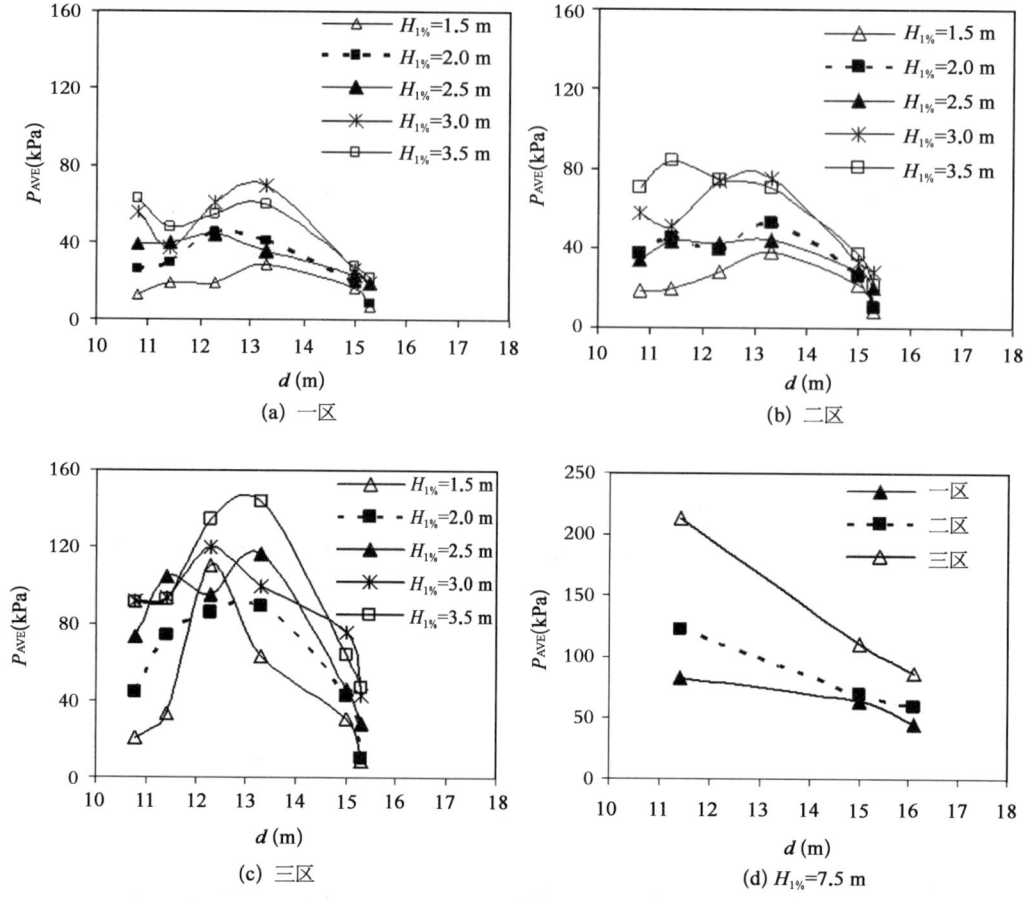

图 2-18　翼板分区平均压强随水深和波高的变化

由以上分析结果可见,翼板上部受冲击压力作用是导致翼板在水深低于胸墙底板时所受波浪压力过大的原因,水深对梳式结构翼板的受力影响很大。

通过分析结构各表面在不同水深下的波浪压强分布可得,梳式防波堤的翼板和胸墙下底板两个部位所受波浪力明显大于结构其他部位的受力。当堤前水深在胸墙底板以下时（10.8～13.3 m）,结构上翼板和胸墙底板两个部位的最大波浪压强明显高于水深在胸墙底板以上时（d=15 m、15.3 m）的波浪压强值。这一特点不同于传统的直立式防波堤随着水深增加结构受力增加的特性。

结构的翼板和胸墙下底板表面受到很大的波浪压力,翼板及胸墙下底板表面所受到的最大波浪压力基本上随着相对波高的增大而增大。

堤前水深对结构的翼板受力影响很大。当水深低于胸墙下底板以下一定范围内时,翼板所受波浪力由下至上逐渐呈现出冲击压力特性,翼板上测点的最大波浪压强由下至上增大,并且随着测点位置的升高而增大。无论是波高为 1.5～3.5 m 还是极大入射波高 7.5 m 的工况下,翼板上端区域（三区）承受的最大波浪压强超过翼板其他区域,此部位是最危险的区域,影响结构安全。

2.3 改进型结构水动力试验结果

基于 2.2 节的试验结果发现,翼板上所受波浪的最大压强已超过翼板结构强度的承受能力,且翼板异形空腔局部冲击压力过大,对结构安全和消浪性能有很大影响。在实际工程应用中,出于对结构物稳定性的要求,需要采取一定的改进措施以减小翼板上的最大波浪压力。为了能够有效地降低翼板上部的波浪压力,针对上述梳式防波堤结构提出了 3 类改进结构:胸墙下底板开长条孔的非透水梳式防波堤,空腔内置斜坡堤的非透水梳式防波堤,以及胸墙下底板加设"工字形"挡板的非透水梳式防波堤。对这 3 类改进的非透水梳式结构分别进行物理模型试验研究,对不同波浪条件下各结构的水动力荷载和堤前反射系数进行了分析。

2.3.1 试验模型布置及分析方法

3 类改进结构具体参数如下:(a) 胸墙下底板开条形孔结构,局部开孔率为 13%,如图 2-19a 所示;空腔内回填潜堤结构,如图 2-19b 所示;胸墙下部增设"工"字挡板结构,将挡板位置置于 C5-1,保证挡板和翼板间隙小于 7 cm,两个沉箱挡板之间的间隙也小于 7 cm,如图 2-19c 所示。试验模型如图 2-20 所示。

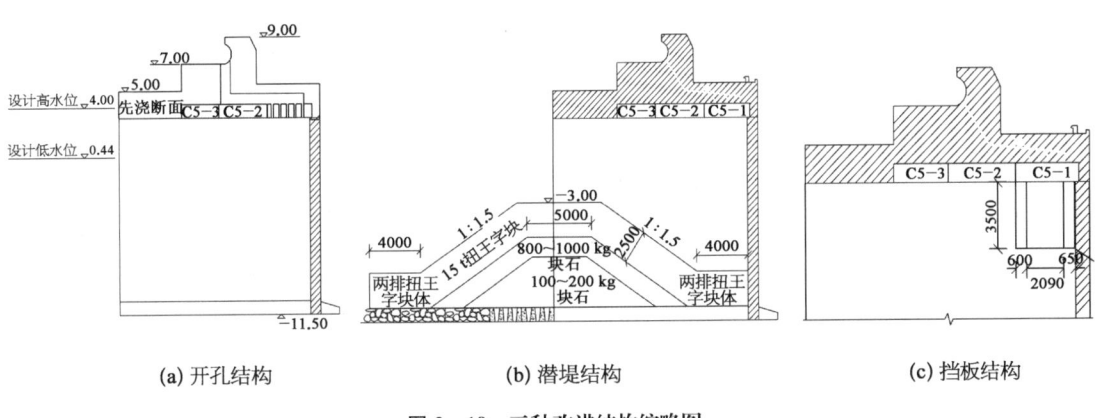

(a) 开孔结构　　　　(b) 潜堤结构　　　　(c) 挡板结构

图 2-19　三种改进结构缩略图

基于 2.2 节研究结果可知,非透浪梳式结构受冲击波浪力的部分集中在翼板表面和胸墙下底板表面两个部位。因此,在接下来的试验中,仅将测力传感器布置在翼板及胸墙下底板上。各结构的测力传感器的布置图如下:

改进结构(a)的测力传感器布置如图 2-21a 所示。在翼板表面上,1～9 号测力传感器按照从下至上的顺序布置;在胸墙下底板表面上,10～24 号测力传感器按照从外海侧至港内侧的顺序布置。

(a) 开孔结构　　　　　　　(b) 潜堤结构　　　　　　　(c) 挡板结构

图 2-20　模型摆放及试验

改进结构(b)的测力传感器布置如图 2-21b 所示。在翼板表面上,17～18 号测力传感器按照从下至上的顺序布置;在胸墙下底板表面上,1～15 号测力传感器按照从外海侧至港内侧的顺序布置。

改进结构(c)的测力传感器布置如图 2-21c 所示。在翼板表面上,13～21 号测力传感器按照从下至上的顺序布置;在胸墙下底板表面上,1～12 号测力传感器按照从外海侧至港内侧的顺序布置。

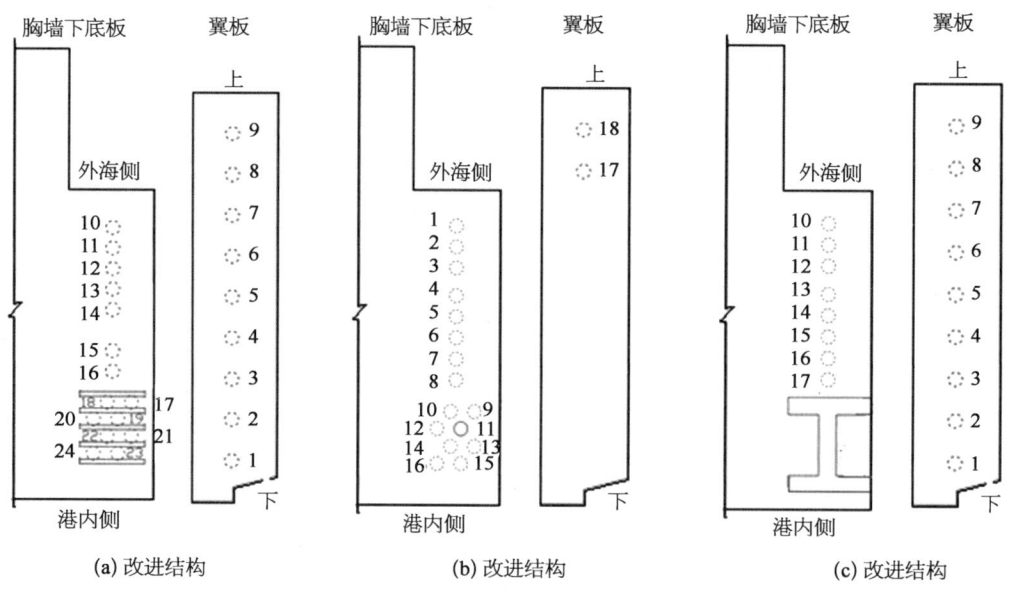

(a) 改进结构　　　　　　　(b) 改进结构　　　　　　　(c) 改进结构

图 2-21　各改进结构的压力传感器布置图

为对比各结构的消浪性能,试验中还测量了结构堤前的反射系数。在结构的正前方,沿波浪前进方向在水槽中布置了两个浪高仪。两个浪高仪之间的距离 ΔL 不应为半波长的整数倍,离防波堤最近的 2♯浪高仪距防波堤的距离至少应为一倍半波长,以消除非传播的局部波面扰动。

本节应用 Goda 两点法计算反射率,通过浪高仪的波面时间序列测值进行入射、反射波分离,求得各结构的反射系数。在 Goda 两点法中,水槽中任一点的波浪均由入射波和反射波两个波系 η_I 和 η_R 叠加而成,它们写成如下形式:

$$\eta_I(x,t) = \sum_{m=1}^{M} a_{Im} \cos(k_m x - 2\pi f_m + \varepsilon_{Im}) \tag{2-5}$$

$$\eta_R(x,t) = \sum_{m=1}^{M} a_{Rm} \cos(k_m x + 2\pi f_m + \varepsilon_{Rm}) \tag{2-6}$$

由两个浪高仪同步测得的波形分别为

$$\eta_1(t) = [\eta_I(t) + \eta_R(t)]_{x=x_1} \tag{2-7}$$

$$\eta_2(t) = [\eta_I(t) + \eta_R(t)]_{x=x_2} \tag{2-8}$$

进一步,波形可以展开成傅里叶级数:

$$\eta_1(t) = \sum_{m=1}^{M} [A_{1m} \cos(2\pi f_m t) + B_{1m} \sin(2\pi f_m t)] \tag{2-9}$$

$$\eta_2(t) = \sum_{m=1}^{M} [A_{2m} \cos(2\pi f_m t) + B_{2m} \sin(2\pi f_m t)] \tag{2-10}$$

将式(2-5)和式(2-6)代入式(2-7)和式(2-8),与式(2-9)和式(2-10)联立求解,可以得到入射波和反射波中各组成波的振幅:

$$a_I(m) = \frac{1}{2|\sin(k_m \Delta l)|} \left\{ \begin{array}{l} [A_{2m} - A_{1m}\cos(k_m \Delta l) - B_{1m}\sin(k_m \Delta l)]^2 + \\ [B_{2m} - A_{1m}\sin(k_m \Delta l) - B_{1m}\cos(k_m \Delta l)]^2 \end{array} \right\}^{1/2} \tag{2-11}$$

$$a_R(m) = \frac{1}{2|\sin(k_m \Delta l)|} \left\{ \begin{array}{l} [A_{2m} - A_{1m}\cos(k_m \Delta l) + B_{1m}\sin(k_m \Delta l)]^2 + \\ [B_{2m} - A_{1m}\sin(k_m \Delta l) - B_{1m}\cos(k_m \Delta l)]^2 \end{array} \right\}^{1/2} \tag{2-12}$$

当等时距采样时,式(2-9)和式(2-10)中的傅里叶系数 A_{1m}、B_{1m}、A_{2m} 和 B_{2m} 可表示为:

$$A_{1m} = \frac{2}{N} \sum_{i=1}^{N} \eta_1(\frac{i}{N}T) \cos(2\pi im/N) \tag{2-13}$$

$$B_{1m} = \frac{2}{N} \sum_{i=1}^{N} \eta_1(\frac{i}{N}T) \sin(2\pi im/N) \tag{2-14}$$

$$A_{2m} = \frac{2}{N} \sum_{i=1}^{N} \eta_2(\frac{i}{N}T) \cos(2\pi im/N) \tag{2-15}$$

$$B_{1m} = \frac{2}{N} \sum_{i=1}^{N} \eta_2\left(\frac{i}{N}T\right) \sin(2\pi im/N) \qquad (2-16)$$

其中，N 和 T 分别为采集样本数和采样总时间；$m=0、1、2、\cdots、M(=2/N)$；各组成波的频率为 $f_m = m/T$；$k_m = 2\pi/L_m$ 为各组成波的波数；ΔL 为两个浪高仪之间的距离。式(2-13)～式(2-16)可以通过快速傅里叶变换法（FFT）计算。

故测得波形 $\eta_1(t)$ 和 $\eta_2(t)$ 后，由式(2-13)～式(2-16)可算得 A_{1m}、B_{1m}、A_{2m} 和 B_{2m}，代入式(2-11)、式(2-12)后可求得入射波和反射波的各组成波振幅 $a_I(m)$ 和 $a_R(m)$，进而可求得波浪反射率：

$$K_{Rb} = \left[\sum_{m=1}^{M} a_R^2(m) \Big/ \sum_{m=1}^{M} a_I^2(m)\right]^{1/2} \qquad (2-17)$$

其中，K_{Rb} 为波系全体的平均反射率。入射波高和反射波高可以由 K_{Rb} 和实测的合成波高 H_S（两点的均值）如下算得：

$$H_I = H_S / (1 + K_{Rb}^2)^{1/2} \qquad (2-18)$$

$$H_R = K_{Rb} H_S / (1 + K_{Rb}^2)^{1/2} \qquad (2-19)$$

对于规则波浪情况，以上各式中的波浪频率为固定值，即 $M=1$。

2.3.2 三种改进结构水动力特性对比

为寻求能够有效降低翼缘板上部波浪压力的改进结构，首先对比各改进结构翼板上的最大波浪压强。图2-22给出了5种试验工况下翼板上最大波浪压强的比较结果，图中纵坐标代表翼板上测点距离翼板最底端的距离，横坐标代表测点的最大波浪压强。

由图可见，无论是在小波高还是极大波高的波况下，改进结构(c)的最大波浪压强都远小于其他两种结构，翼板上的危险区域（三区）中的测点的最大波浪压强值已降至100 kPa以下。结果表明，"工"字挡板结构可有效减小翼板上的最大波浪压强，使翼板上局部点压强过大的现象得到明显改观。

为进一步验证增设"工"字挡板结构对减小梳式防波堤翼板上冲击波浪压强的有效性，本节对比了该改进结构与原设计的翼板波浪压强。将翼板分成三区，计算不同波况下，原结构与改进结构(c)翼板上不同区域内的同步平均波浪压强，并取最大值 P_{AVE} 进行比较，结果如图2-23和图2-24所示。由对比可见：不同水深下，翼板三个分区的平均最大波浪压强随着波高的增加而增大；对比原结构，改进结构(c)翼板上各分区的波浪压强有所降低，三区内的平均最大波浪压强尤其明显，已降至100 kPa以下。

波浪反射率是梳式防波堤结构水力特性的另一项重要指标。梳式防波堤结构能够降低波浪能量的主要原因是：梳式沉箱的前墙和翼板结构之间存在一个距离 b，使得从前墙和翼板上分别反射回来的波浪存在一定的相位差。当沉箱的设计参数达到一定范围时，二者的反射波在沉箱前非同相叠加，可显著降低对波浪的反射作用。试验结果见表2-1。

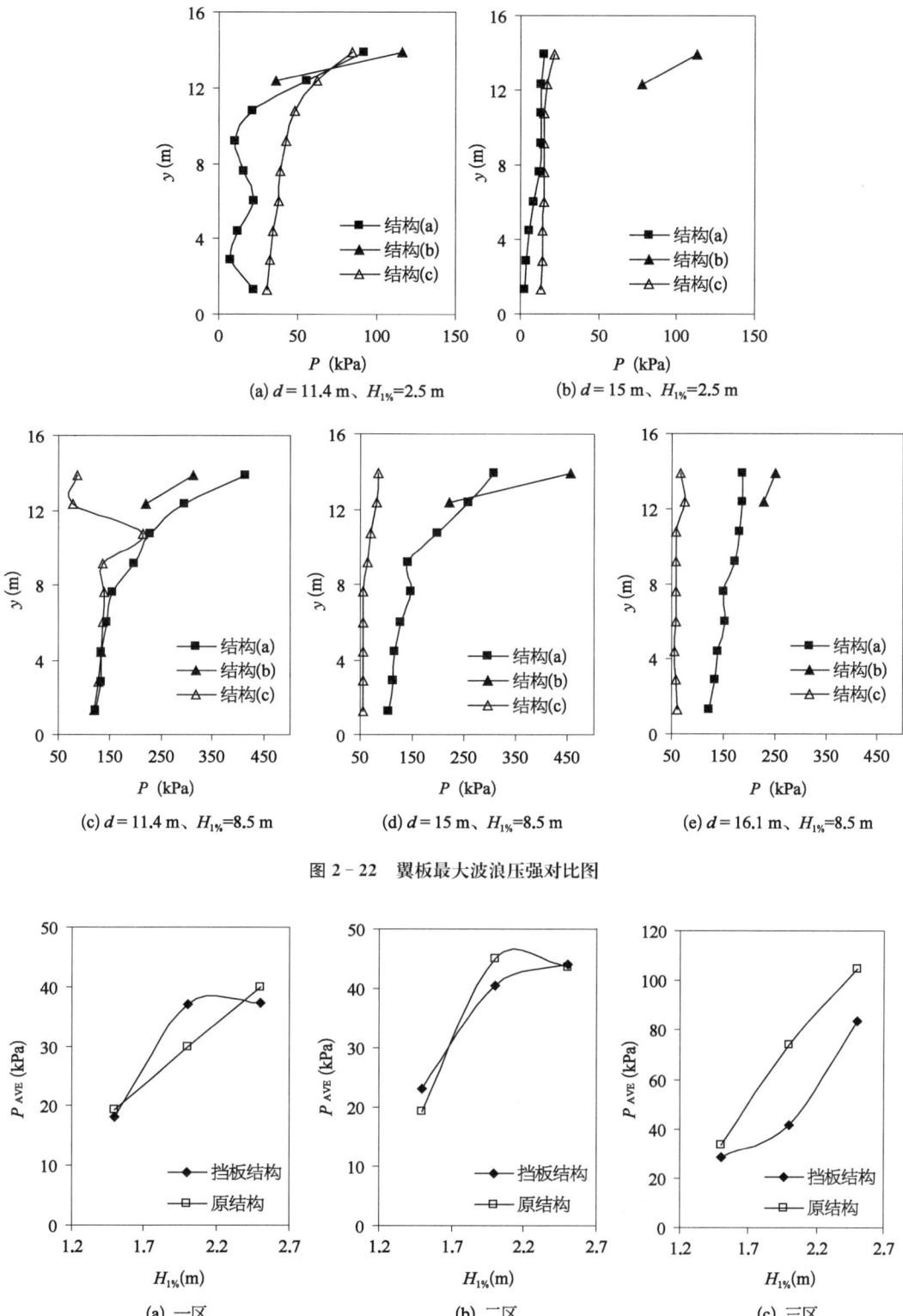

图 2-22 翼板最大波浪压强对比图

图 2-23 翼板分区平均最大波浪压强随波高变化的对比($d=11.4$ m)

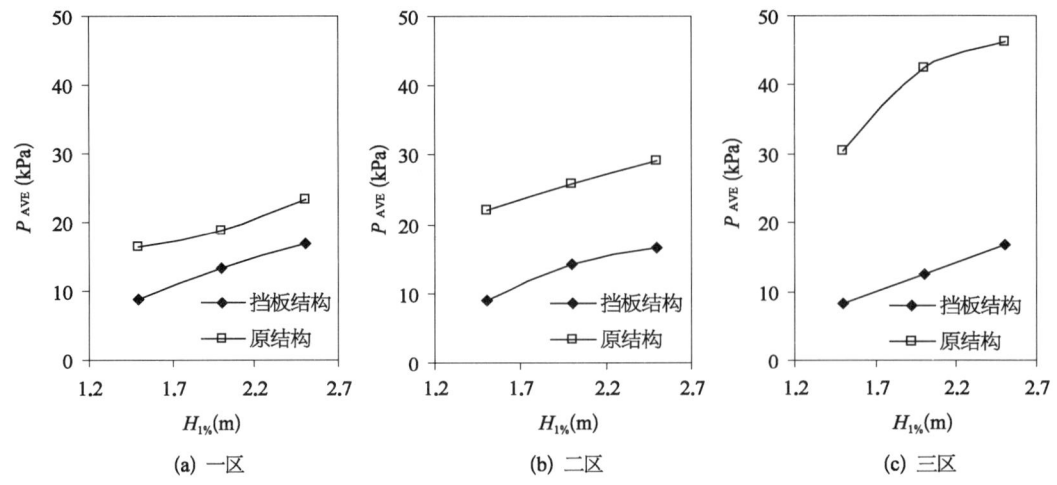

图 2-24 翼板分区平均最大波浪压强随波高变化的对比（$d=15$ m）

表 2-1 各结构反射系数 K_R 汇总表

水深 d (m)	11.4				15				16.1			
波高 (m)	2.5	3.0	3.5	8.5	2.5	3.0	3.5	8.5	2.5	3.0	3.5	8.5
结构 (a) K_R	0.46	0.48	0.51	0.65	0.75	0.74	0.70	0.63	0.53	0.63	0.61	0.62
结构 (b) K_R	0.70	0.65	0.63	0.73	0.63	0.62	0.60	0.61	0.45	0.52	0.50	0.57
结构 (c) K_R	0.40	0.40	0.43	0.65	0.69	0.66	0.64	0.64	0.54	0.60	0.57	0.61

由表可见，堤前水深 $d=11.4$ m 时，三个结构中结构 (c) 的反射系数最小，波高在 2.5～3.5 m 时，反射系数值在 0.4 附近，极大波高条件下的反射系数为 0.65；当堤前水深 $d=15$ m 和 16.1 m 时，结构 (b) 的反射系数最小，结构 (c) 的反射系数次之。

综合考虑结构翼板受力情况及结构反射系数等参数，确定在胸墙下增设"工"字挡板结构为推荐的改进方案。

2.3.3 改进结构水动力学特性分析

1) 翼板波浪压强

首先分析翼板上最大波浪压强的变化规律。图 2-25 计算了翼板上各测点的最大波浪压强 P_M 随相对波高 $H_{1\%}/d$ 的变化规律。由图可见，在固定的相对水深 d/L 下，P_M 随着 $H_{1\%}/d$ 的增加而增大；P_M 值沿着翼板从下至上逐渐增加；翼板上最大波浪压强值远小于最初的设计结构，最大值在 50 kPa 左右。

2) 胸墙下底板

本节继续分析了改进结构 (c) 在不规则波作用下，胸墙下底板上最大波浪压强 P_M 随

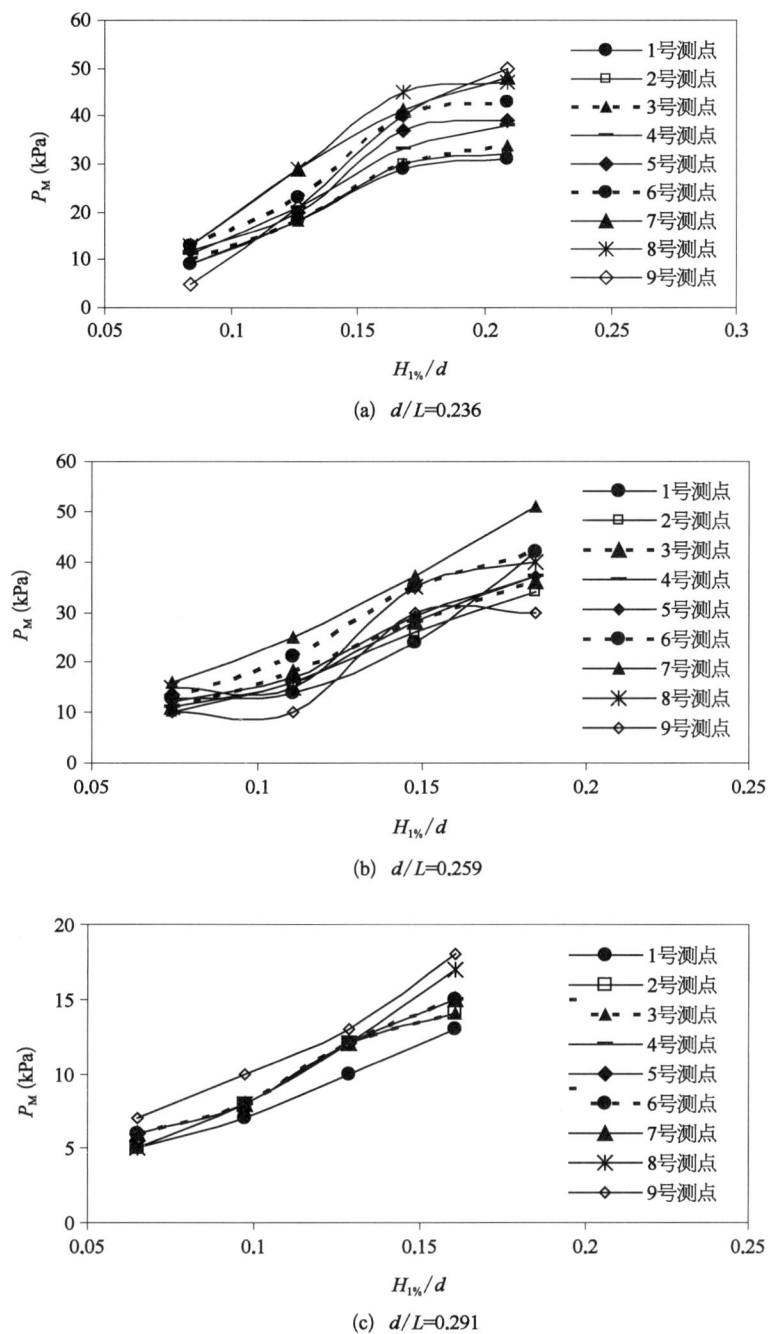

图 2-25 改进结构(c)翼板上最大波浪压强与相对波高的关系

相对波高 $H_{1\%}/d$ 的变化规律，计算结果如图 2-26 所示。由图可见，在固定的相对水深 d/L 下，胸墙下底板上的固定点波浪压强 P_M 随着 $H_{1\%}/d$ 的增加而增大；P_M 值沿着胸墙下底板从前至后的固定点最大波浪压强 P_M 也逐渐增加；胸墙下底板上最大波浪压强值也小于最初的设计结构，最大值在 200 kPa 以下。

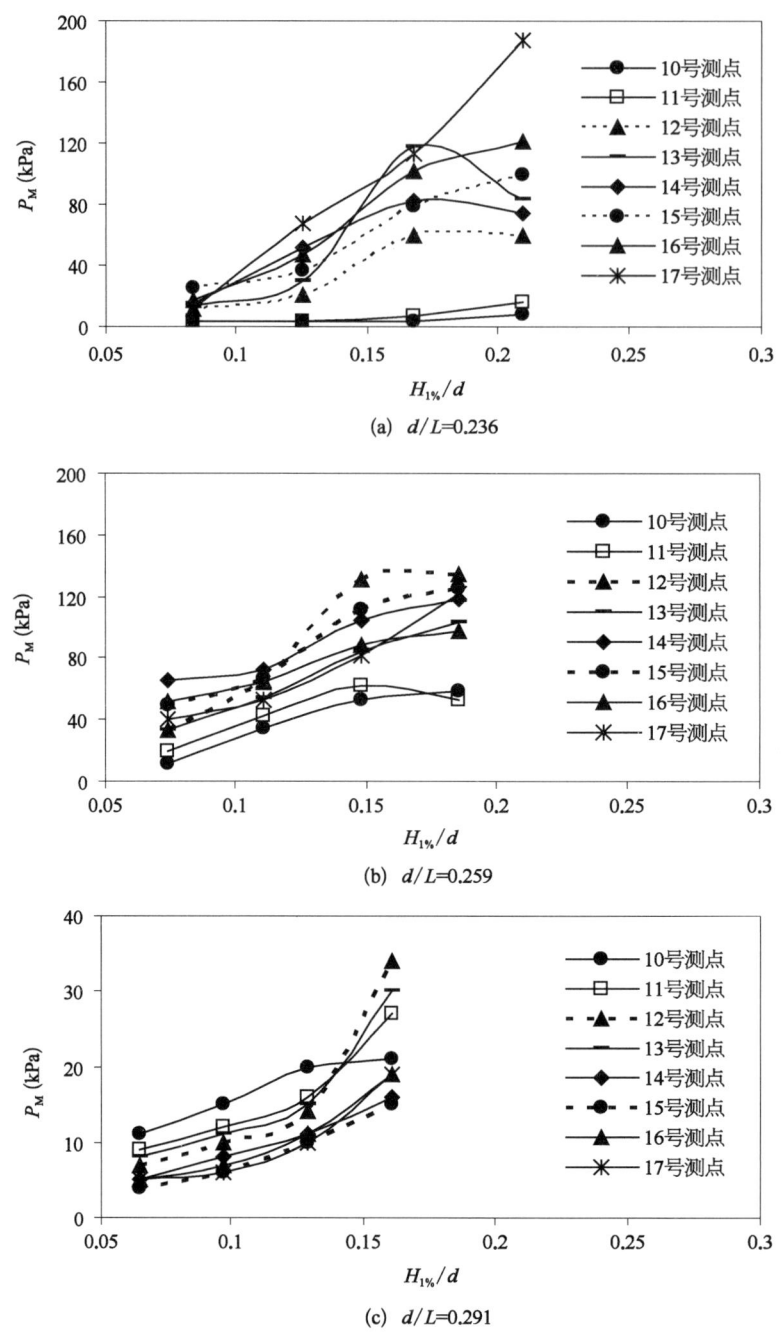

图 2-26 改进结构(c)胸墙下底板上最大波浪压强与相对波高的关系

3) 反射系数

为进一步探讨"工"字挡板梳式堤的消浪性能,本节根据物理模型试验结果,计算在相同波高条件下,反射系数随水位的变化规律,结果如图 2-27 所示。由图 2-27a 可见,波高对反射系数的影响不太明显；在相对小幅波高条件下（$H_{1\%}<2.5$ m），堤前反射系数随水位的变化规律较一致，均随水位的增加先增加后减小；反射系数最大值均出现在堤前水深 $d=15$ m（此时对应于实际工程中的设计高水位），在此水深下的反射系数值明显高于其他水深，且最大值在 $K_R=0.75$ 左右。图 2-27b 所示为极大波高 $H_{1\%}=8.5$ m 时，堤前反射系数随水位的变化规律。此时的反射系数随着水位的增加，K_R 有逐渐减小的趋势，但 K_R 值变化幅度较小，位于 0.6~0.68 范围内。

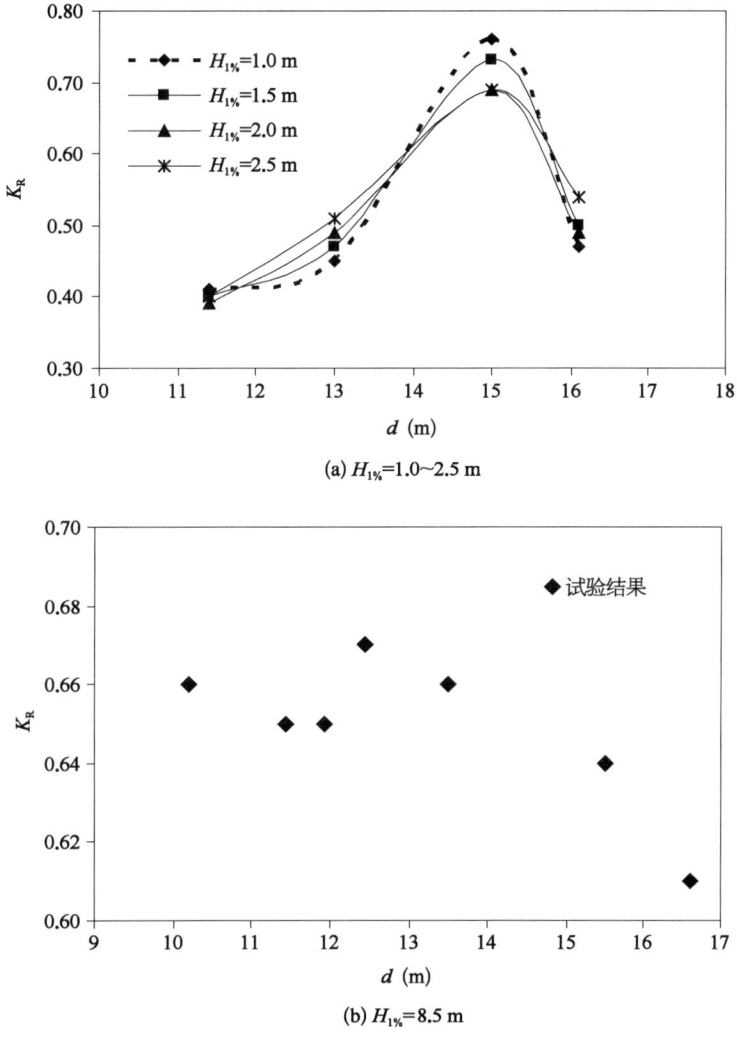

图 2-27 反射系数与堤前水深的关系

根据以上分析结果，"工"字挡板梳式防波堤结构的反射系数与波高关系不大。这主要是由于反射系数在一定程度上取决于入射波与反射波的相位关系，而这种相位关系主要取决于波长与翼板位置的相对关系。

第 3 章

重力式梳式防波堤数值模型建立

本章将以雷诺时均 N-S 方程为控制方程，采用 VOF 方法追踪自由表面，建立三维数值波浪水槽。在此基础上，建立了波浪与简单直墙结构物相互作用模型，分别模拟了直立防波堤、单个方箱体的波浪受力和三个方箱连体结构间流体共振现象，以验证本章建立的数值模型在计算波浪力的精确性和处理三维结构物水动力学问题的有效性，进一步建立波浪与重力式梳式防波堤相互作用的数值模型。

3.1 数值波浪水槽模型的建立

3.1.1 控制方程

本章数值波浪水槽的控制方程为三维 Navier-Stokes 方程，采用 Reynolds 平均方法（RANS）对其进行求解[23-27]。在 RANS 方法中，湍流运动被看作由两种流动叠加而成：一种是时间平均流动，另一种是瞬时脉动流动，即用平均值和脉动值的和代替流动变量，相应的变量可表示为

$$u_i = \bar{u}_i + u'_i, \quad p = \bar{p} + p' \tag{3-1}$$

式中，i、$j = 1、2、3$；u_i 为速度矢量在三个方向的分量；$\bar{u}_i$ 和 u'_i 分别为速度的时均分量和脉动分量；$\bar{p}$ 和 p' 分别为流体压力 p 的平均分量和脉动分量。为简便起见，下文中除脉动值的时均量以外，所有时均变量的上横线去掉。

在笛卡尔坐标系下，三维 Reynolds 平均的 Navier-Stokes 方程的张量形式表示如下：

$$\frac{\partial u_i}{\partial x_i} = 0 \tag{3-2}$$

$$\frac{\partial u_i}{\partial t} + u_j \frac{\partial u_i}{\partial x_j} = -\frac{1}{\rho} \frac{\partial p}{\partial x_i} + \frac{\partial}{\partial x_j} \left(\nu \frac{\partial u_i}{\partial x_j} - \overline{u'_i u'_j} \right) + g_i \tag{3-3}$$

式中，ρ 为流体密度；g_i 为重力加速度分量；ν 为流体的运动黏性系数。$-\overline{u'_i u'_j}$ 称为 Reynolds 应力项，与流体的脉动运动有关。

上述方程中未知量的数量大于方程的总数，方程不闭合，因此需要引入新的湍流模型对其进行封闭。在 Reynolds 应力模型中，一般不直接处理 Reynolds 应力项，而是引入涡黏系数（eddy viscosity），将湍动应力表示成涡黏系数的函数，整个计算的关键在于涡黏系数的确定。根据 Boussinesq 提出的涡黏假定，建立 Reynolds 应力与平均速度梯度的关系，即

$$-\overline{u'_i u'_j} = \nu_t \left(\frac{\partial u_i}{\partial x_j} + \frac{\partial u_j}{\partial x_i} \right) - \frac{2}{3} \left(k + \nu_t \frac{\partial u_i}{\partial x_i} \right) \delta_{ij} \tag{3-4}$$

式中，u_i 为时均速度；ν_t 为涡黏系数，是一个空间坐标的函数，取决于流动状态；δ_{ij} 为 Kronecker delta 符号（当 $i=j$ 时，$\delta_{ij}=1$；当 $i\neq j$ 时，$\delta_{ij}=0$）；k 为湍动能。

$$k=\frac{\overline{u'_i u'_j}}{2}=\frac{1}{2}(\overline{u'^2}+\overline{v'^2}+\overline{w'^2}) \tag{3-5}$$

目前工程中使用最广泛和最基本的两方程模型是标准的 k-ε 模型。但标准 k-ε 模型在时均应变率特别大的情况下，可能导致负的正应力。为了使流动符合湍流的物理定律，需要对正应力进行某种数学约束，因此提出 k-ε 的改进模型——Realizable k-ε 模型。在 Realizable k-ε 模型中，关于 k 和 ε 的输运方程如下：

$$\frac{\partial k}{\partial t}+u_j\frac{\partial k}{\partial x_j}=\frac{\partial}{\partial x_j}\left[\left(\nu+\frac{\nu_t}{\sigma_k}\right)\frac{\partial k}{\partial x_j}\right]+\frac{G_k}{\rho}-\varepsilon \tag{3-6}$$

$$\frac{\partial \varepsilon}{\partial t}+u_j\frac{\partial \varepsilon}{\partial x_j}=\frac{\partial}{\partial x_j}\left[\left(\nu+\frac{\nu_t}{\sigma_\varepsilon}\right)\frac{\partial \varepsilon}{\partial x_j}\right]+C_1 E\varepsilon-C_2\frac{\varepsilon^2}{k+\sqrt{\nu\varepsilon}} \tag{3-7}$$

式中，ε 为湍动能耗散率；G_k 是由平均速度梯度引起的湍动能 k 的产生项，由下式计算：

$$G_k=\nu_t\left(\frac{\partial u_i}{\partial x_j}+\frac{\partial u_j}{\partial x_i}\right)\frac{\partial u_i}{\partial x_j} \tag{3-8}$$

涡黏系数 ν_t 可表示成 k 和 ε 的函数：

$$\nu_t=C_\mu\frac{k^2}{\varepsilon} \tag{3-9}$$

式(3-6)和式(3-7)中的相关系数如下：

$$\left.\begin{array}{l}\sigma_k=1.0,\ \sigma_\varepsilon=1.2,\ C_1=\max\left(0.43,\ \dfrac{\eta}{\eta+5}\right)\\[2mm] C_2=1.9,\eta=(2E_{ij}\cdot E_{ij})^{1/2}\dfrac{k}{\varepsilon},\ E_{ij}=\dfrac{1}{2}\left(\dfrac{\partial u_i}{\partial x_j}+\dfrac{\partial u_j}{\partial x_i}\right)\end{array}\right\} \tag{3-10}$$

在 Realizable k-ε 模型中，C_μ 采用如下方法计算：

$$C_\mu=\frac{1}{A_0+A_S U^* k/\varepsilon} \tag{3-11}$$

$$\left.\begin{array}{l}A_0=4.0,\ A_S=\sqrt{6}\cos\phi,\ \phi=\dfrac{1}{3}\cos^{-1}(\sqrt{6}W)\\[2mm] W=\dfrac{E_{ij}E_{jk}E_{kj}}{(E_{ij}E_{ij})^{1/2}},\ U^*=\sqrt{E_{ij}E_{ij}+\widetilde{\Omega}_{ij}\widetilde{\Omega}_{ij}}\\[2mm] \widetilde{\Omega}_{ij}=\Omega_{ij}-2\varepsilon_{ijk}\omega_k,\ \Omega_{ij}=\overline{\Omega}_{ij}-\varepsilon_{ijk}\omega_k\end{array}\right\} \tag{3-12}$$

这里 $\overline{\Omega}_{ij}$ 是从角速度为 ω_k 的参考系中的时均转动速率张量，对于无旋转的流场，上式

中 U^* 计算式根号中第二项为零,这一项专门用以表示旋转的影响,也是本模型的特点之一。

与标准 k-ε 模型相比,Realizable k-ε 模型主要变化是:① 湍动黏度计算公式引入了与旋转和曲率相关的项;② ε 方程的产生项[式(3-7)右端第二项]不包含 k 方程中的产生项 G_k,能更好地表示光谱的能量转换;③ ε 方程中的最后一项不具有任何奇异性,即使 k 值很小或为零,分母也不会为零。

3.1.2 边界条件和初始条件

本节建立的数值水槽模型的边界示意如图 3-1 所示。边界条件设置为:在水槽底面及结构物表面采用光滑壁面条件,法向速度为 0。

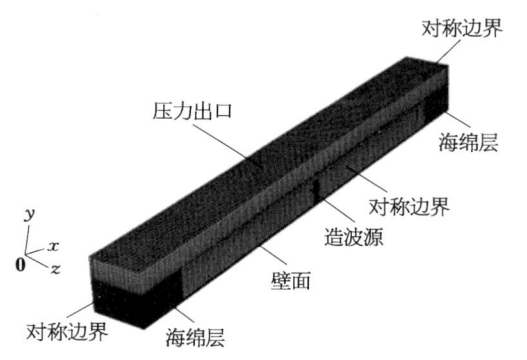

图 3-1 数值波浪水槽边界示意图

由于采用水槽中央造波方法,水槽两端为对称边界,都采用人工黏性的方法来消波,并在波浪水槽的两端各设置两倍波长的阻尼消波段。人工黏性消波方法的思想是模拟实验室中真实波浪水槽的消波层。在数值波浪水槽的波浪传出边界前设置一个阻尼层,当波浪通过阻尼层时,波浪的能量将被吸收,以消除反射波浪。在实际程序中,通过在动量方程中添加阻尼项来实现,采用下式来计算阻尼系数:

$$\mu(x) = \sqrt{1 - \left(\frac{x - x_0}{S}\right)^2} \quad (3-13)$$

式中,μ 为阻尼系数;x_0 为阻尼层的起始点;S 为阻尼层的长度。

在阻尼消波段中,动量方程被改为如下形式:

$$\frac{\partial u_i}{\partial t} + u_j \frac{\partial u_i}{\partial x_j} = -\frac{1}{\rho} \frac{\partial p}{\partial x_i} + \frac{\partial}{\partial x_j}\left(\nu \frac{\partial u_i}{\partial x_j} - \overline{u_i' u_j'}\right) + g_i + \mu u_i \quad (3-14)$$

水槽上部与大气相连通,采用 VOF 方法来追踪波浪自由表面。计算中定义体积函数 F,以表示单元中流体所占体积与单元体积之比。当单元网格充满流体时,F 值为 1;当单元网格不含有流体时,F 值为 0;单元网格 F 值介于 0 和 1 之间时,表示含有自由表面的单元体,或者是掺混有小尺度空气泡。自由表面单元的定义为含有非零的 F 值,且与其相邻的单元中至少有一个是 F 值为零的空单元。

流体界面通过求解连续性方程来获得,流体的体积函数连续性方程为:

$$\frac{\partial F}{\partial t} + u_i \frac{\partial F}{\partial x_i} = 0 \quad (3-15)$$

初始条件设置为:流场中的初始速度取为 $u_i = 0$。以静水面为界,对静水面以上和以下两个区域的体积分数 α 赋初值。在静水面以上的网格,网格内全部为空气所充满,故 $\alpha=0$;在静水面以下的网格,网格内全部为水所充满,故 $\alpha=1$。

3.1.3 数值计算方法

本节将采用有限体积法对控制方程进行离散。动量方程求解采用交错网格,扩散项采用中心差分格式离散,而对流项采用一阶迎风格式,压力插值方式采用体积力加权方式,并采用改进的 SIMPLE 算法——PISO 算法对流场进行求解。

由于动量方程中压力源项的特殊性,如果速度矢量、压力等变量都存储在控制体积中心节点上,则在离散后的动量方程中,震荡的压力场就会被认为是常压力场。因此,本节采用交错网格,将压力存储在有限体积单元中心节点上,而速度矢量的三个分量则存储在标量控制体积错位半个单元步长的控制体积上,错位后的网格中心位于原控制单元的界面上,如图 3-2 所示。速度矢量的每一个分量都有不同的控制体积,对于三维问题则同时存在四套不同的网格体系,分别用于存储变量 p、u、v、w。

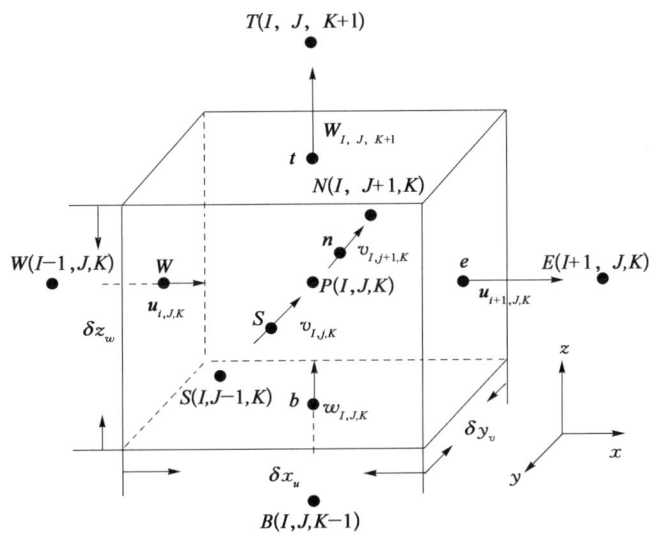

图 3-2 交错网格的有限体积单元

将控制方程的通用形式在时间步长 dt 和控制单元体积 V 上进行积分,并利用 Gauss 散度定理,得到如下积分形式:

$$\int_V \frac{\partial \phi}{\partial t} dV + \int_S \vec{n} \cdot (\vec{u}\phi) dS = \nu \int_S \vec{n} \cdot (\nabla \phi) dS + \int_V S_c dV \qquad (3-16)$$

式中,ϕ 代表速度变量 u、v 和 w;V 为控制单元体积;S 为控制单元表面积;S_c 代表源项,包括压力项和重力项。

对时间项采用全隐式时间积分方案,以速度 u 为例,在交错网格下 u 的动量方程离散方程组表示为,u 的控制单元网格形式如图 3-3 所示。

$$a_{i,J,K}u_{i,J,K} = \sum a_{nb}u_{nb} + b_{i,J,K} \qquad (3-17)$$

其中,

$$b_{i,J,K} = -\frac{1}{\rho}\frac{p_{I,J,K} - p_{I-1,J,K}}{\Delta x_u}\Delta V_u \qquad (3-18)$$

$$a_{i,J,K} = \sum a_{nb} + \Delta F + \frac{\Delta V_u}{\Delta t} \qquad (3-19)$$

$$\Delta F = F_e - F_w + F_n - F_s + F_t - F_b \qquad (3-20)$$

其中,u_{nb} 为 W、E、S、N、B、T 六个相邻节点的速度;F_{nb} 为控制单元表面的对流通量。计算对流通量时,控制单元表面的速度通过单元中心点线性插值得到。

在一阶迎风格式下,式(3-19)中系数 a_{nb} 的表达式为

$$\begin{cases} a_W = D_w + \max(0, F_w) \\ a_E = D_e + \max(0, -F_e) \\ a_S = D_s + \max(0, F_s) \\ a_N = D_n + \max(0, -F_n) \\ a_B = D_b + \max(0, F_b) \\ a_T = D_t + \max(0, -F_t) \end{cases} \qquad (3-21)$$

其中,D_{nb} 为控制单元表面的扩散通量。

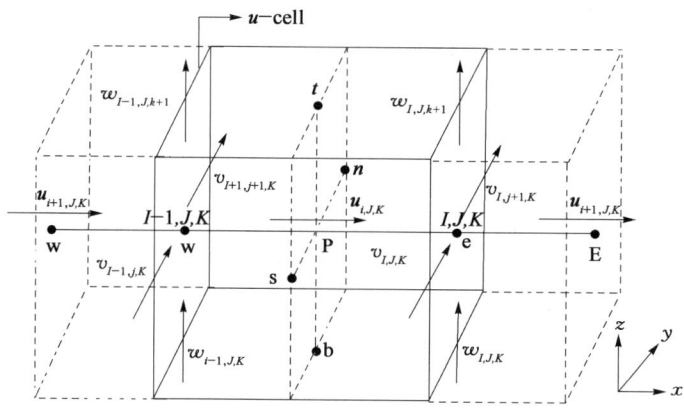

图 3-3 交错网格下的 u 控制单元

本节采用的是目前工程上使用较为广泛的流场数值计算方法——压力隐式算子分割算法,即 PISO 算法[27]。PISO 算法与传统的 SIMPLE、SIMPLEC 算法的不同之处在于:SIMPLE 和 SIMPLEC 算法是两步算法,即一步预测和一步修正;而 PISO 算法增加了一

个修正步,包含一个预测步和两个修正步,在完成了第一步修正得到(u,v,w,p)后寻求二次改进值,目的是使它们更好地同时满足连续方程和动量方程。该方法计算步骤如下:

(1) 预测步,首先利用猜测的压力场p^*来求解动量离散方程,得到速度分量u^*、v^*和w^*。

(2) 预测步得到的速度场一般不满足连续方程,因此通过一次压力修正方程,求得压力修正值p',进而得到一次修正速度u^{**}、v^{**}和w^{**}。

(3) 再次求解u^{**}、v^{**}和w^{**}的动量离散方程,可以得到两次修正的速度场u^{***}与v^{***}。

(4) 将二次修正的速度场代入连续方程,得到二次压力修正方程,求解得到二次压力修正值p'',对压力场进行修正,再对速度场进行二次修正。

(5) 最后求解k和ε的输运离散方程。

(6) 进入下一时间步的计算。

PISO 算法由于采用了预测-修正-再修正三步方法,从而加快了单个迭代步中的收敛速度。尽管该方法涉及较多的计算,但经过对比发现其计算速度很快,总体效率较高。对于瞬态问题,具有明显的优势。

3.1.4 造波方法

数值波浪水槽基于质量源造波方法建立。该方法是在水槽中段某处设置一个造波源,造波源可以是点源、线源或者有限体积源,可在水槽中同时产生传播方向相反的两列波。这个过程是通过用户自定义函数在源域内的连续方程中添加源项来实现的。

用户自定义函数(USER-DEFINED-FUNCTION,简称 UDF)是一个在 C 语言基础上扩展 Fluent 特定功能的编程接口,它可以动态链接到 Fluent 求解器上来实现求解目的。UDF 有多种功能用途,如定制边界条件、定义材料属性、定义表面和体积反应率、定义输运方程中的源项和用户自定义标量输运方程中的源项扩散率函数等。

UDF 通过 DEFINE 宏来定义,本节数值水槽造波及消波均采用 UDF 进行编程。利用 DEFINE_SOURCE(mass_source, cell, thread, dS, eqn)宏来添加质量源项,实现数值造波和消波的目的。

对于数值波浪水槽问题,加入源项后的连续方程表示如下:

$$\frac{\partial u}{\partial x}+\frac{\partial v}{\partial y}+\frac{\partial w}{\partial z}=s(x,y,z,t) \quad (3-22)$$

其中,

$$s(x,y,z,t)=\begin{cases}0 & \text{在源域外}\\ s_s(x,y,z,t) & \text{在源域内}\end{cases} \quad (3-23)$$

式(3-21)中源项可由下式得到:

$$s_s(x,y,z,t)=2u(x,t)/\mathrm{d}x \quad (3-24)$$

式中，$s_s(x, y, z)$ 为源域内的非零源函数；$u(x, t)$ 为波浪水质点的水平速度；$\mathrm{d}x$ 为水槽长度方向（x 方向）的网格长度。

理论上，只要造波源函数定义正确，任何形式的波形都可以利用源造波法生成。通过推导可得出规则波及不规则波的造波源函数，具体表达式如下。

1）规则波

对于线性波浪，源函数可以通过线性规则波浪的水平波浪速度来推导，源函数的形式如下：

$$s_s(z, t) = \frac{4H\omega \sinh(kd) \cosh k(z+d)}{[\sinh(2kd) + 2kd]\mathrm{d}x} \cos(kx - \omega t) \tag{3-25}$$

式中，H 为目标波浪的波高；k 为波数；d 为水深；ω 为波浪的圆频率。

对于非线性波浪，如二阶及五阶 Stokes 波浪，也可以通过波浪水质点的水平速度来推导其造波源函数。

二阶 Stokes 波浪的源函数可以表示为：

$$s_s(z, t) = \frac{H\omega}{\mathrm{d}x}\left[\frac{\cosh k(z+d)}{\sinh(kd)}\cos(kx - \omega t) + \frac{3}{8}Hk\frac{\cosh 2k(z+d)}{\sinh^4(kd)}\cos(2kx - 2)\right] \tag{3-26}$$

五阶 Stokes 波浪的源函数方程可以通过 Chakrabarti(1987) 提出的五阶 Stokes 波浪理论的速度势方程求得。五阶 Stokes 波浪的速度势函数可以表示为：

$$\Phi = \frac{c}{k}\sum_{n=1}^{5}\lambda_n \cosh(nks) \sin[n(kx - ct)] \tag{3-27}$$

式中，无量纲化参数 λ_n 可表示为：

$$\left.\begin{aligned}
\lambda_1 &= \lambda A_{11} + \lambda^3 A_{13} + \lambda^5 A_{15} \\
\lambda_2 &= \lambda^2 A_{22} + \lambda^4 A_{24} \\
\lambda_3 &= \lambda^3 A_{33} + \lambda^5 A_{35} \\
\lambda_4 &= \lambda^4 A_{44} \\
\lambda_5 &= \lambda^5 A_{55}
\end{aligned}\right\} \tag{3-28}$$

波高 H 可表示为：

$$H = \frac{2}{k}[\lambda + B_{33}\lambda^3 + (B_{35} + B_{55})\lambda^5] \tag{3-29}$$

波速 c 可表示为：

$$c^2 = c_0^2[1 + \lambda^2 C_1 + \lambda^4 C_2] \tag{3-30}$$

系数 λ 和波数 k 可由式(3-31)、式(3-32)通过数值迭代方法进行求解。系数 A_{ij}、

B_{ij} 和 C_j(i、$j=1,2,\cdots,5$)是 k_d 的代数方程。

由以上可推导出五阶 Stokes 波浪的源函数方程,如下:

$$s(z,t) = \frac{2c}{k*\mathrm{d}x}\sum_{n=1}^{5} nk\lambda_n \cosh(nky)\cos[nk(x-wt)] \qquad (3-31)$$

2) 不规则波浪

不规则波浪可以看成由一系列频率不同、波高各异的线性波浪叠加而成。本节采用 JONSWAP 谱产生随机波浪[46-48],其相应的源函数可以表示为:

$$s_s(z,t) = 2\sum_{i=1}^{m}\sqrt{2s_{\eta\eta}(\widetilde{w}_i)\Delta w_i}\, w_i\, \frac{\cosh K_i(z+d)\cos(\widetilde{w}_i t + \varepsilon_i)}{\sinh(K_i d)\cdot \mathrm{d}x} \qquad (3-32)$$

式中,$s_{\eta\eta}(\widetilde{w}_i)$ 为第 i 个组成波代表频率对应的谱值;$\widetilde{w}_i$ 为第 i 个组成波的圆频率,$\widetilde{w}_i = 1/2(w_i + w_{i+1})$,$\Delta w_i = (w_{+1i} - w_i)$;$\varepsilon_i$ 为第 i 个组成波的随机初始相位,在 (0~2π) 内随机取值;$K_i = 2\pi/L_i$,L_i 为相应的波长。

3.1.5 数值水槽尺度及网格划分

为了与模型试验结果进行直接比较,数值水槽采用物理模型尺度。设定数值水槽水平长度为 60 m(x 方向)、高度为 2 m(y 方向)、宽度为 1.18 m(z 方向)。造波源为正六面体形状区域,设在水槽的中部,使生成的波浪向两侧传播。水槽两端设有阻尼层,其长度为 5 m,宽度为 1.18 m,高度为静水面高度。

数值水槽断面布置如图 3-4 所示。为实时监测水槽中和阻尼层中的波浪高度,在水槽中 $x=35$ m、40 m、45 m、50 m、57 m 和 59.5 m 等 6 个位置处设有波浪监测点。这 6 个测点均在水槽断面中心的位置 $z=0.59$ m 处。

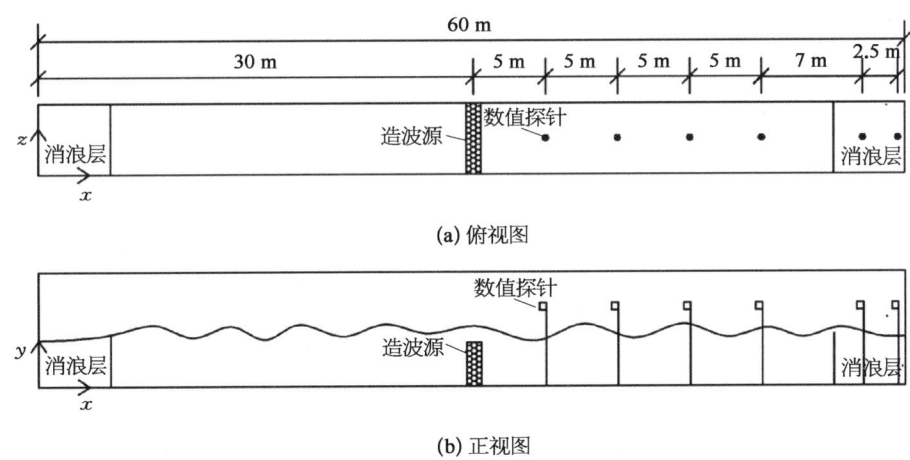

图 3-4 计算区域示意图

计算采用结构化网格,整个数值水槽计算域采用了381 600个正六面体单元。沿水槽长度方向(x方向)和水槽宽度方向(z方向)的网格为均匀网格,因此$\Delta x=0.1$ m、$\Delta z=0.1$ m。沿水槽高度方向(y方向)的网格为渐变网格,在自由表面附近和水槽底部附近对网格进行局部加密,网格局部加密示意如图3-5所示。图3-5a显示了沿水槽长度方向x和y方向的网格示意图,图3-5b显示了沿水槽横断面y和z方向的网格示意图,其中最大单元体积为$0.1\times0.13\times0.1=0.001\,3$ m³,最小单元体积为$0.1\times0.02\times0.1=0.000\,2$ m³。

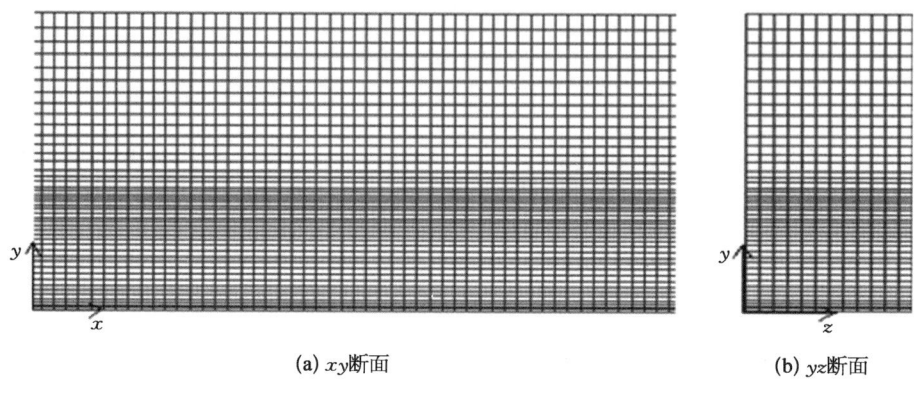

(a) xy断面　　　　　　　　　　　(b) yz断面

图3-5　水槽不同断面局部网格示意图

3.2　数值波浪水槽的验证

本节将基于前述数值波浪水槽模型分别对线性波浪、二阶Stokes波浪、五阶Stokes波浪和随机波浪进行模拟,并与理论结果进行对比,以验证该数值水槽的有效性和阻尼层的消波性能。

3.2.1　线性规则波浪的模拟与验证

首先,对一阶线性波浪进行模拟。图3-6为数值波浪水槽模拟的线性波浪的三维波面效果。计算中取水深$d=0.7$ m、波高$H=0.11$ m、波浪圆频率$\omega=4.62$ rad/s。

图3-7中分别对应时刻$t/T=4$、$t/T=6$和$t/T=10$时,波面形状的数值结果与理论解进行了比较;图3-8中分别对$x=35$ m、40 m、45 m和$x=50$ m处测得的波面时间历程曲线与理论解进行了比较,可见数值结果与理论结果吻合非常好,波列沿水槽长度方向传播良好;为验证波浪传播沿水槽断面(z方向)的一致性,图3-9对沿水槽断面$z=0.3$ m、$z=0.59$ m和$z=0.9$ m的波面进行了对比,不同断面上的波面吻合较好。

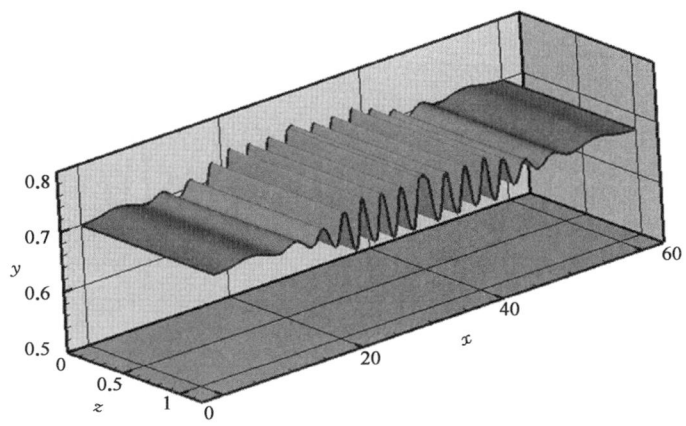

图 3-6 数值波浪水槽中三维波面效果

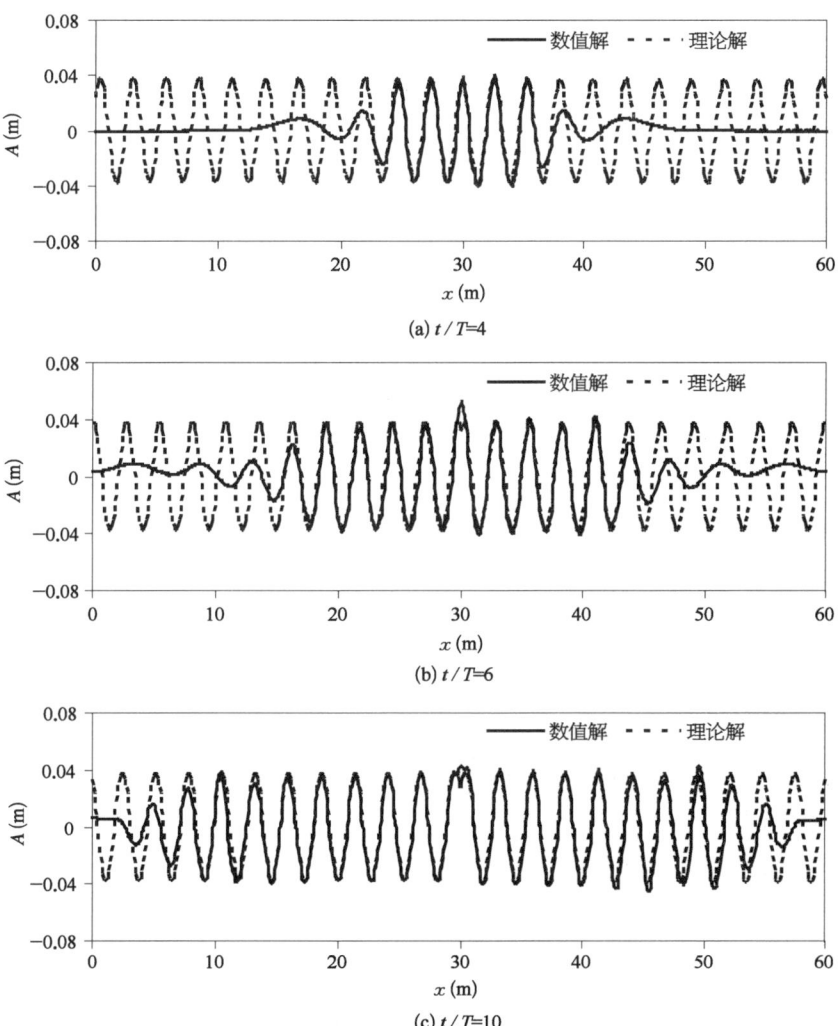

(a) $t/T=4$

(b) $t/T=6$

(c) $t/T=10$

图 3-7 沿水槽长度方向波面的比较

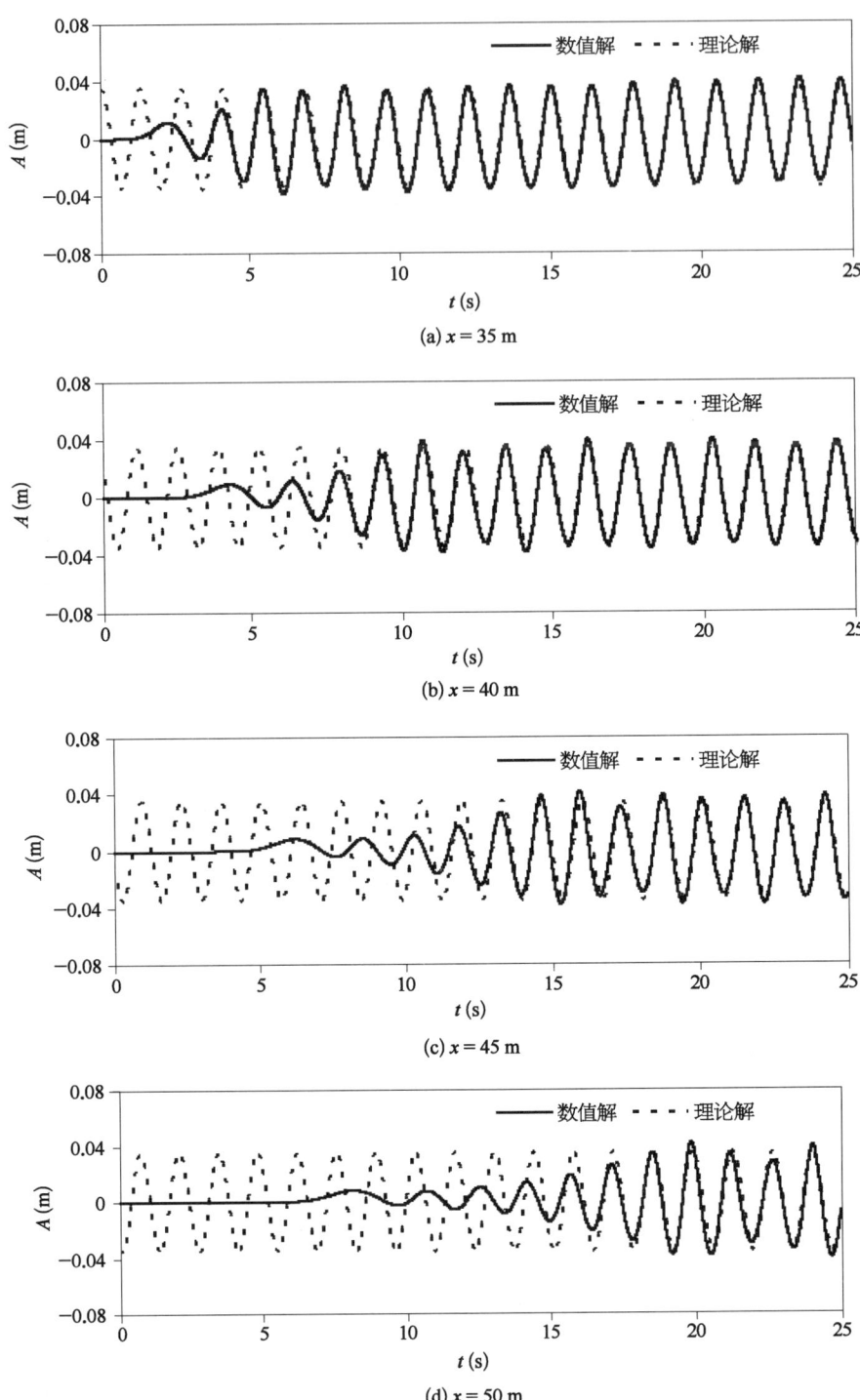

(a) $x = 35$ m

(b) $x = 40$ m

(c) $x = 45$ m

(d) $x = 50$ m

图 3-8 不同监测点处波面变化历程

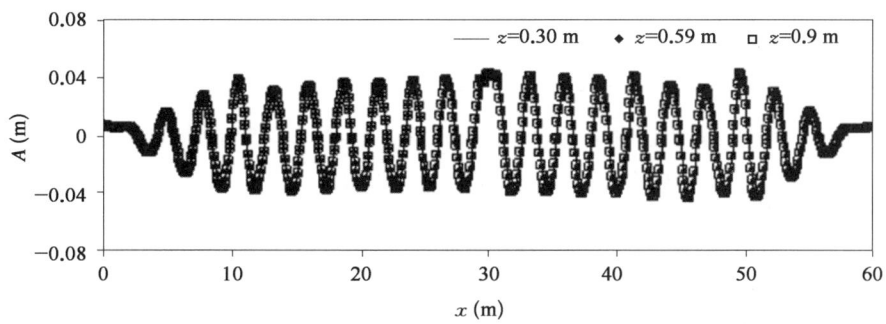

图 3-9　$t/T=10$ 时沿水槽不同断面（z 方向）的波面比较

3.2.2　Stokes 波浪的模拟与验证

接下来对目标波浪波高为 $H=0.08$ m、波浪圆频率 $\omega=5.46$ rad/s、水深 $d=0.52$ m 的一组波浪进行模拟。一般当波高与水深的相对比值超过 0.05 时，波浪的非线性增强，此时线性波浪理论不再适用，因此采用二阶 Stokes 波理论进行模拟。图 3-10 比较了固定点 $x=35$ m 和 $x=50$ m 处的波高历程的数值结果和理论结果，可以看到两者结果吻合得很好。

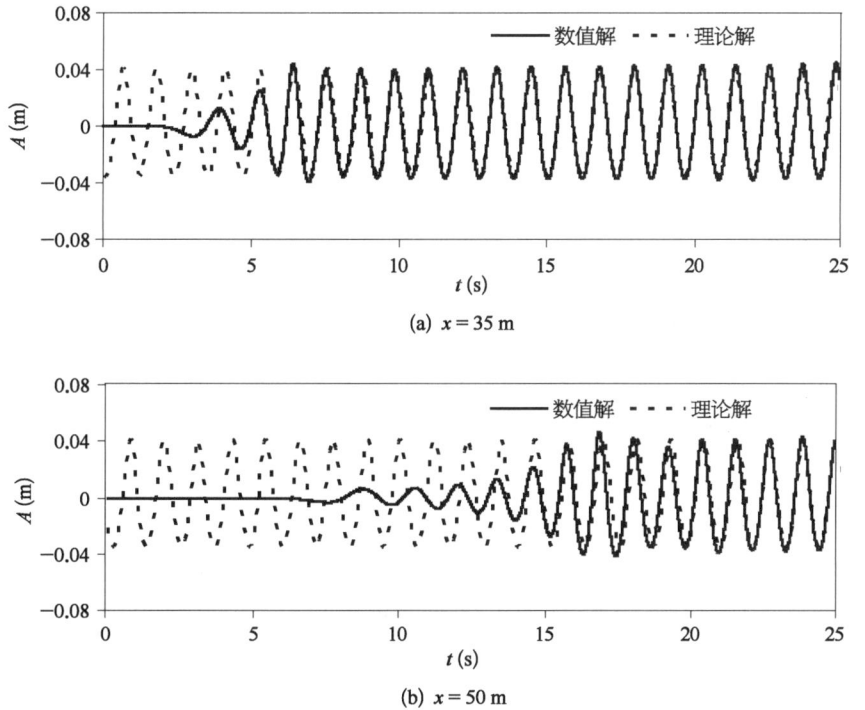

图 3-10　二阶 Stokes 波的数值解与理论解的比较

进而对在常数水深下的五阶 Stokes 波浪进行数值模拟。五阶波浪的工况为水深 $d=0.52$ m、波高 $H=0.1$ m、波浪周期 $T=1.2$ s。图 3-11 比较了固定点 $x=35$ m 和 $x=50$ m 处的波高历程的数值结果和理论结果，可以看到五阶波浪的波峰变陡，非线性增强。在 $x=35$ m 处，数值结果与理论结果吻合较好；在 $x=50$ m 处，数值解的波幅有所减小，主要是因为在数值模型中黏性项的存在，造成了波面的衰减。

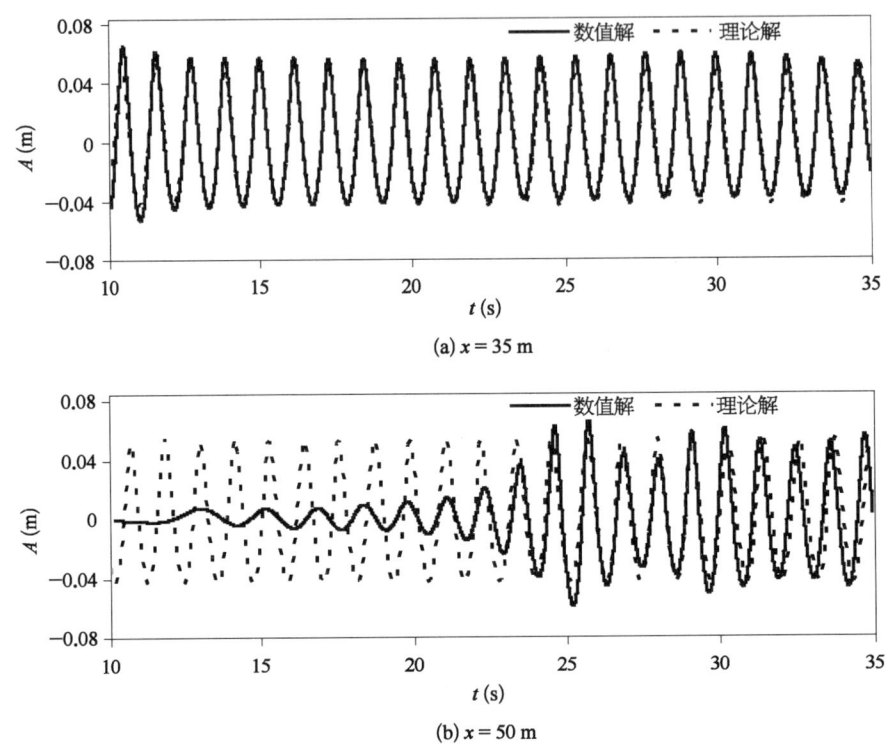

图 3-11　五阶 Stokes 波的数值解与理论解的比较

3.2.3　随机波浪的模拟与验证

不规则波浪可以看作由一系列频率不同、波高各异的线性波浪叠加而成。本章采用 JONSWAP 谱产生随机波浪，其相应的源函数已在 3.1.4 节给出。

本节计算了五组不同的波浪模态（N_w）组成的随机波浪，分别取 $N_w=50$、100、150、200、250。周期范围为 $0.5 \sim 2.2$ s，特征周期为 1.39 s，水槽静水深 $d=0.52$ m，特征波高为 $H_{1/3}=0.035$ m。图 3-12 所示为该测点处生成的波浪谱和目标谱的比较。由计算结果可知，当 N_w 取值在 150 到 250 之间时，生成的随机波浪与理论结果吻合较好。图 3-13 给出了 $N_w=200$ 时，数值模拟的随机波浪三维波面效果图。

表 3-1 为当 $N_w=200$ 时，对三组不同的谱峰频率和有效波高的随机波浪进行了模拟。将随机波浪的三个频域特征值（0 阶矩、1 阶矩和谱峰频率）和两个时域特征值（有效

波高 H_s、$H_{1\%}$ 波高)进行了统计,并与理论结果进行了对比。数值计算结果与理论结果的误差在 3%~10% 内,进一步验证了本节数值模型模拟不规则波的有效性。

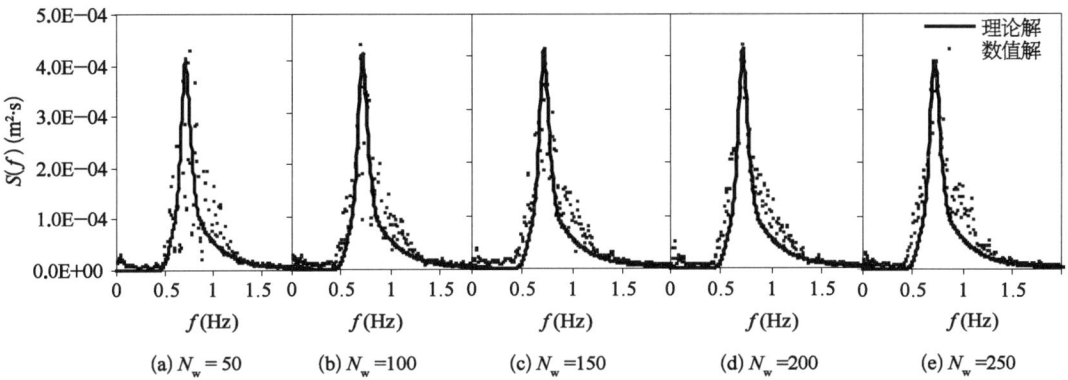

(a) $N_w=50$　　(b) $N_w=100$　　(c) $N_w=150$　　(d) $N_w=200$　　(e) $N_w=250$

图 3-12　数值模拟谱与目标谱的对比

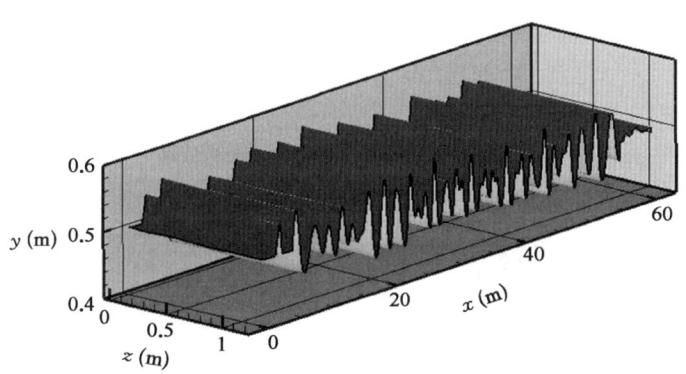

图 3-13　$N_w=200$ 时的波浪序列

表 3-1　不规则波计算结果统计

计算组次		频域特征值			时域特征值	
		0 阶矩(m_0)	1 阶矩(m_1)	谱峰频率(w_p)	有效波高(H_s)	1% 波高($H_{1\%}$)
1	理论解	0.000 60	0.000 56	4.52	0.100	0.150
	数值解	0.000 64	0.000 61	4.59	0.110	0.170
2	理论解	0.000 23	0.000 21	4.52	0.060	0.090
	数值解	0.000 203	0.000 20	4.70	0.057	0.086
3	理论解	0.000 62	0.000 51	4.00	0.100	0.150
	数值解	0.000 67	0.000 59	4.13	0.105	0.160

3.2.4 消波效果验证

本节以 3.2.1 节线性波浪模拟为例(图 3-6),说明水槽消浪层的消波效果。从图中可见,波浪在消波区域内的传播过程中,波高逐渐衰减,在水槽出口处的波高很小,波能几乎全部在消浪层中被吸收。为进一步验证消波效果,图 3-14 所示为位于阻尼层中 $z=0.5$ m 断面上,$x=57$ m 和 $x=59.5$ m 的波面情况。波浪在 $t=10$ s 时到达消浪层,可以看出在阻尼层中,波浪能量被逐渐吸收,波高逐渐减小。经过计算,波浪通过阻尼层传播到水槽末段时,只剩下约 0.1% 的波浪能量,充分说明本节中阻尼层的消波效果非常好。

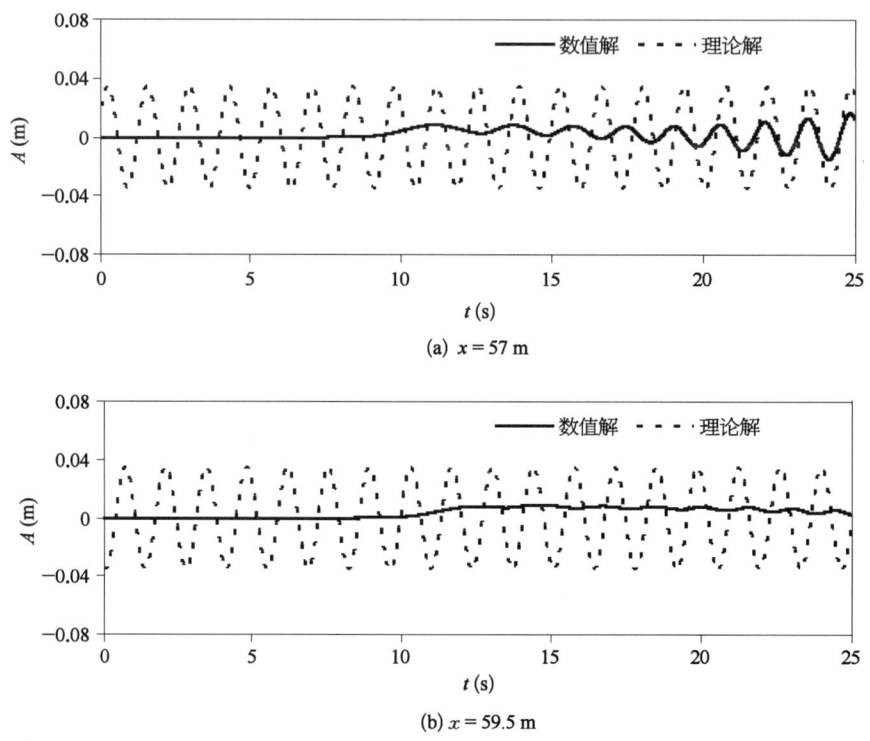

图 3-14　消浪层中监测点波形变化历程

从以上各种波形的比较结果可以看到,本节数值波浪水槽可以精确模拟出线性波浪、Stokes 二阶波浪及不规则波浪,阻尼层的消波效果也很好。因此,将利用本模型继续开展研究,模拟波浪和结构物的相互作用。

3.3　波浪与三维结构物作用模型验证

建立数值波浪水槽模型的最终目的是研究波浪与结构物的相互作用,特别需要模型在处理复杂三维结构物水动力学问题上具有广泛的适用性。为了验证上述建立的波浪与结构物相互作用模型在处理波浪与防波堤结构物作用问题上的精确性和有效性,本章首先建立了波浪与结构形式较为简单的直立防波堤相互作用模型,将直墙波浪压强分布模拟计算结果与立波理论结果进行比较。

然后,建立了波浪与三维方箱相互作用模型,将三维方箱波浪总力的模拟计算结果与 Lu 等的紊流模型结果和 Li 等的势流模型结果进行了对比验证。进一步建立了波浪与三个三维方箱连体结构相互作用模型,将三维方箱连体结构缝隙内的流体运动(共振现象)的模拟计算结果与 Lu 等(2009)的研究成果进行了对比验证。

3.3.1 波浪与直墙相互作用验证

首先,对规则波浪与重力式梳式防波堤直墙的相互作用进行模拟。水槽模型的边界条件布置除防波堤结构表面为壁面条件外,均与 3.2 节研究的数值波浪水槽相同。结构置于 $x=50$ m 处,源域与防波堤前墙之间的距离为 20 m。为验证网格尺寸对数值计算结果的影响,本节计算选取了 3 种不同的网格尺寸对整个计算域进行网格划分,结构附近局部网格的 xy 二维断面的网格示意如图 3-15 所示,网格具体参数如下:

网格 1:网格单元总数为 384 890,整个数值水槽的最小网格单元尺寸为 $0.02\times 0.02\times 0.05=2\mathrm{E}-06(\mathrm{m}^3)$,最大的单元尺寸为 $0.1\times 0.1\times 0.05=5\mathrm{E}-04(\mathrm{m}^3)$;

网格 2:网格单元总数为 512 000,整个数值水槽的最小网格单元尺寸为 $0.015\times 0.015\times 0.05=1.13\mathrm{E}-05(\mathrm{m}^3)$,最大的单元尺寸为 $0.05\times 0.1\times 0.05=2.5\mathrm{E}-04(\mathrm{m}^3)$;

网格 3:网格单元总数为 735 760,整个数值水槽的最小网格单元尺寸为 $0.01\times 0.01\times 0.05=5\mathrm{E}-06(\mathrm{m}^3)$,最大的单元尺寸为 $0.025\times 0.1\times 0.05=1.25\mathrm{E}-04(\mathrm{m}^3)$。

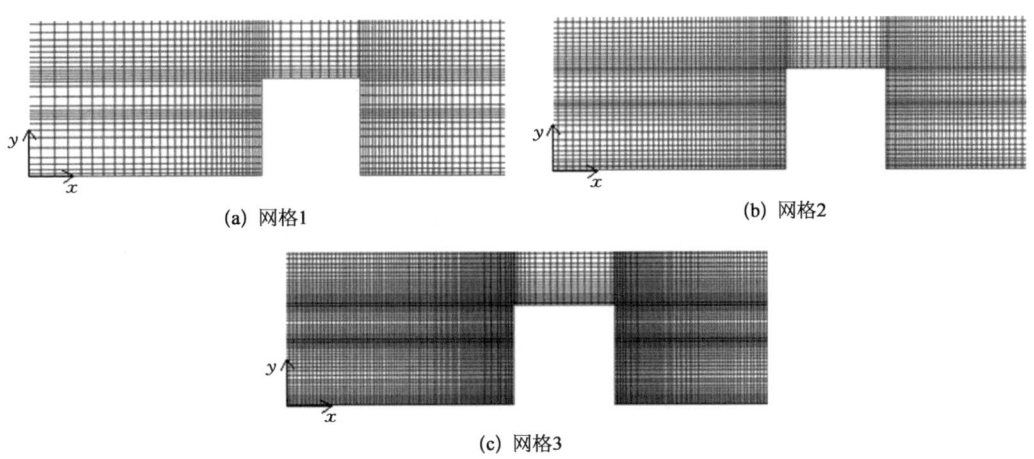

图 3-15 不同网格尺寸的模型局部网格示意图

图 3-16 进一步显示了网格 2 的直墙结构附近的三维网格示意图。

数值计算中应用二阶 Stokes 波理论用来生成规则波浪,模拟的波浪要素为堤前水深 $d=1.28$ m、波高 $H=0.13$ m 和 0.18 m、周期 $T=1.91$ s。模型计算了当波峰作用在直墙防

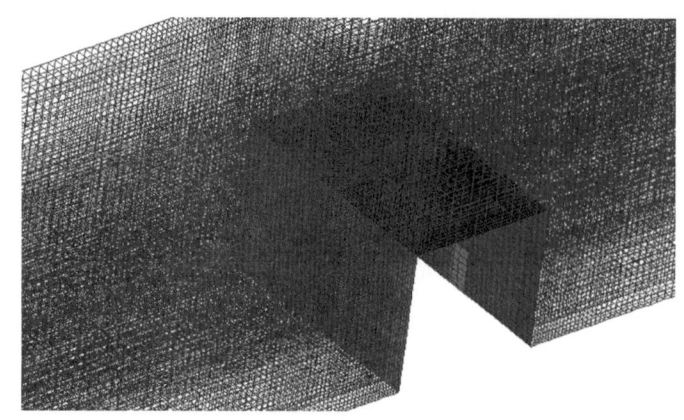

图 3-16 数值水槽结构附近网格示意图

波堤时,三种网格尺寸下的直墙防波堤的堤前波浪压强垂向分布,并进一步与理论结果进行对比验证。数值波面示意如图 3-17 所示,计算结果分别如图 3-18 所示。由图 3-18 可见,在两种波况下,网格 1 和网格 2 的计算结果非常接近,相比于网格 3 的计算结果,网格 1 和网格 2 的计算结果也与理论解的结果吻合更好。

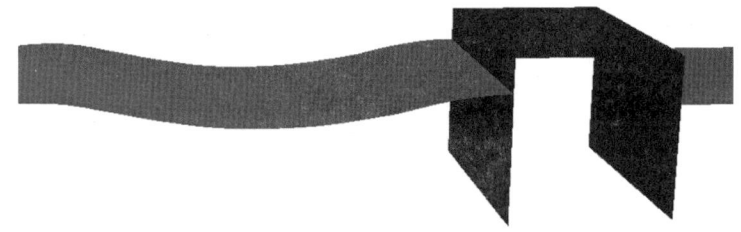

图 3-17 波浪对直墙作用的数值模型示意图

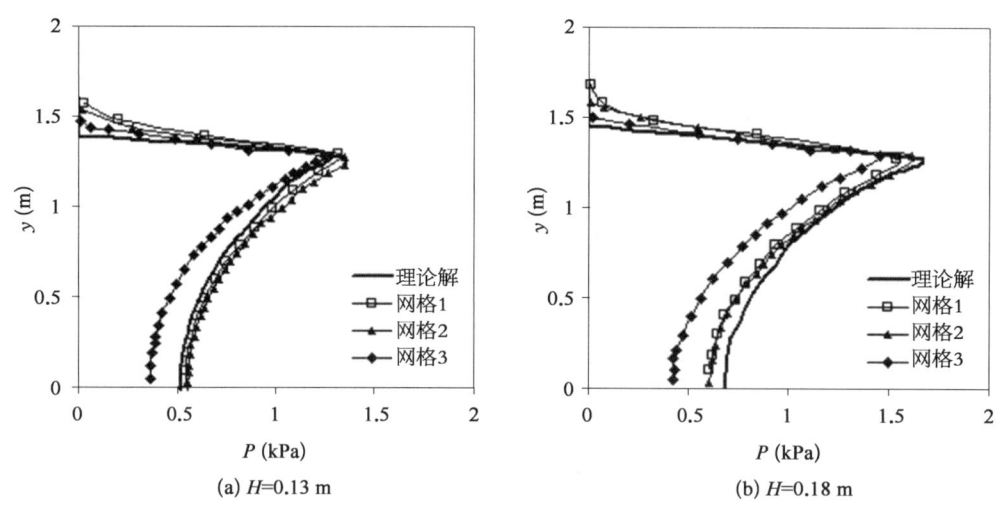

(a) H=0.13 m　　　(b) H=0.18 m

图 3-18 波浪对直墙作用的数值结果与理论解的对比

3.3.2 波浪与漂浮三箱结构作用验证

为进一步验证基于上述建立的数值模型的有效性,本节对海洋工程中的大型浮体的"三箱狭缝"问题进行了数值模拟,建立了三维数值模型,并与 Lu 等(2009)的研究成果进行了对比验证。

数值水槽断面的布置与文献中的模型相同,如图 3-19 所示。3 个方箱结构分别定义为箱 A、箱 B 和箱 C;箱体沿 x 方向的长度定义为 $B=0.5$ m;箱 A 与箱 B 之间的狭缝定义为 Gap1,箱 B 与箱 C 之间的狭缝定义为 Gap2;两个狭缝的宽度均相同,定义为 $B_g=0.05$ m;箱入水深度定义为 $D=0.251$ m,水深 $h=0.5$ m。数值水槽总长度为 18.5 m,水槽宽度为 0.5 m,造波源中心位置固定在水槽上游 $x=8$ m 处,水槽两端设有消浪层用于吸收上下游的波浪。上游消浪层宽度为 5 m,下游消浪层宽度为 2.5 m。

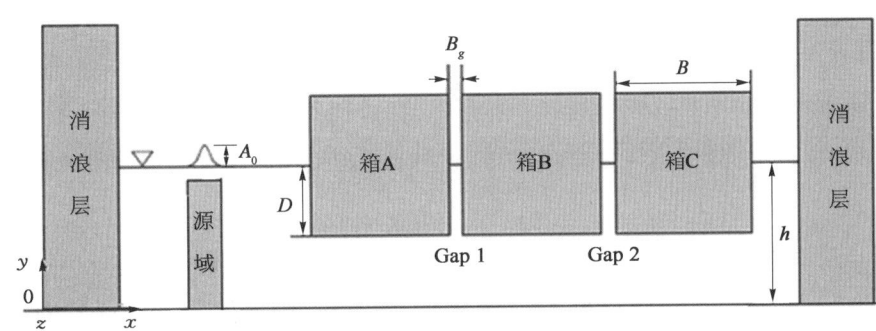

图 3-19 数值水槽的断面布置

整个数值水槽采用了 615 000 个结构化六面体网格单元来划分计算域,三维局部网格示意如图 3-20 所示,沿 xy 二维断面的结构附近局部网格如图 3-21 所示。整个数值水

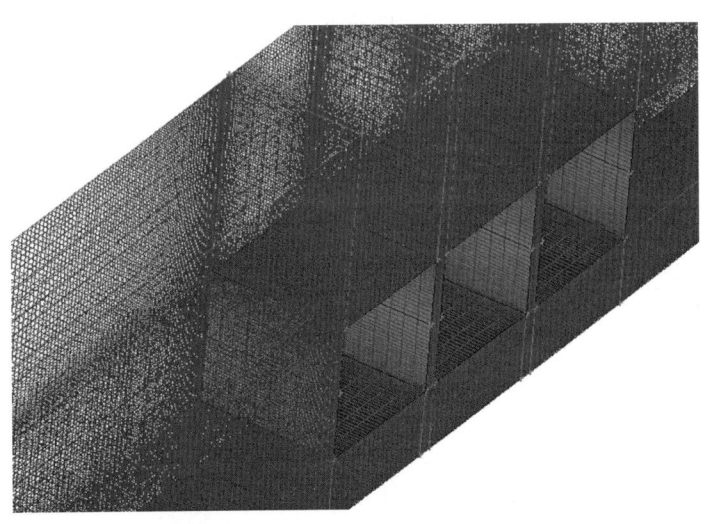

图 3-20 数值水槽结构附近网格示意图

图 3-21　数值水槽的 xy 断面结构附近网格示意图

槽的最小网格单元尺寸为 $0.005\times0.005\times0.05=1.25\mathrm{E}-06(\mathrm{m}^3)$，最大的单元尺寸为 $0.1\times 0.05\times0.05=2.5\mathrm{E}-04(\mathrm{m}^3)$；狭缝中最小的网格单元尺寸为 $0.005\times0.005\times0.05=1.25\mathrm{E}-06(\mathrm{m}^3)$，最大的单元尺寸为 $0.005\times0.017\,5\times0.05=4.375\mathrm{E}-06(\mathrm{m}^3)$。

首先计算了两个狭缝间由于流体共振产生的波高大小，计算中入射波浪的波高取 $H_0=0.024$ m，波长取 $L=2.403$ m，周期取 $T=1.335$ s，计算结果如图 3-22 所示。本节数值计算结果与 Lu 等(2009)的计算结果吻合较好，验证了本节数值结果在计算狭缝中波高的有效性。

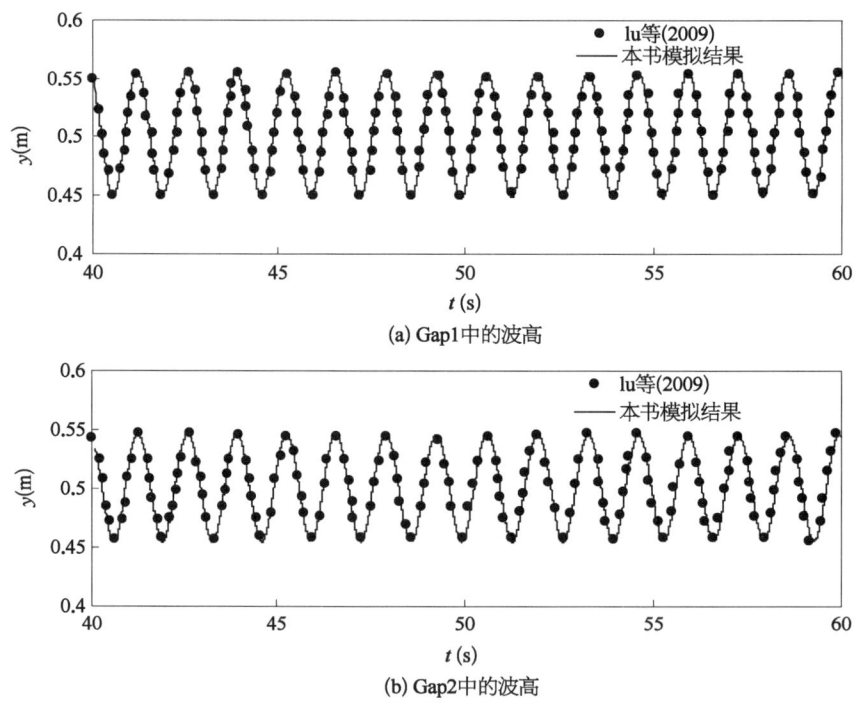

图 3-22　三箱之间 2 个狭缝的波高

本节对单个方箱波浪力进行了数值模拟，水槽布置如图 3-23 所示。水槽中只有方箱 A，水槽和方箱尺寸均与图 3-17 描述相同。整个数值水槽采用了 450 320 个结构化六面体网格单元来划分计算域，结构附近的网格划分如图 3-24 所示。水深 d、箱体宽度 B 和箱入水深度 D 的无因次值分别为 1.0、1.0 和 0.75。无因次的波数（共振频率）kh 在 0.6 到 1.6 之间取值。首先计算了作用在箱 A 上的无因次水平波浪总力 $F_x/\rho ghA_0$。其中，ρ 为水的密度，A_0 为入射波浪波幅的数值结果随 kh 的变化。为了验证该数值模型的有效性，将本节计算结果与 Lu 等的紊流模型结果和 Li 等的势流模型结果进行了对比验证，结果如图 3-25 所示。可见，本节的数值模型与已发表的成果均吻合较好，证明了本节数值模型计算结构波浪力的有效性。

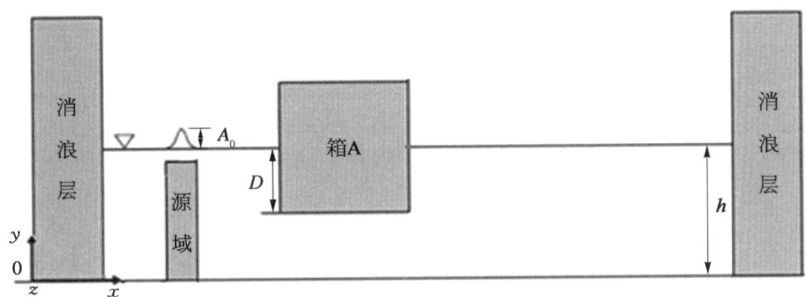

图 3-23　单个箱体数值水槽的断面布置

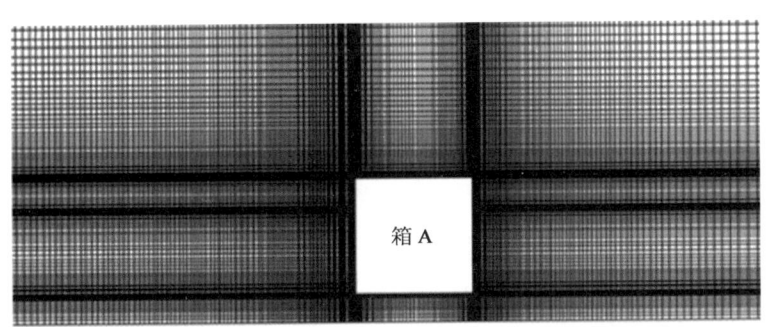

图 3-24　数值水槽的 xy 断面上单个方箱附近网格示意图

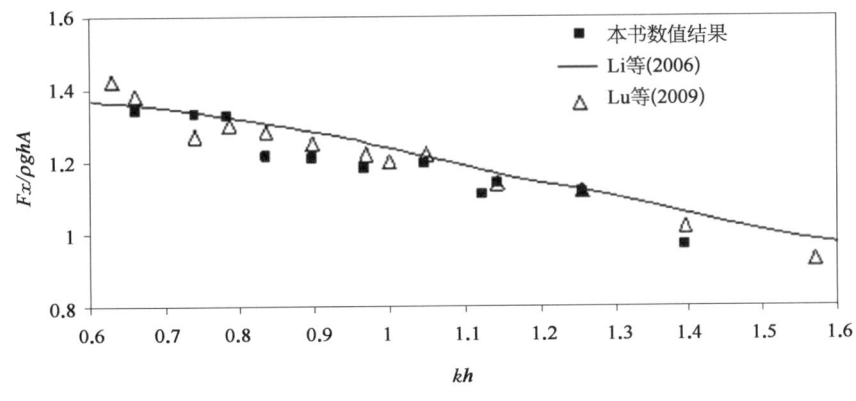

图 3-25　单箱浮体的波浪力的对比

本章对一阶线性波浪、Stokes 波浪和随机波浪进行了数值模拟,并与理论解进行对比验证。结果表明,本章建立的三维数值波浪水池具有较小的数值耗散和较好的波浪均匀性,数值波浪水池能够产生稳定性和重复性良好的规则波和不规则波。

　　为了验证该数学模型计算结构物波浪受力的准确性,模拟了由简单到复杂的两种不同防波堤结构。首先,模拟了波浪与直立防波堤相互作用的模型,将直墙波浪压强分布的模拟计算结果与立波理论结果进行比较。然后,模拟了波浪与单箱和三维方箱体相互作用的模型,将三维矩形体波浪总力的模拟计算结果与 Lu 等(2009)的研究成果进行了对比验证。上述工作初步验证了本章建立的数值模型在计算波浪力的有效性和处理三维结构物水动力学问题的精确性。

第4章

非透空重力式梳式防波堤数值研究

通过物理模型试验发现,梳式防波堤的受力特性不同于传统的直立式防波堤。传统的直立式防波堤的受力基本上是随着水位和波高的增加而增大。而梳式防波堤结构具有由翼板和胸墙下底板组成的异型空腔的特殊构造,并且根据翼板和胸墙的结构形式,可将重力式梳式防波堤分为非透空式和透空式两种形式。本章只介绍非透空梳式防波堤的数值模拟研究,将在第五章详细介绍透空梳式防波堤的数值研究。

由于梳式防波堤的翼板和胸墙底板组成的异型空腔内波浪运动复杂,水动力具有三维、非线性、强紊动等特点,仅采用模型试验的方法,难以对结构受冲击波浪力的流动机理进行深入研究。因此,本章开展了数值研究工作对此问题继续进行探讨;重点分析该非透浪梳式防波堤结构在相对危险水位时,结构异型空腔内的波浪运动、结构受冲击力时刻的波浪速度场和涡量场;研究受力机理,提出结构的危险水位范围,并提出了结构的优化设计方法。

4.1 波浪与非透空梳式防波堤作用数值模型

4.1.1 数值模型建立

本节在第 3 章建立的三维数值波浪水槽的基础上,以 3.3.1 节波浪与直墙防波堤相互作用的网格划分为依据,建立不规则波浪与一种非透浪梳式防波堤相互作用的数值模型。为验证数值模型的有效性,将数值模拟的不规则波浪与非透浪梳式防波堤相互作用结果与物理模型试验进行对比验证。

数值水槽的布置和尺寸与 3.2 节的数值水槽相同,将结构放置于距离造波源 20 m 的位置。在此基础上,模仿物理模型试验水槽,在结构下方设置高 0.1 m、长 2 m、坡度为 1∶8 的无滑移壁面斜坡边界作为防波堤基础。

整个数值计算域采用结构化的六面体单元进行划分。根据 3.3.1 节中波浪对直墙结构作用数值模型网格验证结果,考虑到计算效率,本节数值模型中采用的最小网格单元尺寸为 $0.015 \times 0.015 \times 0.05 = 1.13\mathrm{E}-05(\mathrm{m}^3)$,最大的单元尺寸为 $0.1 \times 0.1 \times 0.05 = 5\mathrm{E}-04(\mathrm{m}^3)$,生成的单元总数约为 400 000 个,结构附近的三维网格划分如图 4-1 所示。图中灰色部分为结构表面,

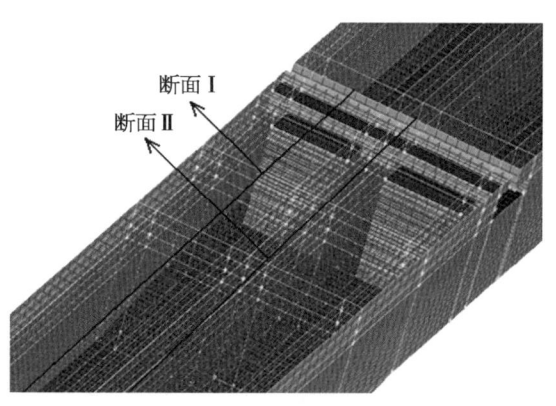

图 4-1 数值模型中结构附近网格的划分*

---

* 原图为彩图,可扫描封底二维码查看。后同。

蓝色线代表网格。在结构表面及自由水面附近将网格进行局部加密,沿沉箱主体截断的 xy 二维断面Ⅰ、断面Ⅱ的局部网格示意如图 4-2 所示。

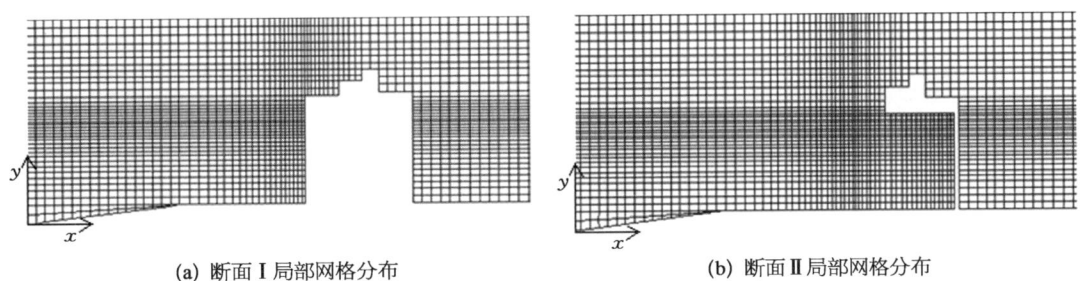

(a) 断面Ⅰ局部网格分布　　　　　　(b) 断面Ⅱ局部网格分布

图 4-2　数值水槽的 xy 断面上梳式防波堤附近网格示意图

4.1.2　数值模型验证

为了验证该数值模型的可靠性,本节模拟了物理模型试验中采用的三种不规则波的工况,见表 4-1。堤前水深和波高分别为 $d=10.8$ m、$H_{1\%}=2$ m,$d=11.4$ m、$H_{1\%}=2$ m,以及 $d=12.3$ m、$H_{1\%}=1.5$ m。在结构的危险水位分析中采用规则波浪,工况见表 4-2。

表 4-1　不规则波浪计算工况(原型参数)

组次	水深 d(m)	平均周期 T(s)	有效期 T_p(s)	波高 $H_{1\%}$(m)
1	10.8	6	7.20	2.0
2	11.4	6	7.20	2.0
3	12.3	6	7.20	1.5

表 4-2　规则波浪计算工况(原型参数)

组次	水深 d(m)	平均周期 T(s)	波高 H(m)	组次	水深 d(m)	平均周期 T(s)	波高 H(m)
1	11.3	6	1.5	9	11.8	6	2.2
2	11.3	6	1.8	10	11.8	6	2.5
3	11.3	6	2.0	11	12.25	6	1.5
4	11.3	6	2.2	12	12.25	6	1.8
5	11.3	6	2.5	13	12.25	6	2.0
6	11.8	6	1.5	14	12.25	6	2.2
7	11.8	6	1.8	15	12.25	6	2.5
8	11.8	6	2.0	16	12.7	6	1.5

续表

组次	水深 d(m)	平均周期 T(s)	波高 H(m)	组次	水深 d(m)	平均周期 T(s)	波高 H(m)
17	12.7	6	1.8	27	13.6	6	1.8
18	12.7	6	2.0	28	13.6	6	2.0
19	12.7	6	2.2	29	13.6	6	2.2
20	12.7	6	2.5	30	13.6	6	2.5
21	13.15	6	1.5	31	14.05	6	1.5
22	13.15	6	1.8	32	14.05	6	1.8
23	13.15	6	2.0	33	14.05	6	2.0
24	13.15	6	2.2	34	14.05	6	2.2
25	13.15	6	2.5	35	14.05	6	2.5
26	13.6	6	1.5				

不规则波浪与非透浪梳式防波堤结构物作用的数值模拟计算波面如图4-3所示。

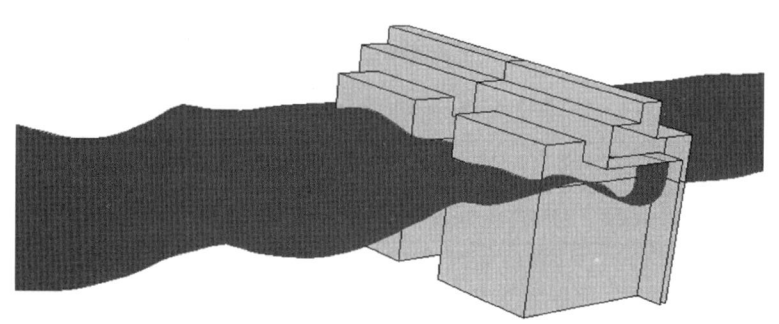

图4-3 不规则波浪与非透浪式梳式防波堤相互作用的数值计算图

为验证该数值模型在模拟不规则波浪作用下梳式防波堤表面波浪力历时过程的有效性,将沉箱和翼板上的测点(图2-3)受力过程的数值模拟结果与试验结果进行对比,结果如图4-4所示。从比较结果可以看出,数值模拟的波浪力过程与试验测量结果吻合较好。

图4-4对数值模型计算的结构表面受冲击压力的历时曲线进行了验证。下面,对该非透浪梳式防波堤沉箱主体和翼板上测点的最大非同步波浪压强P_M进行计算,并将数值结果与物理模型试验结果进行对比验证,结果如图4-5和图4-6所示。图中,x方向坐标P_M代表测点的最大波浪压强,y代表翼板或沉箱由下至上的高度。由比较结果可见,数值结果与物理模型试验结果吻合较好。

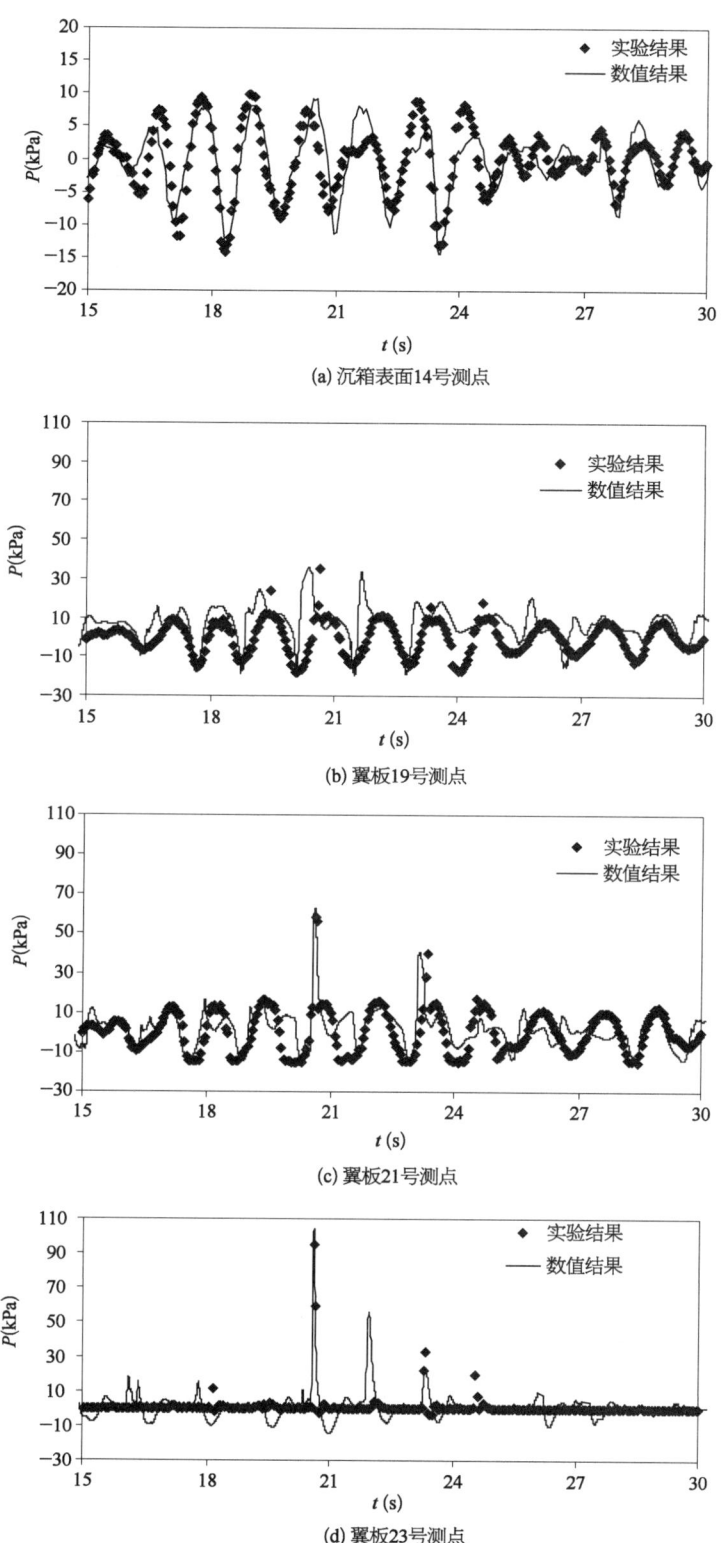

(a) 沉箱表面14号测点

(b) 翼板19号测点

(c) 翼板21号测点

(d) 翼板23号测点

图 4-4 结构测点波浪力的试验结果和数值结果的对比验证（$d=11.4$ m、$H_{1\%}=2.0$ m）

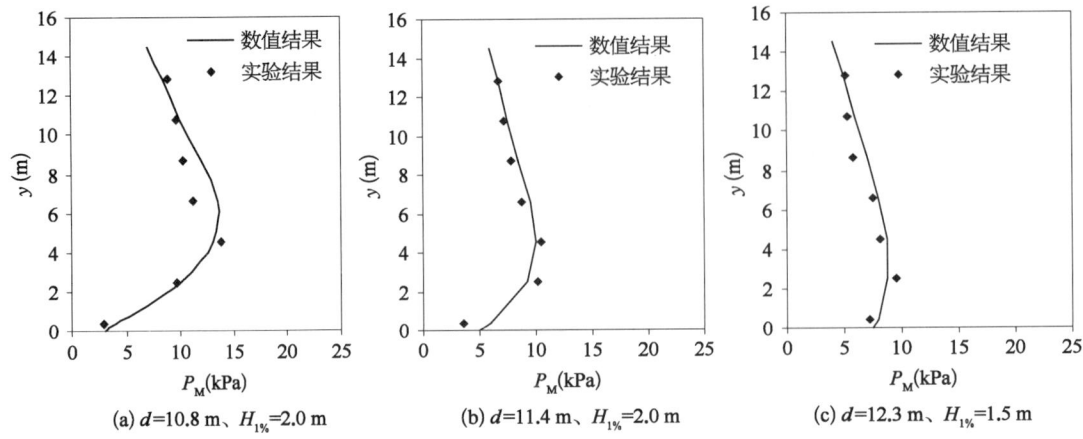

图 4-5　沉箱前立面上最大波浪压强的数值结果和物理模型试验结果对比

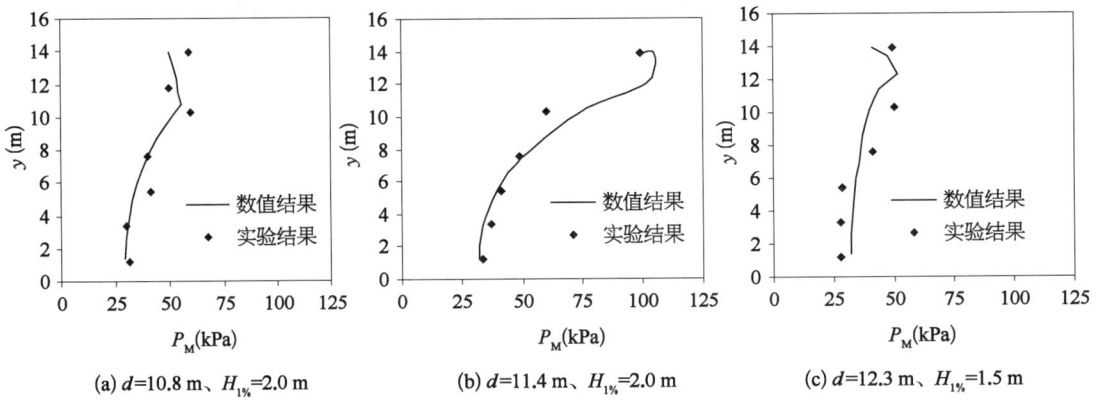

图 4-6　翼板上最大波浪压强的数值结果和物理模型试验结果对比

4.2　波浪作用过程流场分析

4.2.1　波浪在异型空腔内的运动过程

为了解当水位在胸墙底板以下危险水位范围内,波浪在翼板与胸墙底板构成的异型空腔内的运动物理过程,图 4-7 所示为当水深 $d=11.4$ m、波高 $H_{1\%}=2.0$ m、平均波浪周期 $T=6$ s 时,不规则波浪冲击非透浪梳式防波堤过程的一组三维波面计算图。图中较清晰地显示了波浪传播到空腔后的运动过程。从图中可以看到,在一个冲击周期内,波浪波峰传到翼板与胸墙下底板组成的异型空腔后,由于翼板的阻碍,波面升高,在空腔内形成翻转运动趋势。当波谷传入时,抬高的波面逐渐降低。

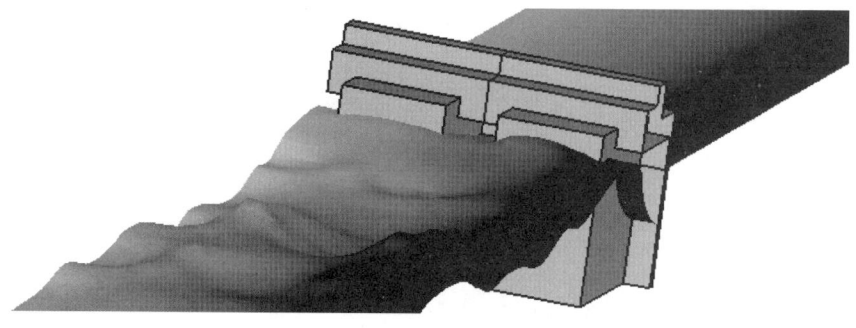

(a) $t = 19.93\ T_p$

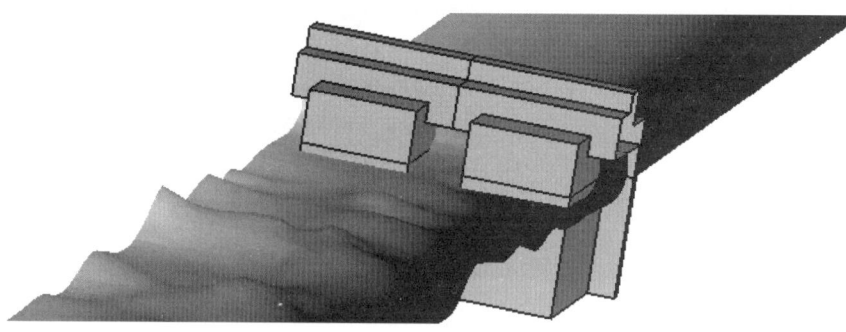

(b) $t = 20\ T_p$

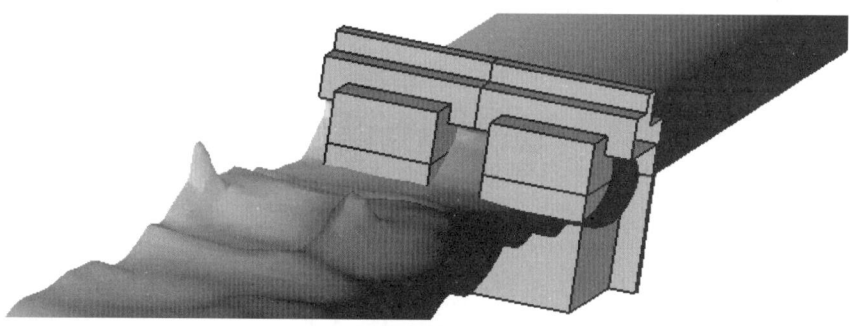

(c) $t = 20.11\ T_p$

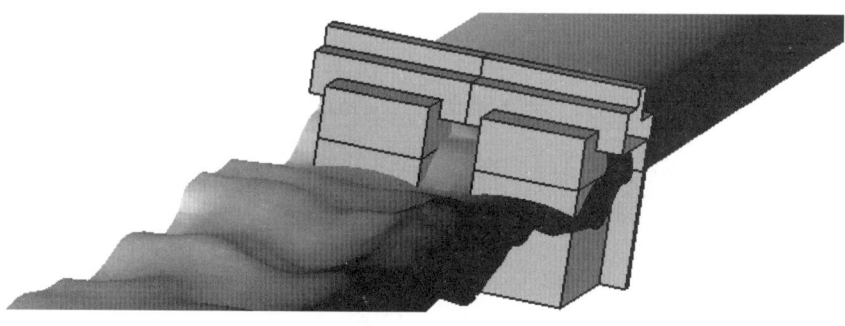

(d) $t = 20.43\ T_p$

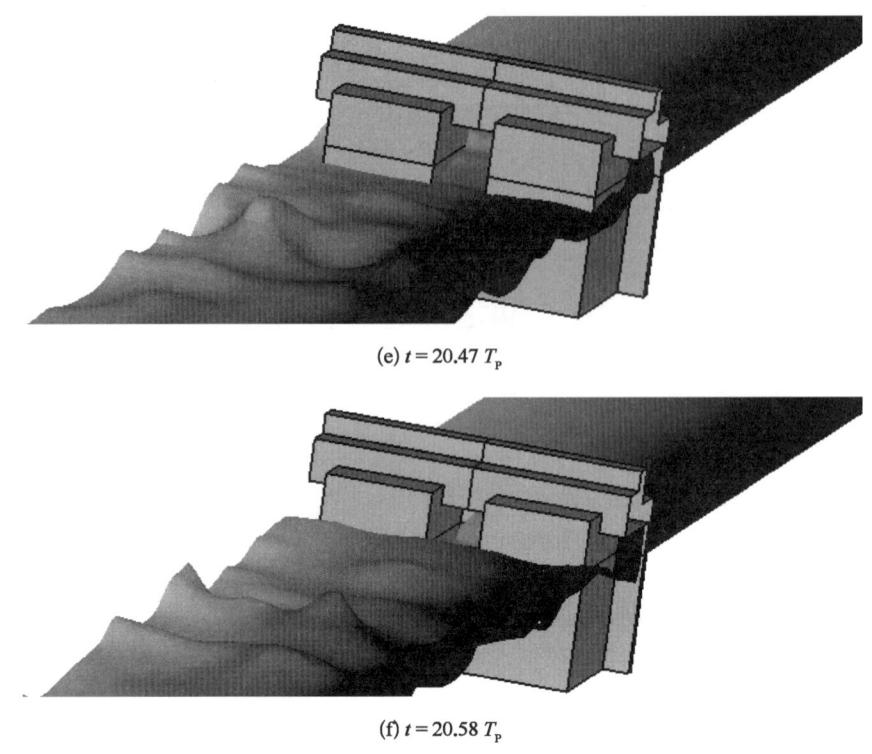

(e) $t = 20.47\ T_P$

(f) $t = 20.58\ T_P$

图 4-7 不规则波浪冲击非透浪式梳式防波堤的数值波面图

从图 4-7 的三维波面运动可以看到，在异型空腔内，沿着波浪传播方向的波浪场变化是空腔内流场变化的主要影响因素。为了更清晰地解释这一物理现象，沿着波浪传播方向在异型空腔中间截取二维断面，对不同水深条件下，该二维断面上的波浪冲击运动过程进行分析，结果如图 4-8 和图 4-9 所示。图中灰色部分代表结构物断面，从黄色($F=0$)到天蓝色($F=1$)代表 VOF 方法中的体积函数 F 值。

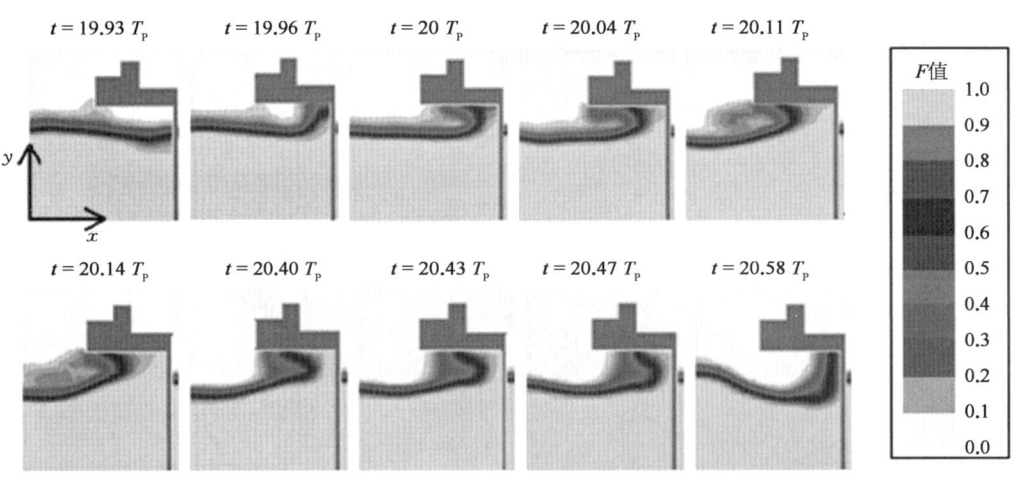

图 4-8 异型空腔内波浪冲击过程二维断面图($d=11.4$ m、$H_{1\%}=2.0$ m)

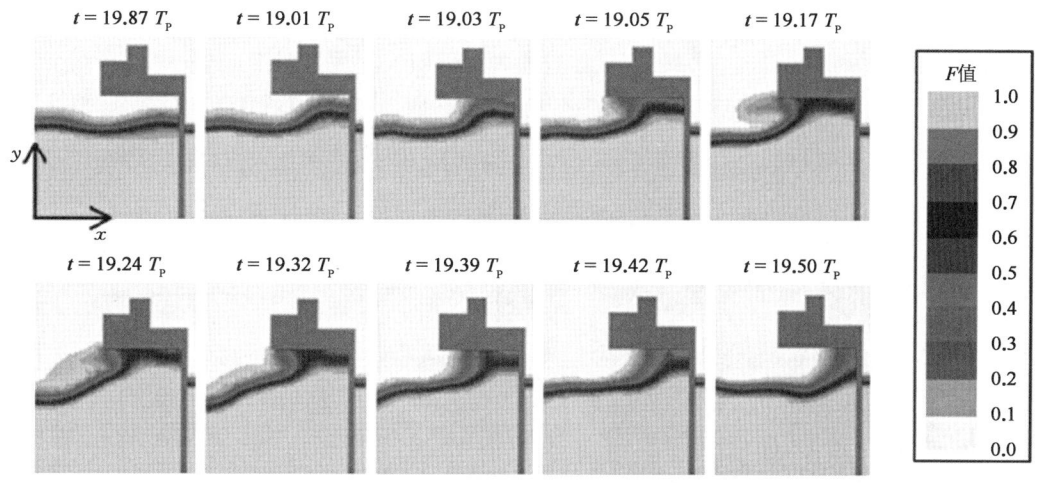

图 4-9 异型空腔内波浪冲击过程二维断面图（$d=10.8$ m，$H_{1\%}=2.0$ m）*

由图 4-8 和图 4-9 的二维断面图可以清晰看到波浪冲击翼板的运动过程。当波浪进入空腔后，受到前方翼板的阻碍，波浪有反射和上升趋势，迫使翼板附近的波浪上升。之后，波浪又受到翼板及胸墙下底板构成的有限空间阻碍。此时，随着后方波浪的逐渐推进，波浪与空气混合体被迫向相反方向逃逸，使结构局部出现水流停滞、上涌和回流现象。在波浪与空气混合体未能及时耗散的同时，伴随着后方波浪的推进，这一过程将导致结构局部出现冲击压力。同时，抬升的波浪形成翻转，会出现较大的波浪漩涡，空腔内部呈现旋转运动状态。在这个过程中，空腔内的空气可以分成两部分：在波浪冲击结构的过程中，水体会对空气产生挤压和追赶作用，结构物下的空气一般不能在发生冲击时很快完全逃逸。一部分空气及时沿胸墙下底板逃逸，而另一部分空气未能及时逃逸，与波浪形成气液混合物，在胸墙下底板附近随着波浪一起运动。此外，通过两图的对比可以发现，当波高相同，水深 $d=11.4$ m 时结构受冲击的波浪翻转强度大于水深 $d=10.8$ m 的波况。可以推断，波高与水深的相对比对结构的冲击力大小有一定影响。

4.2.2 受冲击时异型空腔内的流场特性

本节针对上节研究的问题，继续探讨在水深不同、波高相同的情形下，空腔内流场分布与结构受力大小的关系。图 4-10 和图 4-11 展示了空腔断面的涡量场和速度场，并计算了相应时刻的结构波浪力。以图 4-10 为例，图 4-10a 中，最大速度的水质点刚刚到达翼板位置，此时翼板上的压力较小。由于水位较低，在胸墙下底板和自由水面处形成了一个很大的空腔，内部没有水体，因此在空气的作用下胸墙下底板处的压力幅值很小。随着翼板对水体的阻挡作用，水体冲击翼板，并向上翻卷。与图 4-10b 不同的是，由于此时水位相对较低，水质点沿翼板向上运动的距离较长。因此，此时胸墙下底板还未受到水体的冲击，压力幅值仍然较小。而在图 4-10b 中，此时胸墙下底板的压力已经开始增大；当波浪在翼板和胸墙作用下达到最大时(图 4-10c),速度在阻挡作用下发生完全的反转。此时水体对结构的冲量最大,产生的最大压力值约为 120 kPa。但与图 4-10b 中翼板位置较靠前的情况不同,由于胸墙下底板更长,因此水体向上翻卷的作用范围相对较小,最大作用主要发生在胸墙下底板后部的位置。在图 4-10d 中,由于胸墙下底板较长,翻卷的水体沿

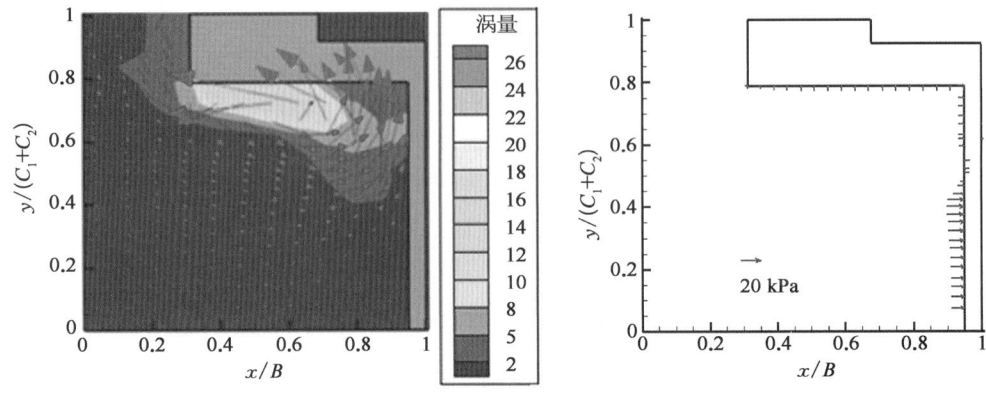

(a) $t = 19.96T_p$ 时,流速矢量、涡量云图(左图)与波浪力分布(右图)

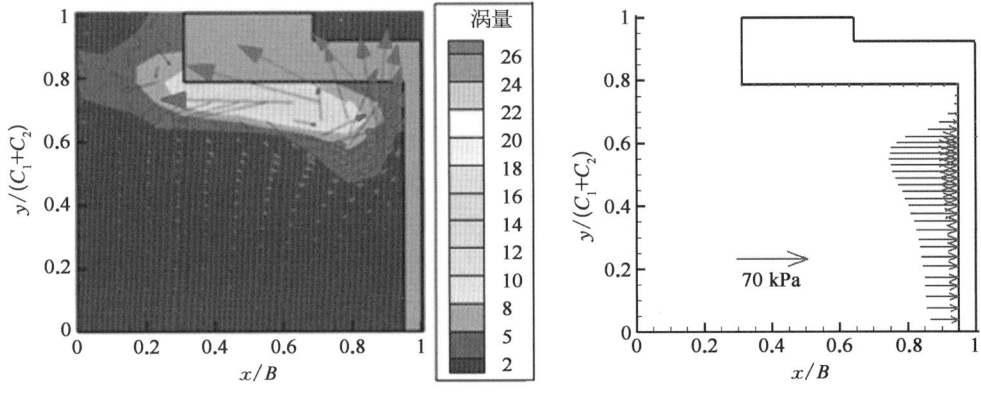

(b) $t = 20T_p$ 时,流速矢量、涡量云图(左图)与波浪力分布(右图)

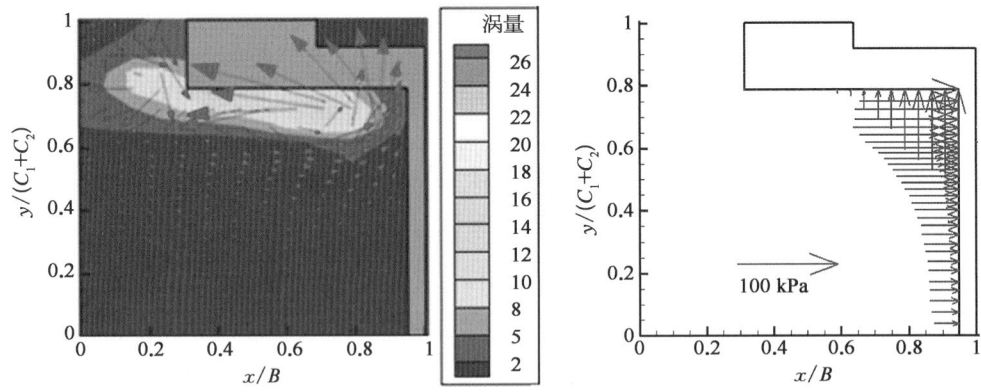

(c) $t = 20.04T_p$ 时,流速矢量、涡量云图(左图)与波浪力分布(右图)

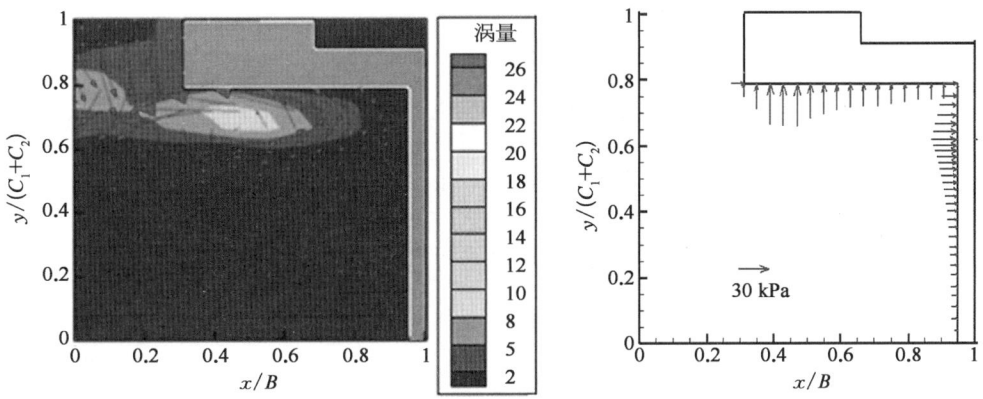

(d) $t=20.14T_p$ 时，流速矢量、涡量云图（左图）与波浪力分布（右图）

图 4-10 空腔内二维断面波速矢量、涡量云图与波浪力分布（$d=11.4$ m、$H_{1\%}=2.0$ m）

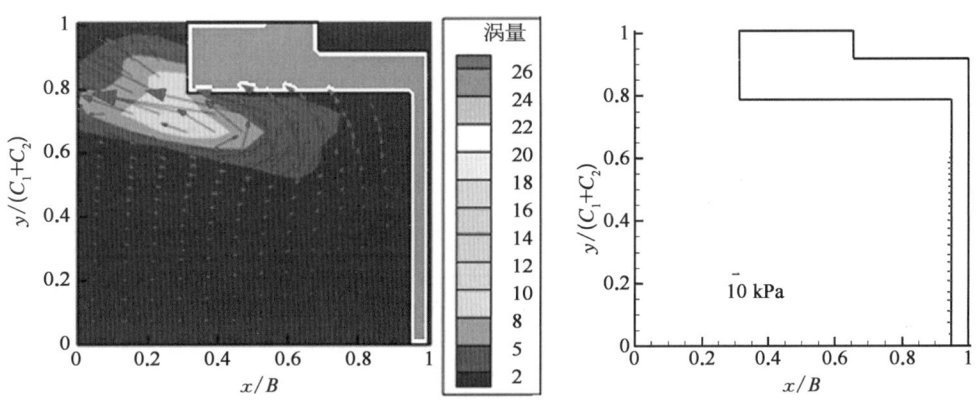

(a) $t=19.01T_p$ 时，流速矢量、涡量云图（左图）与波浪力分布（右图）

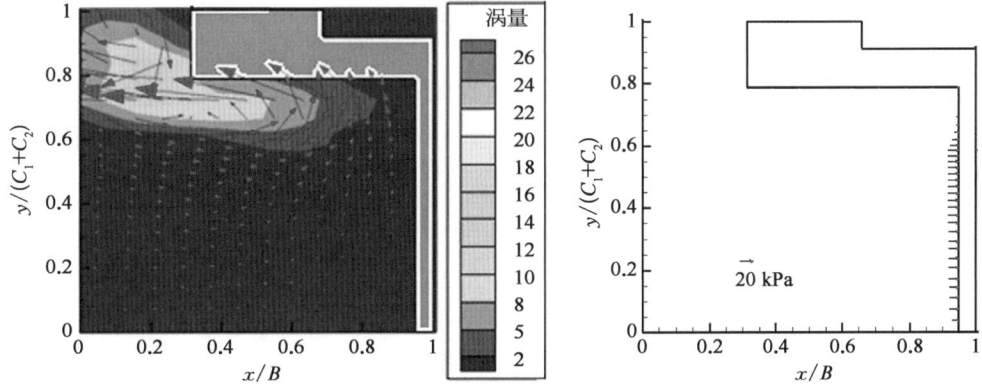

(b) $t=19.05T_p$ 时，流速矢量、涡量云图（左图）与波浪力分布（右图）

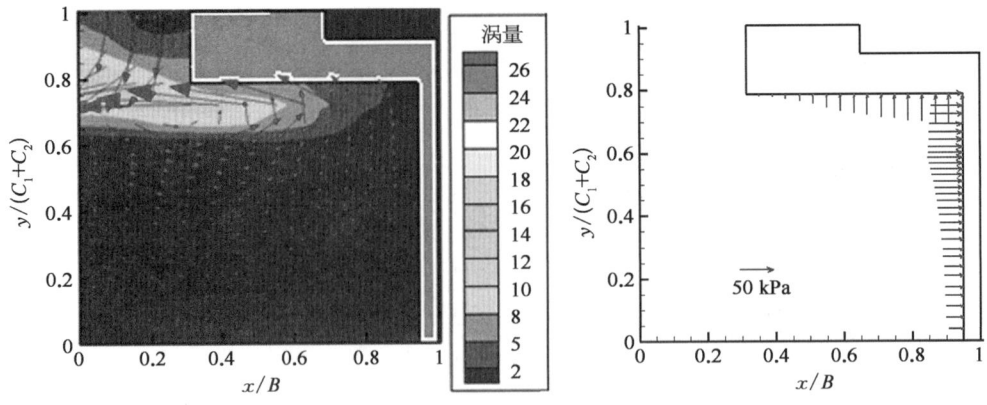

(c) $t = 19.17T_p$ 时,流速矢量、涡量云图(左图)与波浪力分布(右图)

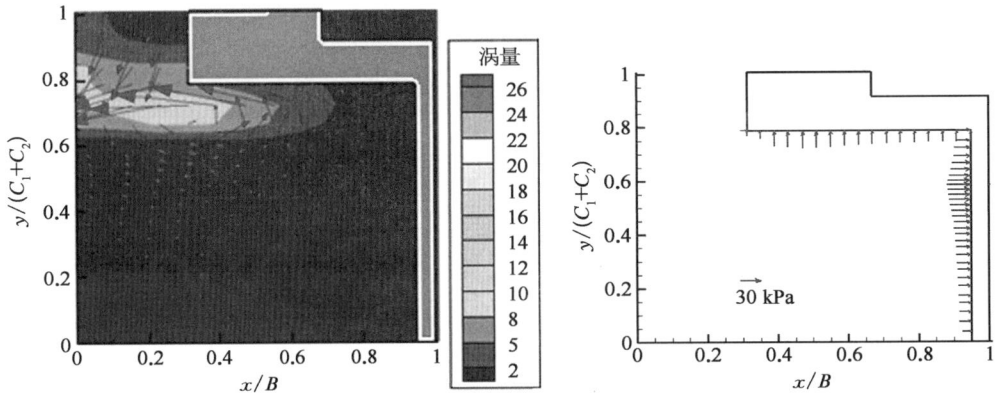

(d) $t = 19.39T_p$ 时,流速矢量、涡量云图(左图)与波浪力分布(右图)

图 4-11 空腔内二维断面波速矢量、涡量云图与波浪力分布($d = 10.8$ m,$H_{1\%} = 2.0$ m)

着下底板向外流动,水体形成了一个封闭的空腔。翼板上的压力逐渐消退,而翻卷的水体与胸墙下底板的前部发生二次碰撞,产生一个较小的冲力作用力。随后波峰作用完全消退,进入下一个波浪周期。气流紊动较大区域带有气流漩涡现象,漩涡的中心位置也随着波浪的冲击过程而改变。由两图的对比可见,当波高相同,水深 $d = 11.4$ m 时,结构的翼板和胸墙底板受到更大的波浪冲击力,可以进一步认为波高与静水位和胸墙底板之间的高度之比,对结构的冲击力大小有重要影响。

由上图可见,结构受冲击压力源于翼板和胸墙下底板构成的异型空腔内流场速度矢量及涡量的变化。空腔内水体强烈紊动、气流漩涡和回流导致翼板与上顶板构成的直角空间附近出现异常大的流速,导致翼板受到较大冲击波浪力。同时,异型空腔内漩涡强度及中心位置变化导致翼板最大波浪力位置发生变化。

4.2.3 结构的危险水位分析

由 2.2.3 节的物理模型试验分析结果可知,该非透浪梳式防波堤结构在相同入射波高下,翼板上分区的最大平均波浪压强随着水深的增大,呈现先增大后减小的趋势。峰值多数出现在堤前水深在 11.4~13.3 m 范围内。根据物理模型试验结果,保持波高不变,找到翼板上最大波浪压强出现的位置及对应水深,其结果见表 4-3。

表 4-3 波高一定时翼板上最大波浪压强出现的位置和相应水深

$H_{1\%}$ (m)	最大波浪压强产生测点位置	最大波浪压强 P_M (kPa)	对应堤前水深 d (m)
1.5	No.23	89.50	13.3
2.0	No.23	124.65	13.3
2.5	No.23	156.65	13.3
3.0	No.23	127.51	13.3
3.5	No.23	212.72	13.3

由表 4-3 的结果可见,当波高在 1.5~3.5 m 范围时,翼板的最大波浪压强均出现在 23 号测点上,且对应的水深均为 13.3 m。可见,对于翼板上的最大波浪压强,最危险水位也是在上述的 11.4~13.3 m 范围。

根据前面的机理研究可知,非透浪梳式防波堤的翼板受冲击压力、空腔内波高、相对于水深及距离胸墙底板的高度有很大影响。因此,为进一步探讨翼板的最危险水位,本节基于以上结论,继续对该问题进行数值计算。在以下分析中,拟在堤前水深 $d=11$ m 与胸墙下底板(此时 $d=14.5$ m)之间寻求最危险水位。为此,引入一个新的定义:相对水位 d_D,将其定义为堤前静水位与胸墙下底板之间的高度(单位:m),并将 H/d_D 定义为波浪在空腔内的相对爬高。计算中采用规则波,共取 7 个相对水位,$d_D=0.45$ m、0.90 m、1.35 m、1.80 m、2.25 m、2.7 m、3.2 m;每组水位下取 5 组波高,分别为 $H=1.5$ m、1.8 m、2.0 m、2.2 m、2.5 m。

首先计算翼板受最大冲击力时刻的波浪压强分布,计算结果如图 4-12 和图 4-13 所示。可以看出,翼板波浪力受堤前水深影响非常明显。对翼板受最大冲击压强峰值 P_S(翼板最大冲击力与翼板面积之比)随波浪在空腔内的相对爬高 H/d_D 的变化规律进行计算,结果如图 4-14 所示。可以看出,波高在 1.5~2.5 m 范围,翼板所受最大波浪力峰值均出现在相对波浪爬高 $H/d_D=0.88~1.92$ 范围内。从表 4-4 中可以看到,当 $H/d_D=0.88~1.92$ 范围内时,对应的堤前水深范围主要在 $d=11.8~13.15$ m,这一结果与物理模型试验结果(11.4~13.3 m)相吻合。

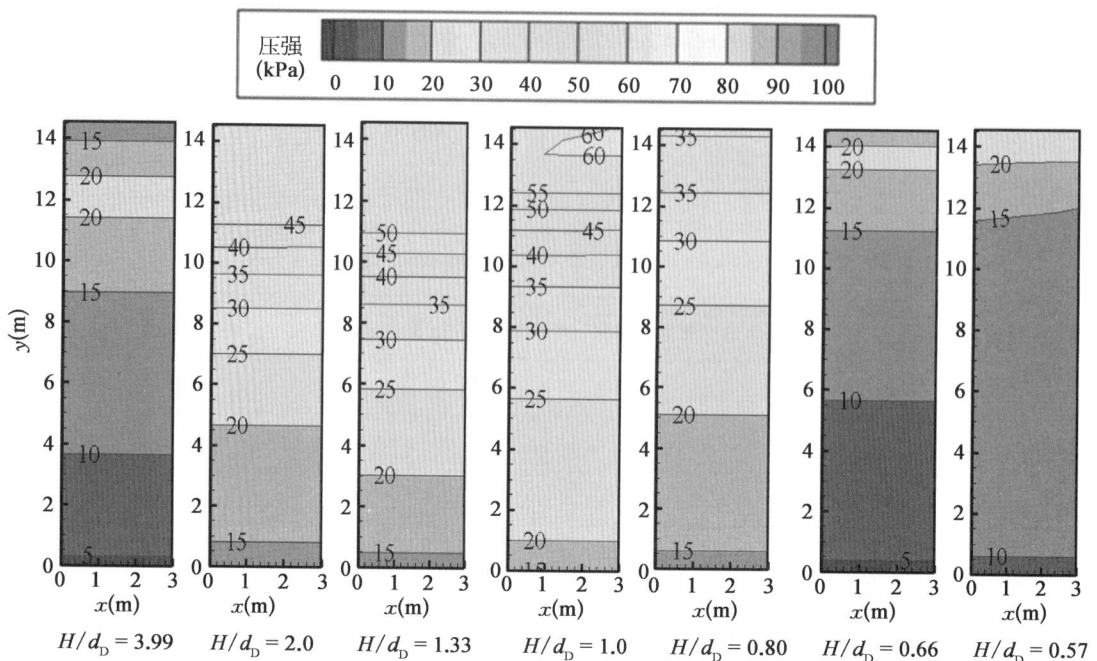

图4-12 不同 H/d_D 时,翼板上受最大冲击力时刻的翼板波浪压强分布对比($H=1.8$ m)

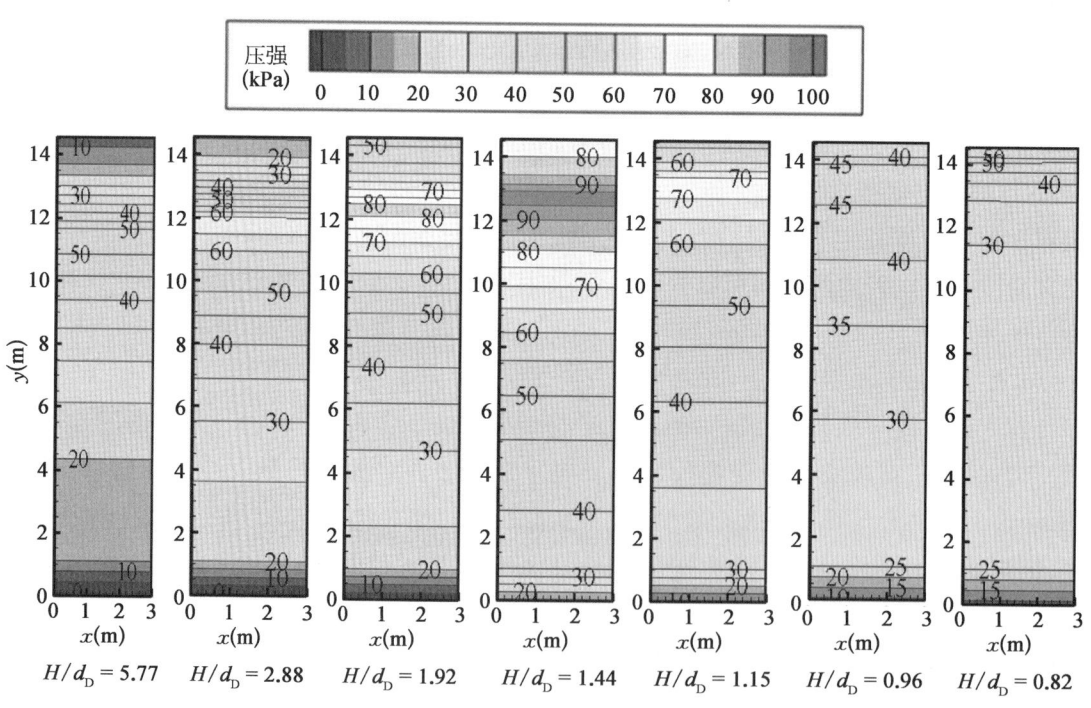

图4-13 不同 H/d_D 时,翼板上受最大冲击力时刻的翼板波浪压强分布对比($H=2.5$ m)

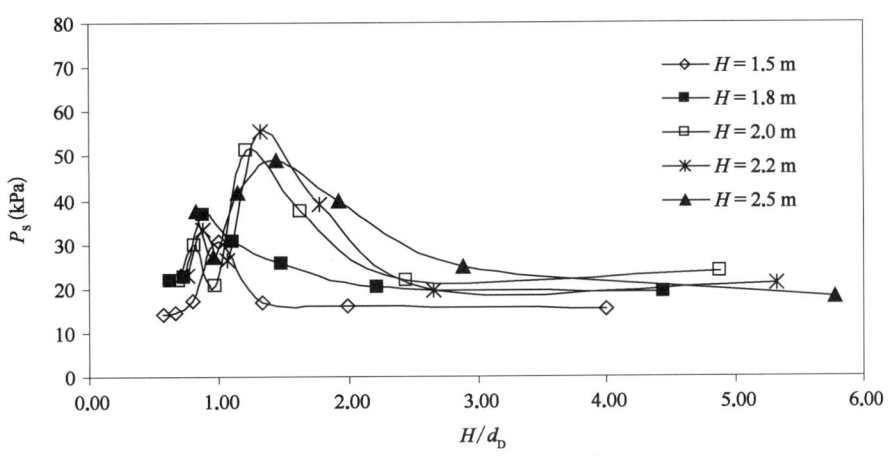

图4-14 翼板上最大平均波浪压强 P_s 与相对波浪爬高 H/d_D 的关系

表4-4 波高一定时翼板上最大波浪压强出现的位置和相应水深

堤前水深 d (m)	相对水位 d_D (m)	空腔内相对波浪爬高 H/d_D				
		$H=1.5$ m	$H=1.8$ m	$H=2.0$ m	$H=2.2$ m	$H=2.5$ m
11.3	3.20	0.47	0.56	0.63	0.68	0.78
11.8	2.70	0.56	0.67	0.74	0.81	0.93
12.25	2.25	0.67	0.80	0.89	0.98	1.11
12.7	1.80	0.83	1.00	1.11	1.22	1.39
13.15	1.35	1.11	1.33	1.48	1.63	1.85
13.6	0.90	1.67	2.00	2.22	2.44	2.78
14.05	0.45	3.33	4.00	4.44	4.89	5.56

4.3 空腔结构的优化研究

分析表明,当水位在胸墙底板以下的危险水位时,进入空腔内的波浪击中翼板后,会向相反方向翻转。在这个过程中,随着波浪的不断推进,波浪与空气混合体会在空腔内形成旋转气流,导致翼板在短时间内产生较大的冲击压力。因此,可以进一步假设,若能将阻碍气流运动的局部结构改为疏导透流的结构形式,理论上可以改善结构的冲击压力特性,减小翼板上的冲击力。本节基于此假设,对两种结构进行计算,这两个结构如图4-15所示,分别为:原设计结构,即本章研究的非透浪梳式防波堤结构;去盖结构,即将原设计结构中两个沉箱主体之间的上方胸墙完全移去。

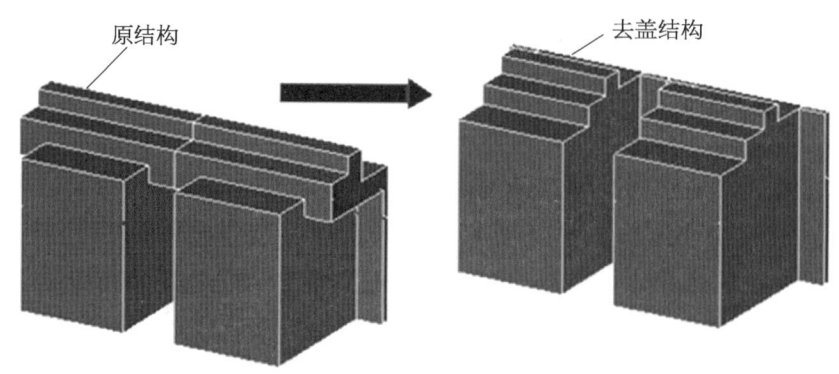

图 4-15　原结构与去掉沉箱间胸墙结构的示意图

首先计算堤前水深 $d=11.4$ m(设计低水位),波高为 $H_{1\%}=2.0$ m,平均波浪周期 $\bar{T}=6$ s 的一组工况,计算时采用不规则波浪。计算当翼板受最大波浪压力时刻,2 个结构的沉箱前立面和翼板的同步波浪压强分布,结果分别如图 4-16a 和图 4-16b 所示。图中,x 轴代表沉箱和翼板的宽度,y 轴代表沉箱和翼板高度,等深线代表该位置波浪压强大小(单位为 kPa)。当水位在设计低水位的时,去掉中间胸墙的结构,可以有效减小翼板上的波浪压强。翼板上最大波浪压强由 100 kPa 减小到 50 kPa,最大波浪压强的作用面积也有所减小。同步沉箱前里面的压强也有所减小,由最大值 45 kPa 减小到 10 kPa 左右。可见,当去掉梳式防波堤空腔上方胸墙阻碍后,翼板和沉箱上的波浪压强均明显减小。

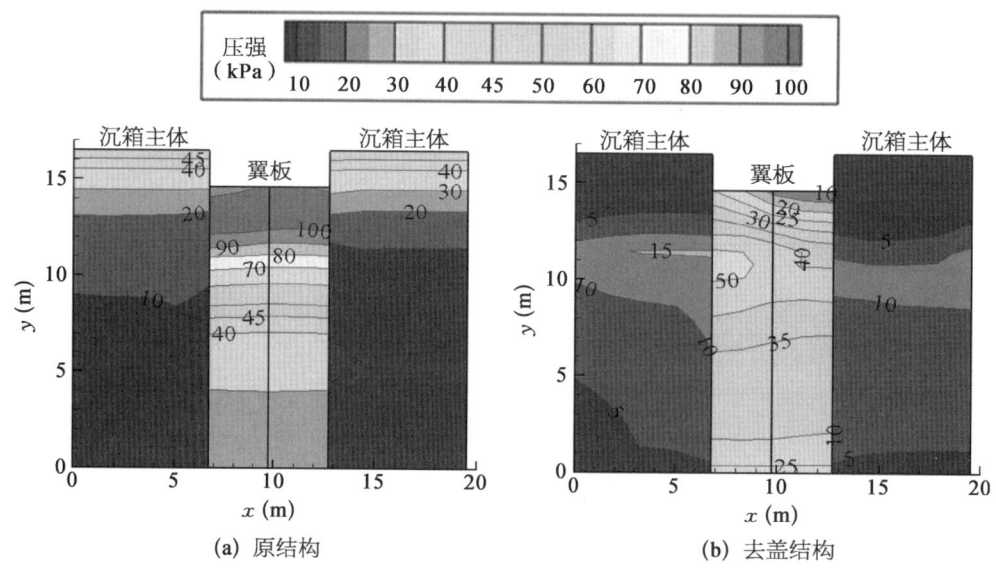

图 4-16　不规则波作用下翼板受最大波浪力时结构的波浪压强分布对比($d=11.4$ m、$H_{1\%}=2.0$ m)

继续计算原结构和去盖结构在水位高于胸墙下底板时的一组工况(图 4-17)。计算采用不规则波浪,堤前水深 $d=15$ m,波高为 $H_{1\%}=2.0$ m,平均波浪周期 $\bar{T}=6$ s。由图可见,是否移掉胸墙盖对结构波浪力的影响并不明显,两个结构的最大波浪压强均在 50 kPa 之内,均在安全范围内。

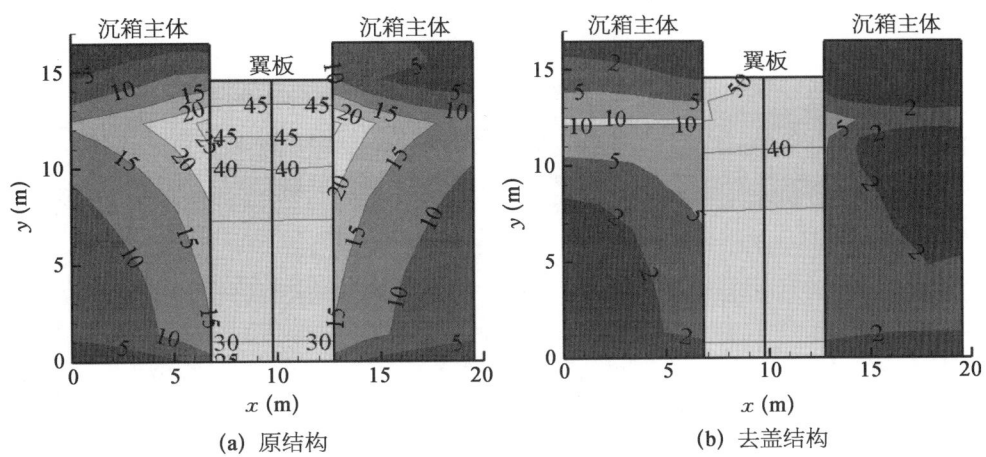

图 4-17 不规则波作用下翼板受最大波浪力时结构的波浪压强分布对比($d=15$ m,$H_{1\%}=2.0$ m)

由上述结果可见,当水位低于胸墙底板时,如果能够有效减小上方胸墙的阻碍,使气流得以及时耗散,减少波浪与空气混合体在空腔局部的滞留现象,则可以使翼板上的冲击波浪压力明显减小;而当水位高于胸墙底板时,中间胸墙的阻碍去掉与否对结构受力并无明显影响,因为当空腔内充满水时,波浪在运动过程中并不会在空腔内形成明显的气流漩涡与滞留。

由结果可知,虽然去掉空腔上方胸墙的结构可以有效减小危险水位下梳式防波堤的冲击压力作用,但由于该结构不能有效阻挡波浪越过堤后,若在实际工程中考虑到堤后兼作码头靠泊等要求,那么该结构并不能很好地满足工程要求。不过,通过上述验证,可以进一步证实结构受冲击压力的原因。

在上述研究基础上,提出这种非透浪梳式防波堤结构的优化设计方法:① 根据实际设计水深,结合梳式防波堤的危险水位范围,通过抬高胸墙顶标高的方法来增大空腔空间。波浪在翼板附近的运动若不受到上方胸墙的阻碍,可有效避免较大冲击波浪力的产生;② 提高胸墙顶标高会使防波堤整体墙身变高,从而大大增加实际工程中的费用。因此,从经济角度出发,可在原有结构基础上进行改进。由于非透浪梳式防波堤结构中胸墙下底板后方与翼板连接的区域受冲击压力最大,水质点的速度相对较大,且在下方形成较强旋转气流。因此,可将该区域附近设计为开孔透流形式,使波浪与空气形成的混合气流得到及时耗散,减小局部紊动效应。基于上述想法,将该非透浪梳式防波堤空腔上方的胸墙底板后半部开大孔,开孔率为40%(开孔面积与空腔上方的胸墙底板面积之比),将气流引到上方胸墙的迎浪一侧,减小对堤后的影响,结构如图 4-18a 所示。

下面就对优化后的结构进行验证,首先如图 4-19 所示,对堤前水深 $d=11.4$ m、波高 $H_{1\%}=2.0$ m、周期 $\bar{T}=6$ s 的不规则波浪工况进行了计算。当翼板上波浪力最大时,结构的波浪压强分布如图 4-20 所示。可见,翼板上最大波浪压强由 100 kPa 减小到 55 kPa 左右,同步的沉箱前立面的压强也有所减小,由最大值 45 kPa 减小到 10 kPa 左右。可见,40%开孔结构可以有效减小翼板上的波浪力。

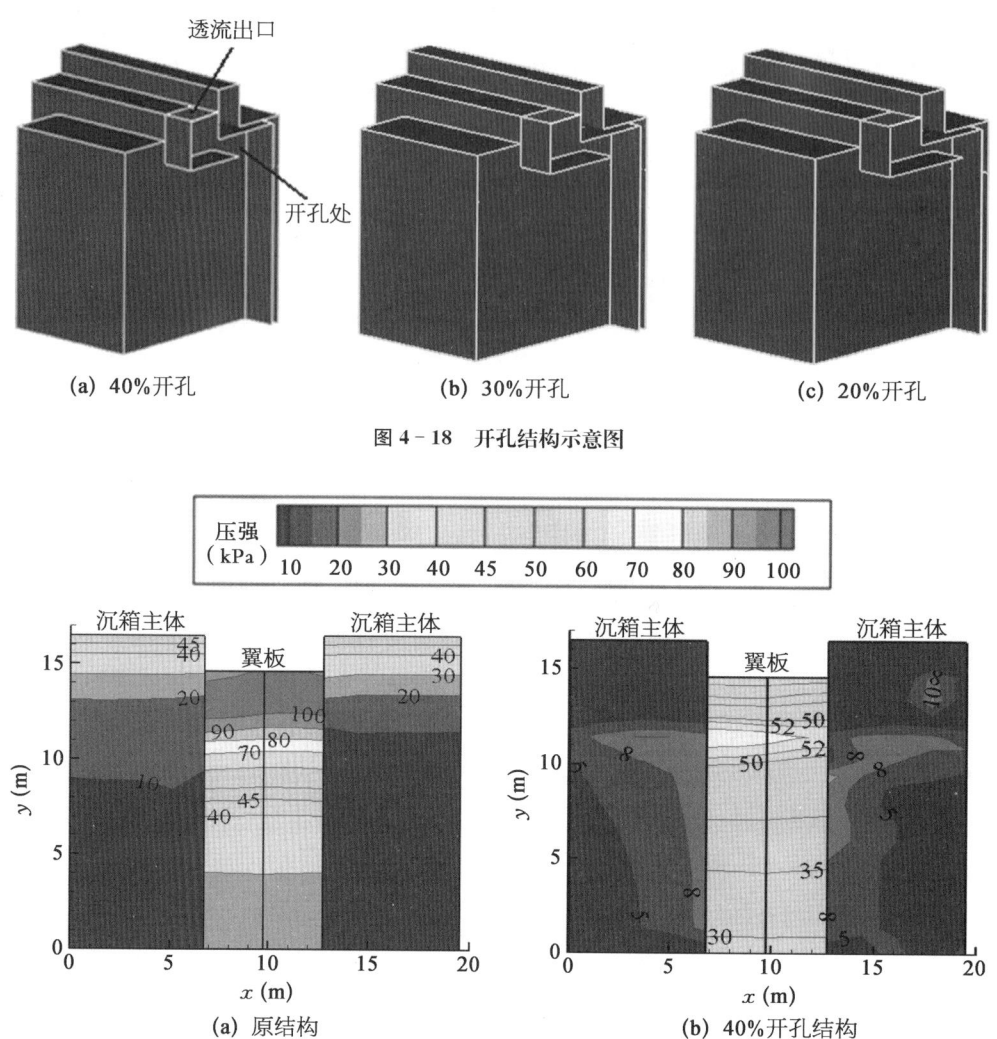

图 4-19 不规则波作用下翼板受最大波浪力时结构的波浪压强分布对比($d=11.4$ m、$H_{1\%}=2.0$ m)

基于上述结果,继续对开孔率为 20%和 30%的优化结构(图 4-18b 和 c)进行计算,并将三组不同开孔率的梳式防波堤结构与原结构 1 进行对比。计算采用规则波浪,堤前水深为 $d=12.8$ m、波高 $H=1.5$ m、周期 $T=6$ s,计算结果如图 4-20 所示。

由图 4-20 也可见,三组不同开孔结构都可以有效减小翼板上的波浪压强,从结构 1 上最大波浪压强 60 kPa 减小到 30 kPa 左右。随着开孔面积的增大,翼板上的最大波浪压强也逐渐减小。对比 20%开孔率,40%开孔率的结构翼板上最大波浪压强减小了约 1/6。可见,随着开孔率的增加,翼板的最大冲击波浪力随之减小。

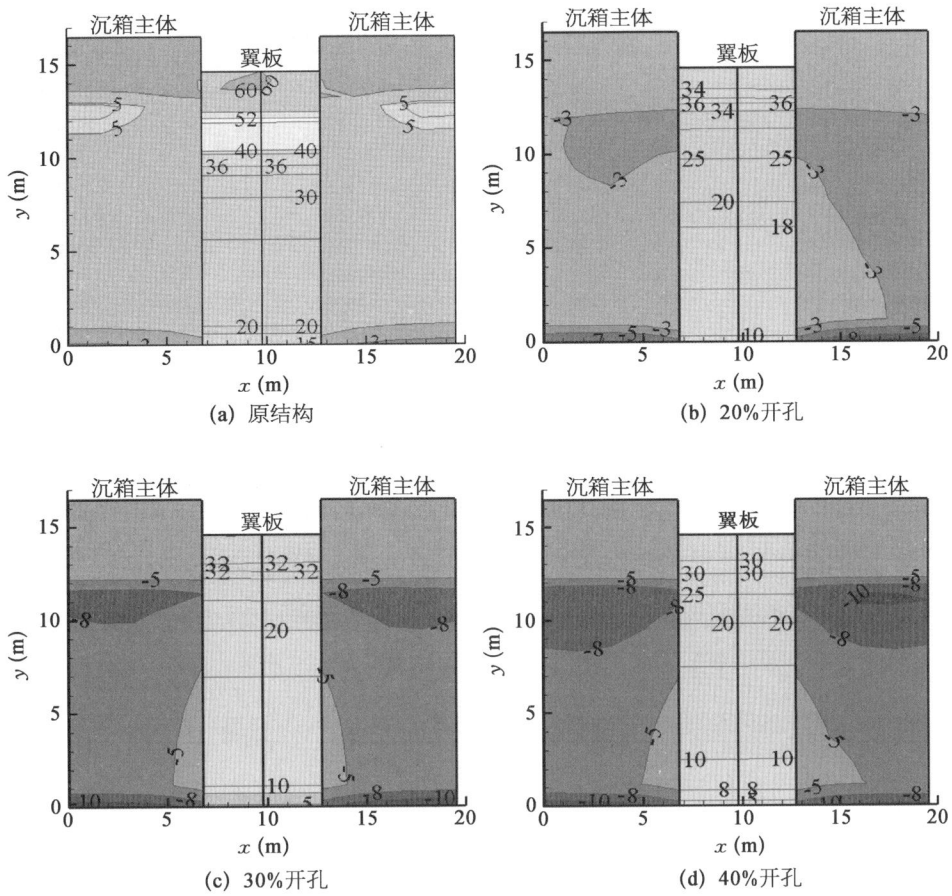

图 4-20 规则波作用下翼板受最大冲击力时结构的波浪压强分布对比($d=12.8$ m、$H=1.5$ m)

图 4-20 所示为优化结构和原结构在最大波浪力下的对比,图 4-21 所示为这四组结构空腔断面的流速矢量及涡量云图对比。随着开孔率的增大,空腔内流体紊动效应减弱,气流漩涡半径减小、强度减弱。空腔内气流和波浪流速随着开孔率的增加而减小,这也是翼板受到冲击压力减小的主要原因。

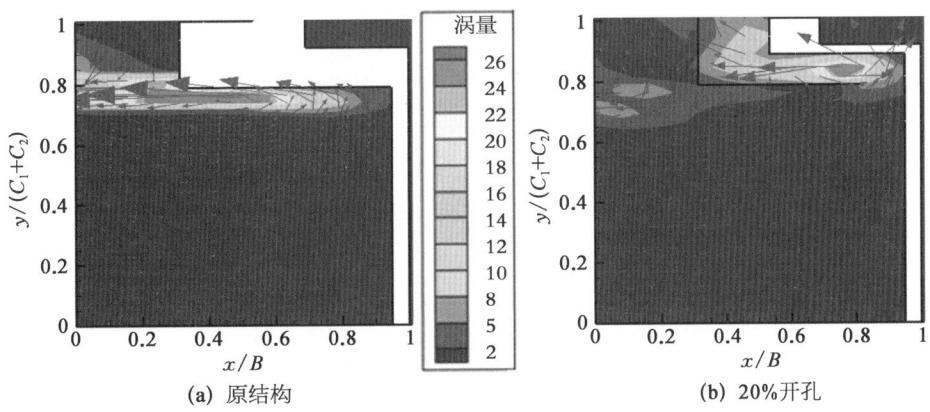

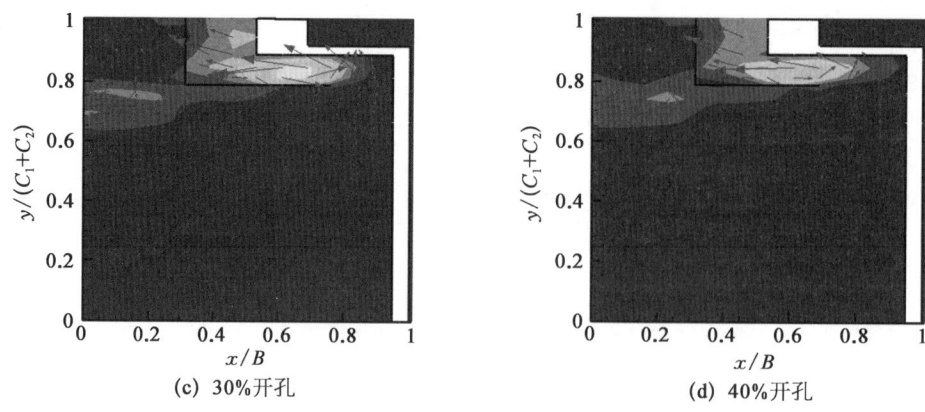

(c) 30%开孔　　　　　　　　　(d) 40%开孔

图 4-21　翼板受最大冲击力时四种结构空腔内二维波速矢量和涡量云图分布对比

最后,对比原设计结构,当水深 $d=12.8$ m 时,不同开孔率的梳式防波堤的翼板冲击压力峰值的削减比率计算结果如图 4-22 所示。在本章计算范围内,开孔率为 20%、30% 和 40% 的非透浪梳式防波堤结构翼板最大冲击波浪力分别减小约 30%、35% 和 40%。

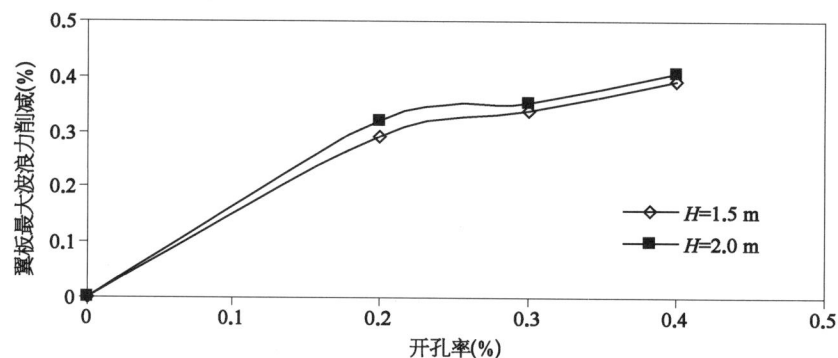

图 4-22　规则波作用下翼板最大波浪力削减随开孔率的变化

第 5 章

透空重力式梳式防波堤数值研究

第 4 章主要研究了非透空式梳式防波堤,本章将针对透空式梳式防波堤进行数值模拟,研究不同波况、不同翼板透空尺寸及不同翼板与前墙距离等参数对梳式防波堤波浪力和透浪性能的影响,并总结相应的经验计算公式。特别是,还将关注水位低于胸墙底板时,水位变化对梳式防波堤性能的影响。探讨在该水位条件下,梳式防波堤的波浪响应和透浪性能,并尝试确定危险水位范围。这一研究对于工程实践具有重要的实际意义,期望能够为梳式防波堤的设计和优化提供更全面的理论依据和实用指南。

5.1 波浪与防波堤作用的数值模型

5.1.1 模型建立及数据处理方法

本章研究的透空式梳式防波堤主要结构参数如图 5-1a 所示。为重点探讨翼板前后位置和翼板入水深度对防波堤水动力学特性的影响,在已有研究基础上,增加了参数 b 和 c 的研究范围。根据翼板距离前墙位置,参数 b 取值为:$b=6\sim19$ m;根据翼板入水深度,参数 c 取值为:$c=1.35\sim9.5$ m;其他参数取值分别为:$A=10$ m、$B=20$ m、$a=6$ m、$c_1=13$ m、$c_2=4.5$ m。结构形式示意如图 5-1b 所示。

本章将工况分为水位在胸墙底板以上和以下两种情况进行探讨。反射系数 K_R 的求法采用 Goda 两点法进行入射波和反射波的分离,结构所受波浪总力的求法是将结构上各点所受的波浪压强沿着结构表面进行积分求得。

以往的物理模型试验研究表明,梳式防波堤上总水平波浪力的减小可以主要归结为以下两点原因:其一,翼板与沉箱前沿相距距离 b,因而波浪击堤时,来自翼板和沉箱前沿的反射不同步而产生相位差。此相位差一方面减少反射率,同时使翼板所受波浪力峰值与沉箱主体前沿所受波浪力峰值有相位差,从而减少所受波浪力的最大值。其二,当 $c\neq0$ 时,翼板下方的空洞形成透浪,部分波能会透过结构传播到港内。透过的波浪在沉箱主体后墙及翼板后侧也产生波浪力。作用在沉箱主体前墙和翼板前侧的波浪力和后束波浪力也会产生相位差,导致作用在防波堤上的总波浪力减小。为了验证这一物理现象,也可以通过该数值模型计算梳式沉箱主体与翼板上单位宽度波浪总力随时间的变化历时曲线,第 1 组工况的计算结果如图 5-2 所示。结果证明了两组波浪力之间存在一个相位差 α,通过计算可以得到此相位差约为入射波浪周期的 11%。

通过对比规则波和不规则波作用下梳式防波堤的受力与已有经验公式,可以验证本章数值模型计算透浪式梳式防波堤结构波浪力的有效性。下面将利用本章的数学模型对梳式防波堤的水动力学特性进行探讨:首先对不同翼板参数的梳式防波堤结构的受力机理

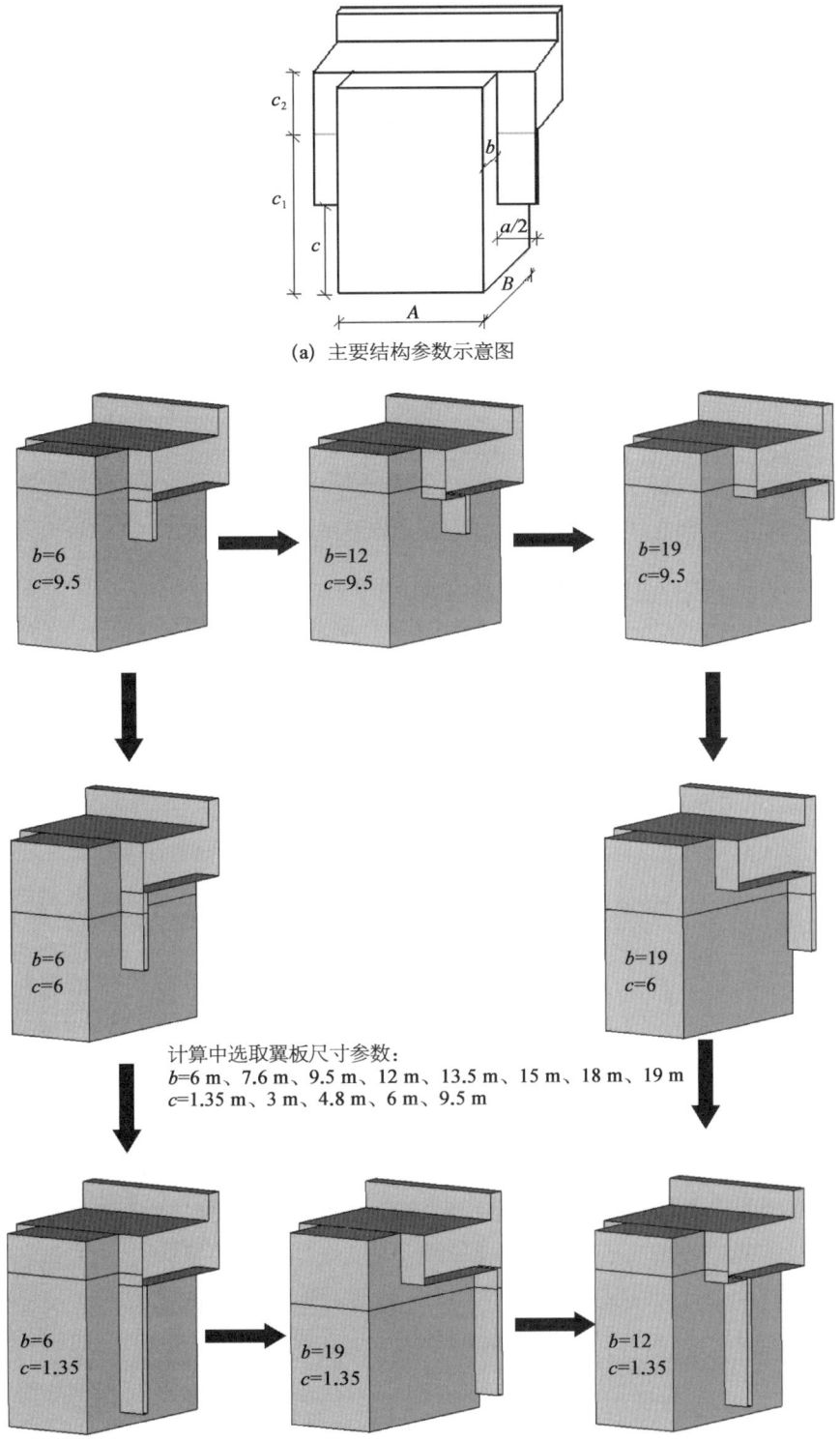

(a) 主要结构参数示意图

(b) 计算结构型式及组次示意图

图 5-1 本章计算中的结构参数及结构组次示意图

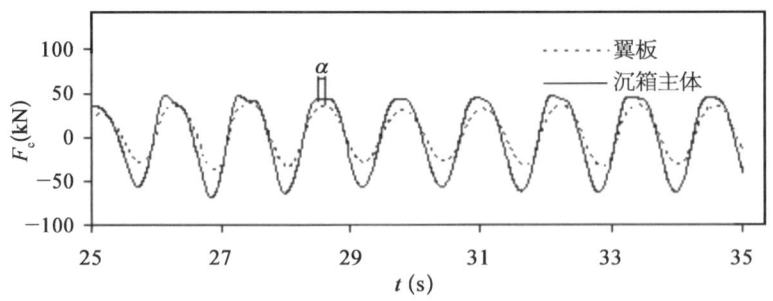

图 5-2 矩形沉箱与翼板上水平波浪力的相位差

进行研究;在此基础上,对结构的受力和消浪性能进行研究。分两类情况来探讨:第一类情况是水位位于胸墙下底板以上的情形,对这类工况的分析,主要是在现有研究成果的基础上进行补充性研究;第二类情况是水位位于胸墙下底板以下的情形,目前尚缺乏相关研究成果。本章对这类情况下梳式防波堤的总水平波浪力特性和消浪的影响因素进行详细研究。考虑到工程实际应用,在讨论中仍然以前面物理模型试验中梳式防波堤的基本参数以及波浪条件为参照标准。

5.2 受力机理分析

5.2.1 结构表面波浪力分布特性

由非透浪梳式防波堤的研究可知,当水位高于胸墙下底板时,结构的翼板并未受到明显的冲击压力作用;而当水位低于胸墙下底板一定范围内时,作用在翼板上的波浪力具有明显的冲击压力特性。

为探讨透浪式梳式防波堤是否也具有同样的受力特性,本节选取了不同翼板位置和翼板长度的四种不同透浪式梳式防波堤结构,计算了在翼板受最大波浪力时刻,结构表面波浪压强分布。这四组结构如图 5-3 所示,对应的翼板尺寸为:① $b/B=0.3$、$c/c_1=0.46$;② $b/B=0.76$、$c/c_1=0.10$;③ $b/B=0.59$、$c/c_1=0.46$;④ $b/B=0.59$、$c/c_1=0.10$。研究目的是探讨不同的透浪式梳式防波堤的结构受力是否受堤前水深影响较大,以及在水位在胸墙底板以上和以下两种情况下,不同透浪式梳式防波堤的结构表面波浪力分布特性。本节计算采用堤前水深 $d=11.1$ m(基于第 5 章的研究,该水位处于危险水位范围内)和 $d=14$ m(该水位在胸墙下底板以上),入射波高为 2.2 m,周期为 6 s。四组不同结构的计算结果如图 5-4~图 5-7 所示,图中 x 轴代表沉箱和翼板的宽度,y 轴代表沉箱和翼板高度,等深线表示该位置波浪压强大小(单位为 kPa)。图中直观给出了沉箱主体和翼板的迎浪面的波浪压强分布情况。

图 5-4 显示了第(1)组(图 5-3a)结构的波浪压强分布结果。该结构的翼板位于胸墙下底板的最前方位置,此时翼板与胸墙下底板不构成异型空腔结构,翼板上的最大

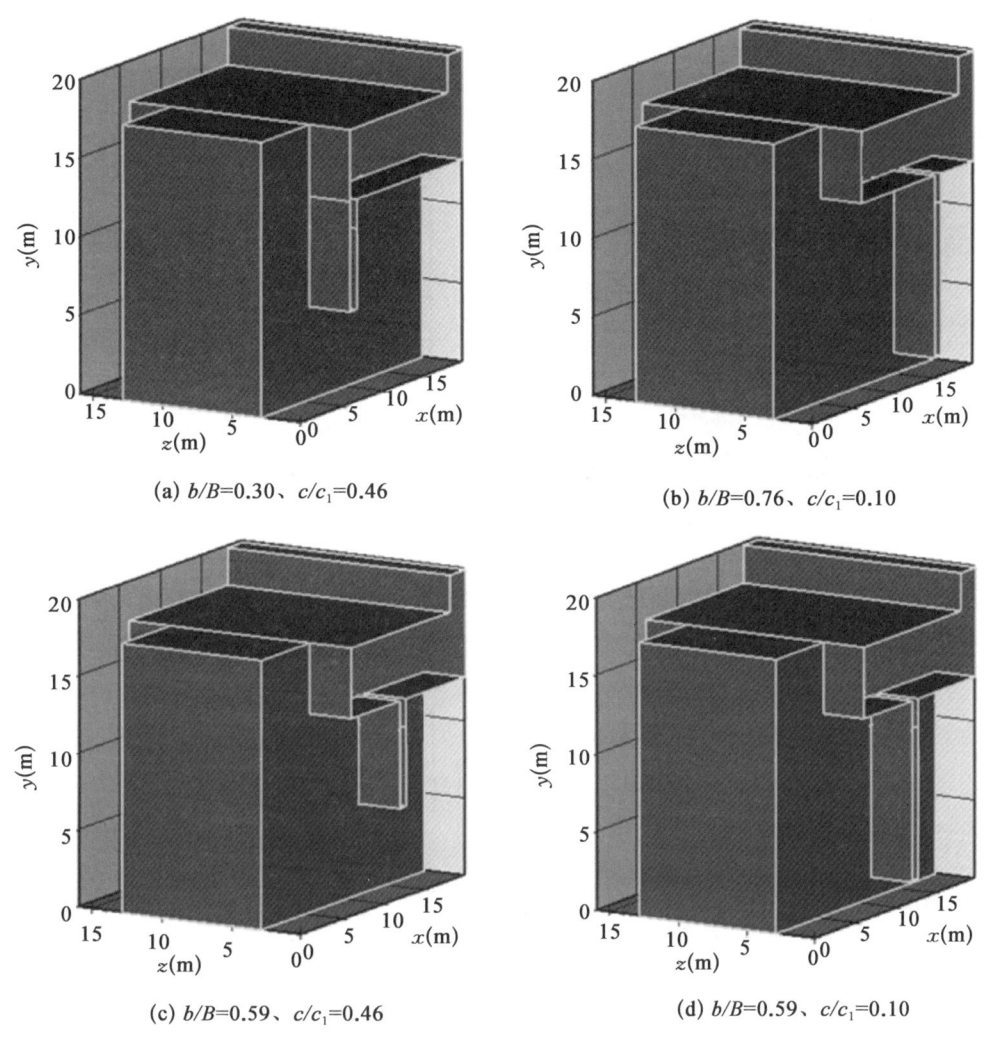

(a) b/B=0.30、c/c_1=0.46

(b) b/B=0.76、c/c_1=0.10

(c) b/B=0.59、c/c_1=0.46

(d) b/B=0.59、c/c_1=0.10

图 5-3 本节研究的四种透浪式梳式防波堤结构及尺寸示意图

波浪压强接近 20 kPa。当水深 $d=14$ m 时，翼板上的波浪压强随着 y 的增加而增大，在翼板的最上方达到最大值。当水深 $d=11.1$ m 时，翼板上的最大波浪压强出现在静水位附近。沉箱主体上的波浪压强随着水深的增加而增大，结构表面的波浪压强变化规律接近直墙防波堤上的波浪压强分布规律。总体而言，翼板受力随着水位的变化影响不明显。

结构(2)(3)和(4)在两种水位下的计算结果如图 5-5～图 5-7 所示。由图可见，水深 $d=11.1$ m 时，翼板上的最大波浪压强均大于水深 $d=14$ m 时的计算结果。尤其是当翼板在 $b/B=0.59$ 位置时，水深 $d=11.1$ m 时翼板上的最大波浪压强相比 $d=14$ m 时的最大波浪压强增大了近 3 倍。当水深 $d=11.1$ m 时，翼板上的最大波浪压强不再出现在静水位附近，而是出现在翼板的最上方与胸墙下底板连接的位置，并且翼板上的波浪压强明

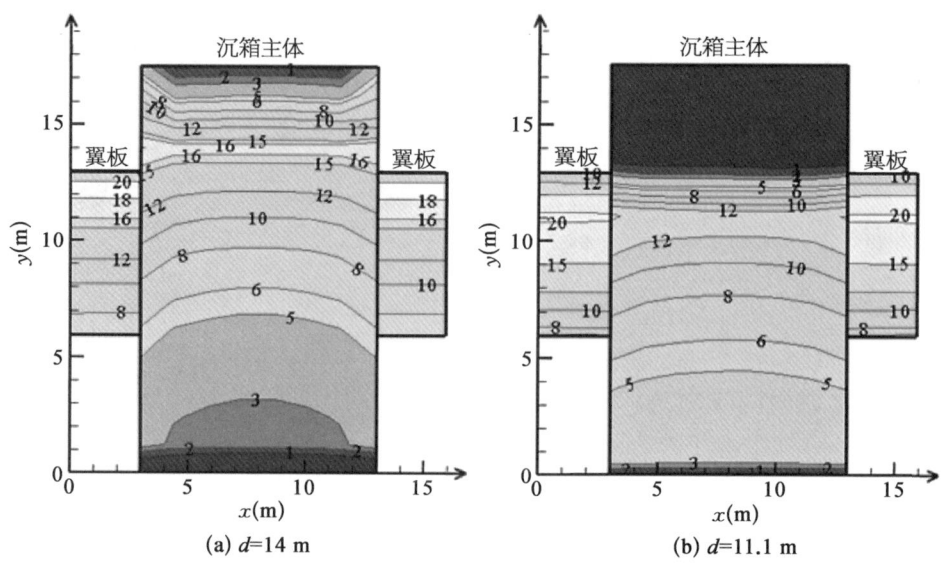

图 5-4 沉箱主体和翼板前表面波浪压强分布（$b/B=0.3$、$c/c_1=0.46$）

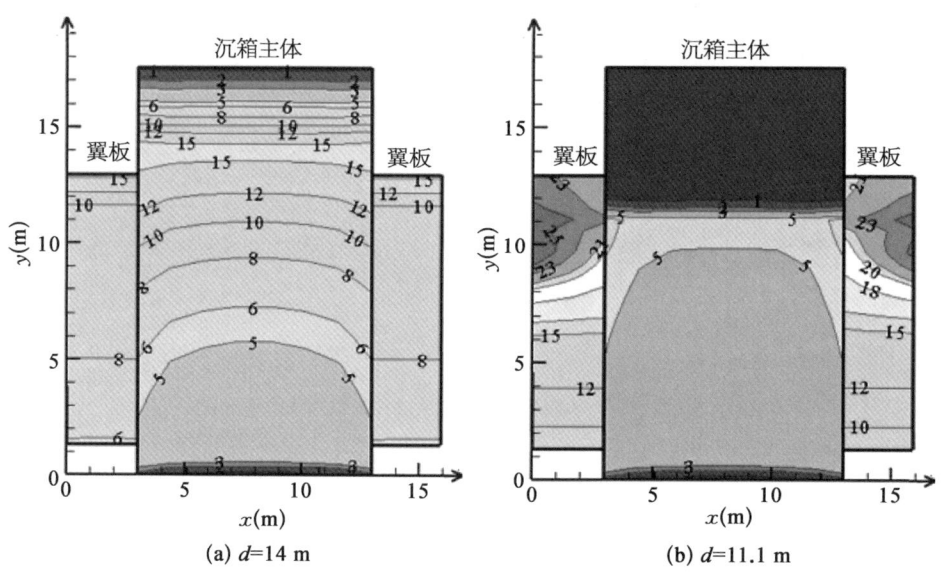

图 5-5 沉箱主体和翼板前表面波浪压强分布（$b/B=0.76$、$c/c_1=0.10$）

显高于同等高度上的沉箱上的波浪压强。在两种水深下，沉箱主体上的波浪压强均随着 y 的增加而逐渐增大，在静水位附近时达到最大值。可见，沉箱主体上的波浪压强分布规律符合直墙上波浪压强分布规律。

为进一步探讨上述结构的表面波浪力与直墙受力的关系，对图 5-3b 中的结构继续进行计算。计算中以结构表面受压力为正，结果如图 5-8 所示。每组图都对堤前水深 $d=14$ m 和 11.1 m 的波况分别进行计算，每个水深都进行了三组对比，分别是：比较作

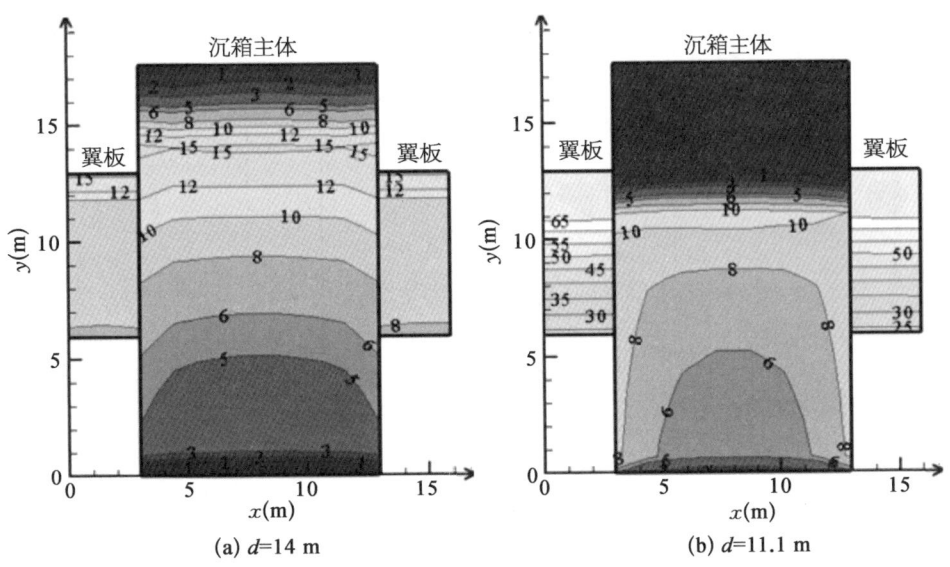

图 5-6 沉箱主体和翼板前表面波浪压强分布($b/B=0.59$、$c/c_1=0.46$)

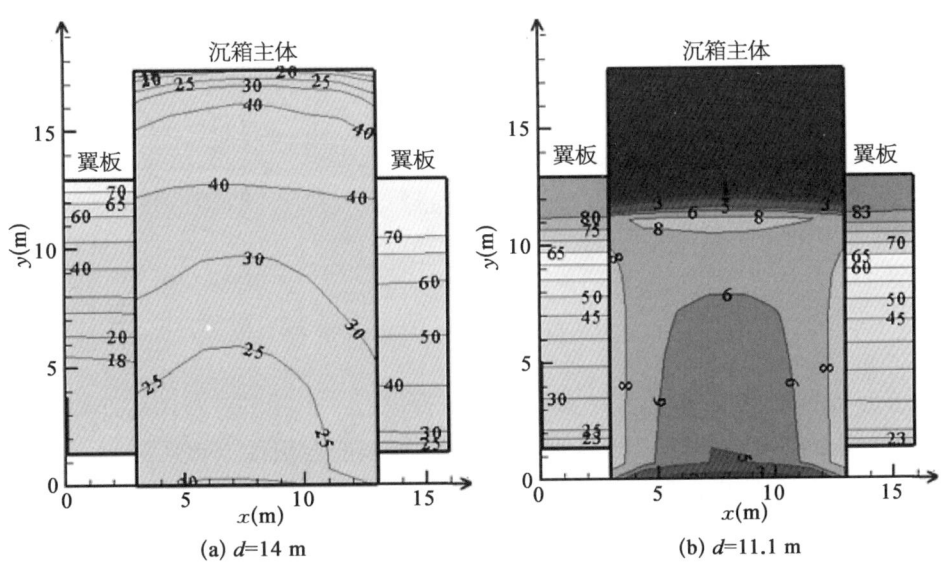

图 5-7 沉箱主体和翼板前表面波浪压强分布($b/B=0.59$、$c/c_1=0.10$)

用在沉箱主体迎浪面垂向平均波浪压强 P_{C-1F}、背浪面的垂向平均波浪压强 P_{C-1B} 和相对应直墙结构的波浪压强 P_V 的大小;比较作用在翼板迎浪面垂向平均波浪压强 P_{C-2F}、背浪面的垂向平均波浪压强 P_{C-2B} 和相对应直墙结构的波浪压强 P_V 的大小;比较沉箱主体迎浪背浪面的综合垂向波浪压强 P_{C-1}(沉箱前后表面平均压强之和)、翼板迎浪背浪面的综合垂向平均波浪压强 P_{C-2}(翼板前后表面平均压强之和)和直墙结构的波浪压强 P_V 的大小。

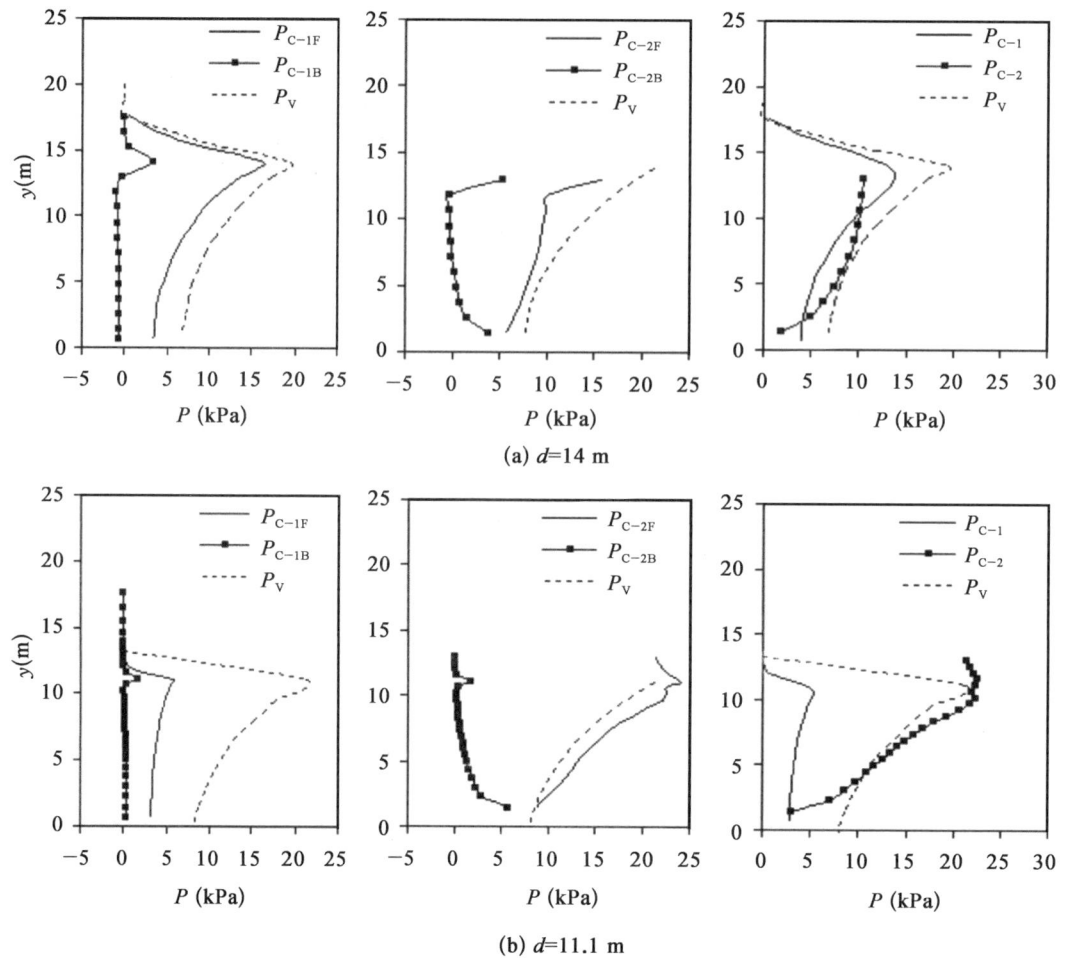

图 5-8 P_{C-1}、P_{C-2} 和 P_V 结果比较（$b/B=0.76$、$c/c_1=0.10$）

由图 5-8a 可见，当水深 $d=14$ m 时，在同一高度上，沉箱的迎浪面压强 P_{C-1F} 和背浪面压强 P_{C-1B} 均小于相应直墙上的波浪压强 P_V。翼板的迎浪面波浪压强 P_{C-2F} 和背浪面波浪压强 P_{C-2B} 也均小于相应直墙段上的波浪压强。沉箱前后表面综合波浪压强 P_{C-1} 和翼板的前后表面综合波浪压强 P_{C-2} 也均小于相应直墙上的波浪压强。因此，该梳式结构在此工况下的波浪总力也必然小于相应直墙防波堤的波浪总力。图 5-8b 所示为水深 $d=11.1$ m 的计算结果，沉箱主体的迎浪面波浪压强 P_{C-1F} 和背浪面压强 P_{C-1B} 均远小于相应直墙上的波浪压强 P_V。而翼板上的迎浪面波浪压强要大于相应直墙上的波浪压强，翼板上的总波浪压强也大于相应直墙上的波浪压强。

上述研究证实，透浪式梳式防波堤的翼板受力受堤前水深影响很大。当水位在胸墙底板以下时，对透浪式梳式防波堤结构来说是危险的。当翼板与胸墙底板形成空腔结构时，翼板的受力并非随着堤前水深的增加而增加。相反，当水位低于胸墙底板时，翼板的受力明显增大，此时受到冲击波浪力的作用。翼板的受力变化随着翼板的位置和尺寸变化非常明显。

5.2.2 翼板的波浪力随结构参数的变化

根据上一节中结构波浪力在不同水深下的分布可以看出,当波况一定时,透浪式梳式防波堤的受力受到翼板距胸墙底板的前后距离和翼板长度的影响较大。因此,本节继续探讨不同的透浪式梳式防波堤结构中,翼板的受力随着翼板距前墙距离 b 和翼板透浪尺寸 c 的变化规律。

首先分析在不同的水深和波高下,当翼板透空尺度 c 一定时,翼板受波浪力最大时刻,翼板的波浪压强分布随翼板距离前墙的距离 b 的变化,结果如图 5-9～图 5-11 所示。图中横坐标代表翼板宽度,纵坐标代表翼板长度,图中数字代表不同等深线上对应的波浪压强大小,单位为 kPa。通过对比可以得出:当透空尺寸一定时,随着 b 的增加,即翼板由前至后的位置改变,翼板上的波浪压强先增大后减小;当 $b=12$ m 时,翼板上的波浪压强大于其他两组结果,此时 $b/B=0.59$。

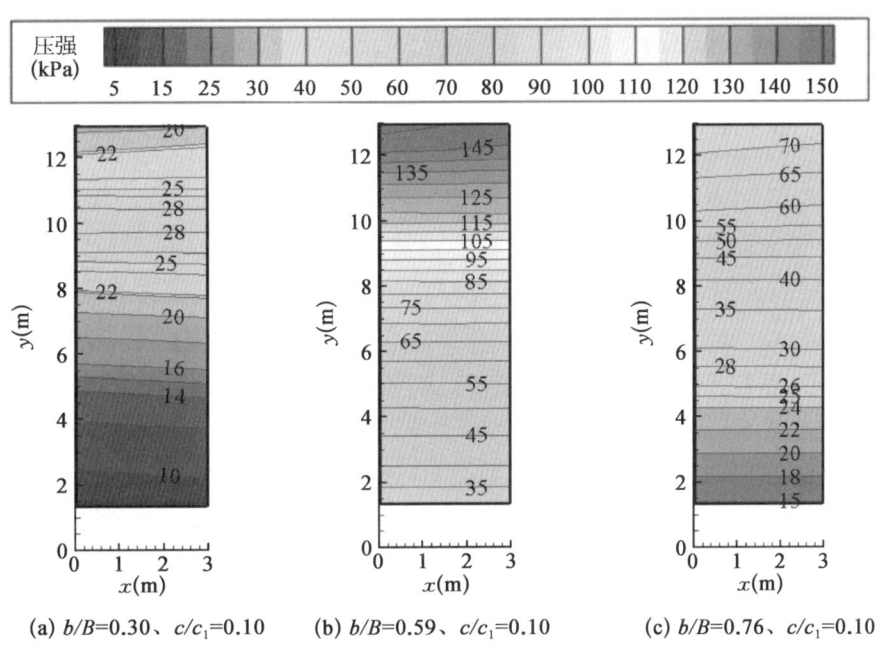

(a) $b/B=0.30$、$c/c_1=0.10$　　(b) $b/B=0.59$、$c/c_1=0.10$　　(c) $b/B=0.76$、$c/c_1=0.10$

图 5-9　当 c 相同、b 不同时的翼板波浪压强对比($d=10.2$ m、$H=3.5$ m)

图 5-12～图 5-14 所示为在不同的水深和波高下,翼板受波浪力最大时刻,当翼板距前墙的距离 b 一定时,翼板的波浪压强分布随翼板的透空尺寸 c 的变化,共进行了六组计算,每个图中分别有两组计算结果。由结果可见,当 $b/B=0.30(b=6$ m$)$ 时,此时翼板与胸墙下底板不构成空腔结构,随着翼板的透空尺寸 c 的变化,翼板的最大波浪压强几乎无变化。而当翼板在其他位置时,翼板与胸墙底板形成了空腔结构。此时在透空尺寸 c 较小的情况下,翼板上的最大波浪压强要大于透空尺寸 c 较大的结果。这是由于当透空尺寸较小时,波浪不能及时透过防波堤,导致冲击压力的产生,使翼板受力变大。

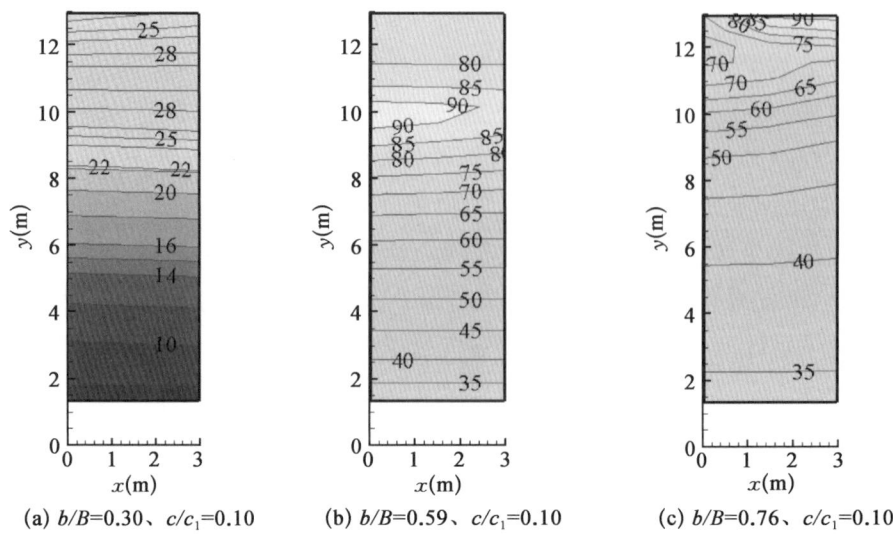

(a) $b/B=0.30$、$c/c_1=0.10$　　(b) $b/B=0.59$、$c/c_1=0.10$　　(c) $b/B=0.76$、$c/c_1=0.10$

图 5-10　当 c 相同、b 不同时的翼板波浪压强对比（$d=11.1$ m，$H=3.5$ m）

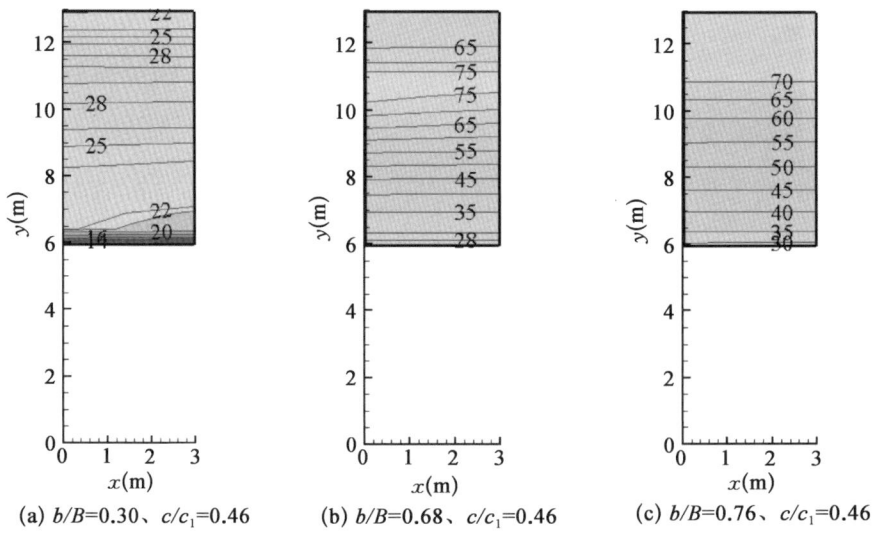

(a) $b/B=0.30$、$c/c_1=0.46$　　(b) $b/B=0.68$、$c/c_1=0.46$　　(c) $b/B=0.76$、$c/c_1=0.46$

图 5-11　当 c 相同、b 不同时的翼板波浪压强对比（$d=11.1$ m，$H=3.5$ m）

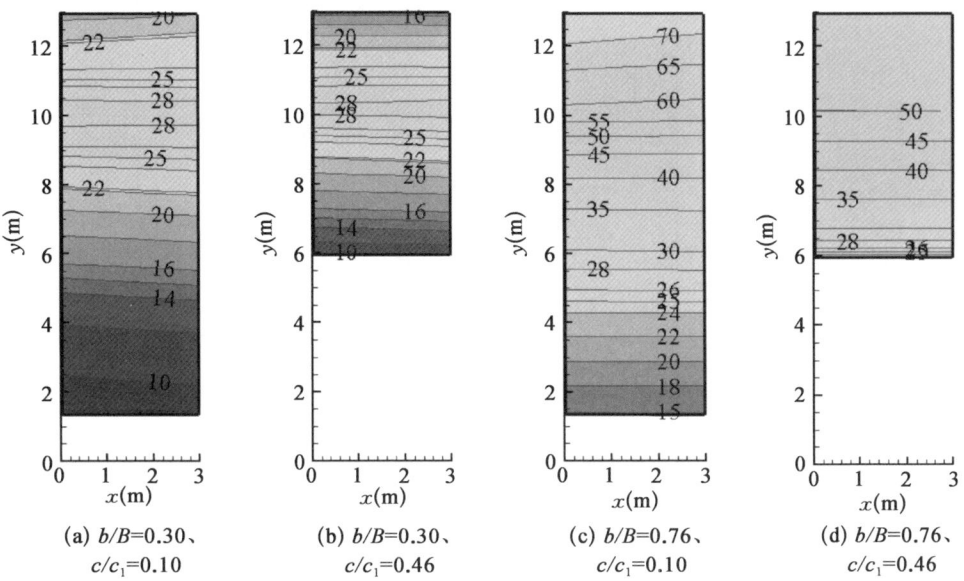

图 5-12　当 b 相同、c 不同时的翼板波浪压强对比（$d=10.2$ m，$H=3.5$ m）

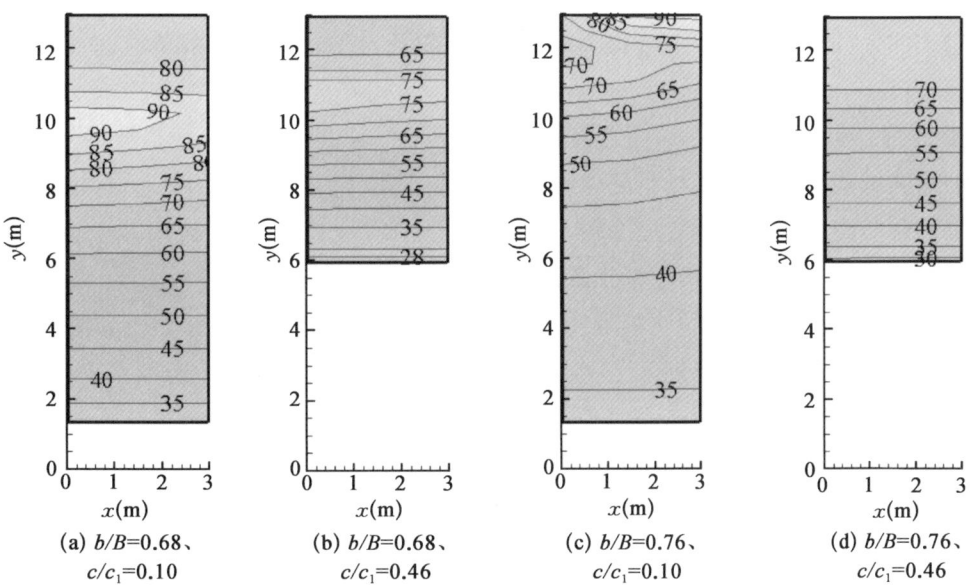

图 5-13　当 b 相同、c 不同时的翼板波浪压强对比（$d=11.1$ m，$H=3.5$ m）

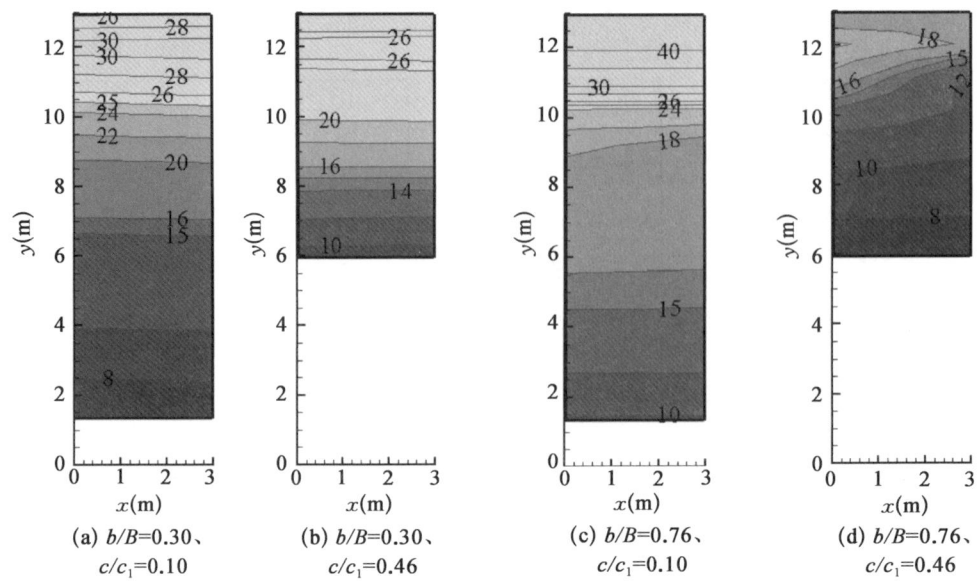

图 5-14 当 b 相同、c 不同时的翼板波浪压强对比（$d=12$ m、$H=3.5$ m）

5.2.3 波浪在异型空腔内运动过程分析

由前面对结构的波浪力分布特性的分析可见，在一定水位下，透浪式梳式防波堤结构的翼板同样受到冲击压力的作用。只是随着翼板的位置和尺寸变化，受冲击压力的强弱有所不同。为分析这一受力机理，本节采用了与第 4 章相同的分析方法来对这一问题进行探讨。首先分析结构受冲击波浪力时，波浪在翼板与胸墙底板构成的异型空腔内的运动物理过程。

图 5-15 所示为当水深 $d=11.1$ m、波高 $H=3.5$ m、周期 $T=6$ s 时，波浪与五种不同翼板结构的梳式防波堤相互作用的二维断面运动过程示意图。由图 5-15a 和 b 可见，当翼板位置靠前或者翼板的透浪尺度较大时，波浪冲击特性并不明显，波浪并未在空腔内形成较强翻转；而当翼板透浪尺度较小或为不透浪形式时，如图 5-15c～e 所示，波浪的冲击效果非常明显，会出现较强的波浪翻转。对于各结构，波浪进入空腔后的运动过程也都有共同的运动特点。即当波浪进入空腔后，受到前方翼板的阻碍，波浪有反射和上升趋势，迫使翼板附近的波浪上升抬高。之后，波浪又受到翼板及胸墙下底板构成的有限空间阻碍。此时，随着后方波浪的逐渐推进，迫使波浪与空气混合体向相反的方向逃逸，使结构局部出现水流停滞、上涌和回流现象。在波浪与空气混合体未能得到及时耗散的同时，伴随着后方波浪的推进，这一过程将会导致结构局部产生冲击压力。在这个过程中，空腔内的空气可分成两部分：水体会对空气有一个挤压和追赶的作用，结构物下的空气一般不能在发生冲击时很快完全逃逸。一部分空气及时沿着胸墙下底板逃逸出来，另一部分空气未能及时逃逸而在胸墙下底板附近随着波浪一起运动。

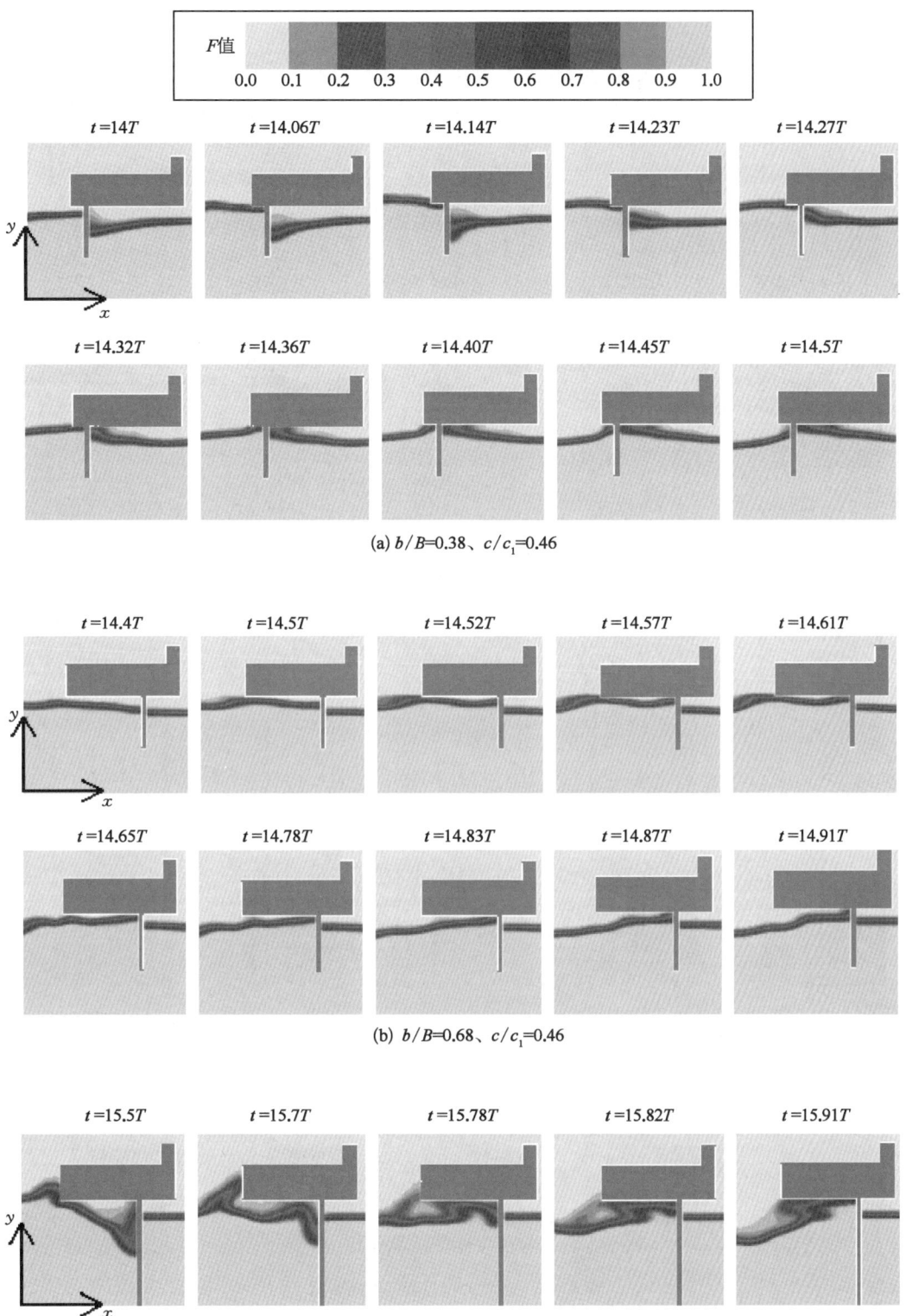

(a) $b/B=0.38$、$c/c_1=0.46$

(b) $b/B=0.68$、$c/c_1=0.46$

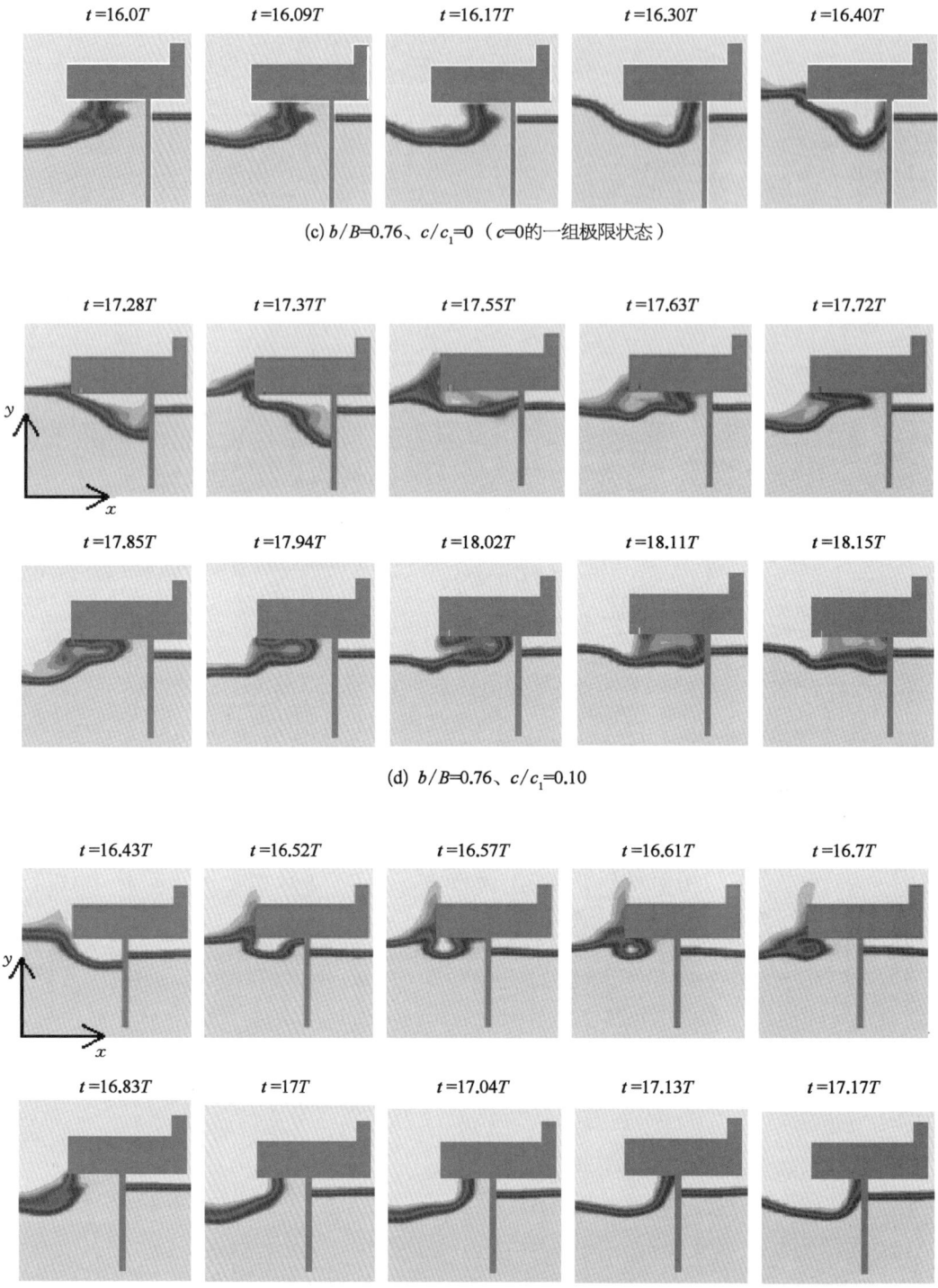

(c) $b/B=0.76$、$c/c_1=0$（$c=0$ 的一组极限状态）

(d) $b/B=0.76$、$c/c_1=0.10$

(e) $b/B=0.59$、$c/c_1=0.10$

图 5-15 波浪冲击过程二维断面图

5.2.4 异型空腔内流场特性

上一节分析了波浪在翼板异型空腔内的物理运动过程,本节继续对图 5-15 列出的五种不同参数的梳式防波堤结构,在受波浪冲击时的波速矢量分布和涡量分布进行计算。探讨翼板和胸墙下底板受波浪冲击时,空腔内波浪运动要素的分布规律。

如图 5-16 所示,将梳式防波堤的翼板空腔内平行于翼板表面的 x 方向截取 6 个二维断面 X1、X2、X3、X4、X5、X6,沿着垂直于翼板表面的 z 方向截取 4 个二维断面 Z1、Z2、Z3、Z4。本节中列出了结构在 z 方向和 x 方向的各四个垂向剖面的流场情况,具体的流场速度矢量及涡量场分布如图 5-17～图 5-21 所示。图中箭头代表流速方向及大小,不同颜色的等深线云图代表涡量大小。

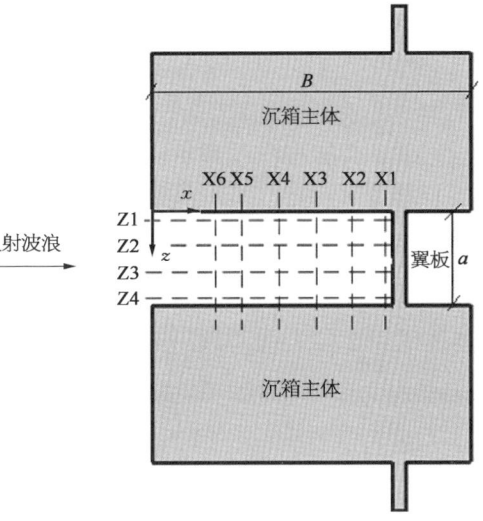

图 5-16 空腔内断面俯视图

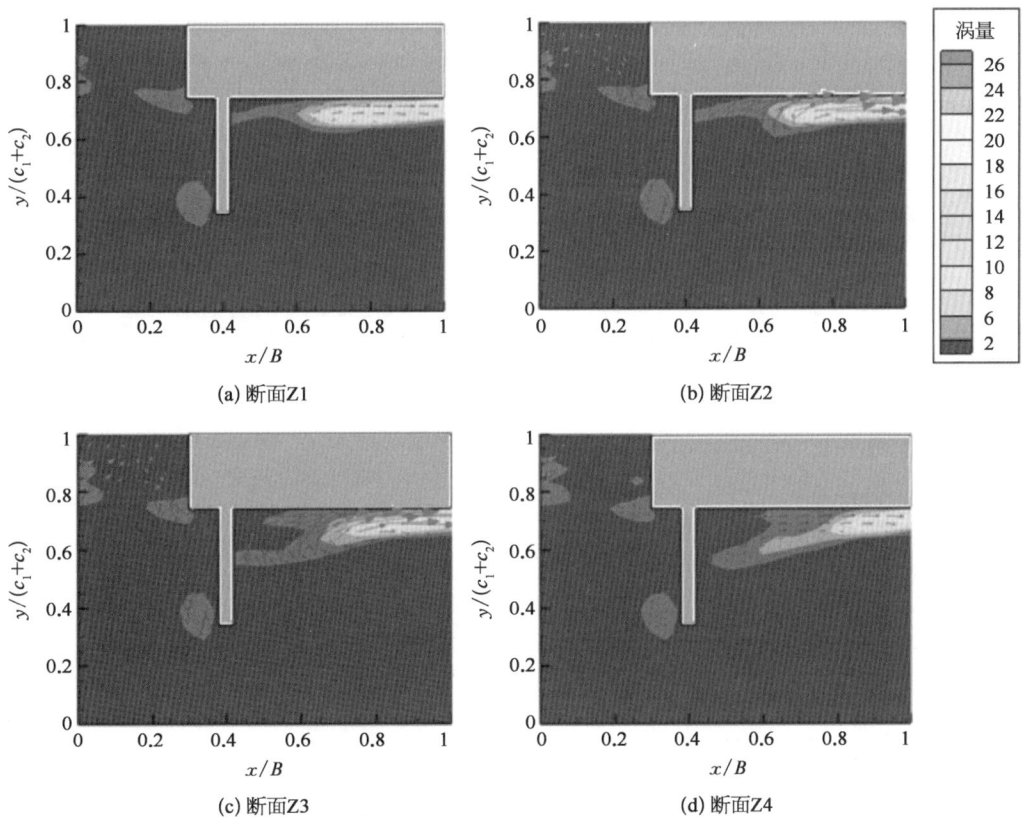

图 5-17 空腔内二维断面波速矢量与涡量云图分布($b/B=0.38$、$c/c_1=0.46$)

图 5-17 所示为当结构参数 $b/B=0.38$、$c/c_1=0.46$ 时的计算结果。此时翼板位置比较靠前且翼板长度较短。流场时刻为 $t/T=14.14$，此时为波峰作用在结构上的时刻。由图可见，贴近于沉箱主体的 Z1 和 Z4(图 5-17a 和 d)断面的水质点速度明显小于空腔内中间断面 Z2 和 Z3(图 5-17b 和 c)的水质点速度。由于该结构下方开孔较大，波浪可以透过结构传至后方，波浪的水质点运动轨迹比较明显，此时波峰正位于翼板位置处，翼板两侧的水质点速度均指向翼板。在翼板的前方，水质点的速度发生改变，沿翼板和胸墙的正面向上运动，在空气中发生破碎。翼板前方与胸墙底板形成的空腔相对较小，故翼板前方的水和空气质点速度并未有明显增大现象。在翼板的后方，水质点朝向翼板运动并向上运动，但由于胸墙的阻挡作用，水质点则沿胸墙下底面发生反转，并与后方来流方向相反，在此处形成一个较大的漩涡。由于翼板前后方同时承受一对方向相反的波浪水质点作用力，二者之间可以部分相抵，因此，总体上来说，该结构形式翼板上所承受的波浪力相对较小。

图 5-18～图 5-20 所示三组翼板位置相同，但入水深度不同的梳式防波堤结构的空腔内速度场矢量图和涡量图结果。三组结构中，贴近于沉箱主体的 Z1 和 Z4 断面的水质点速度明显小于空腔内中间断面 Z2 和 Z3 的水质点速度，这一点与图 5-15 中的分析结果相同。比较三个结构异型空腔中部断面 Z2 的流场图，即图 5-18b、图 5-19b 和图 5-20b。

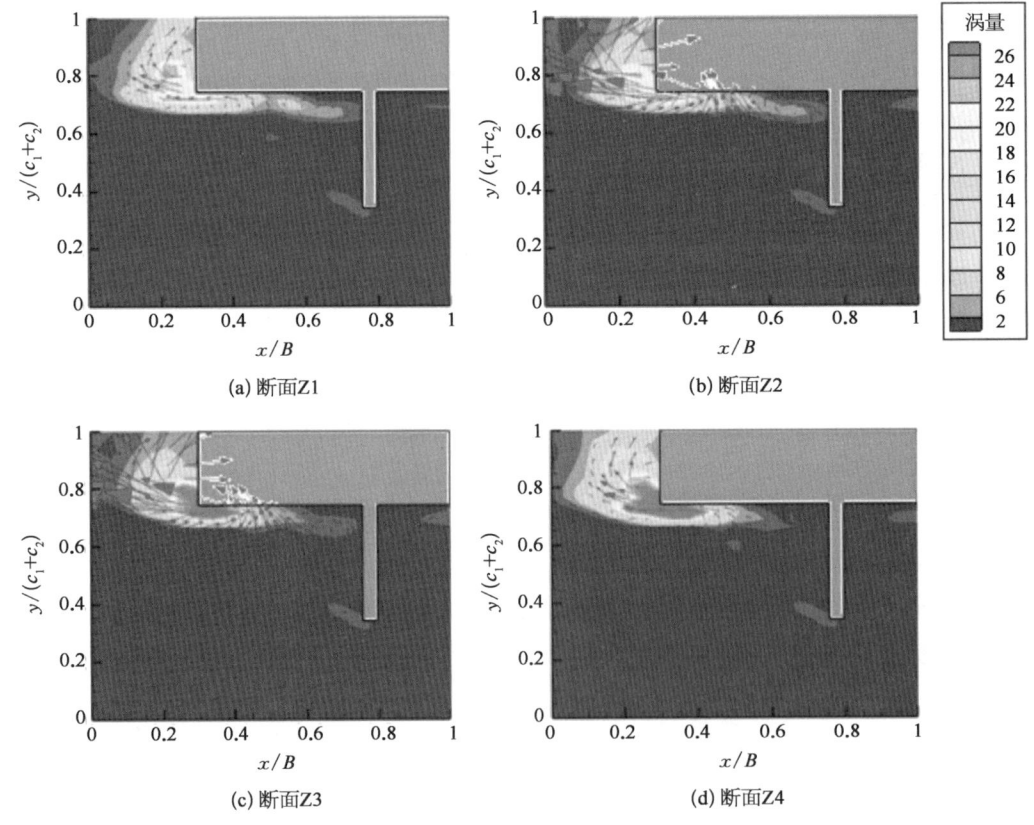

图 5-18 空腔内二维断面波速矢量与涡量云图分布($b/B=0.68$、$c/c_1=0.46$)

可以看出在翼板前方波浪水质点速度均指向翼板方向，但是由于翼板的阻挡作用，水流方向逐渐向上。受到胸墙下底板的继续阻挡后，速度再次发生改变，最终与来流方向相反，从而形成了一个较大的漩涡。由于旋涡的内部三维紊动效应明显，水体运动剧烈，因此对结构物的作用力很大。比较三种不同结构，由于翼板的长度不同，形成的涡旋的位置也不相同。对于翼板入水深度较小的 $c/c_1=0.46$（图 5-21b），漩涡位于胸墙下底板的前部，位置离翼板较远。同时，翼板后方的流场水质点速度也指向翼板，与翼板前侧的受力正好相反，部分抵消了翼板前面的作用力。因此，此时水体对于翼板的总作用力相对较小。而随着翼板长度的增加，翼板前方形成的漩涡的位置也逐渐靠近翼板，对翼板的作用力逐渐增大。且翼板下方透流量逐渐减小，翼板后方的反向作用力也逐渐减小。当翼板为完全不透浪时，如图 5-19b 所示，翼板后方的流场速度几乎为零，不再提供有力的反向作用力。因此，此时翼板上所受的总波浪力较大。这也解释了翼板处于相同位置时，随着翼板入水深度的增大，翼板上所受波浪力也逐渐增大的原因。

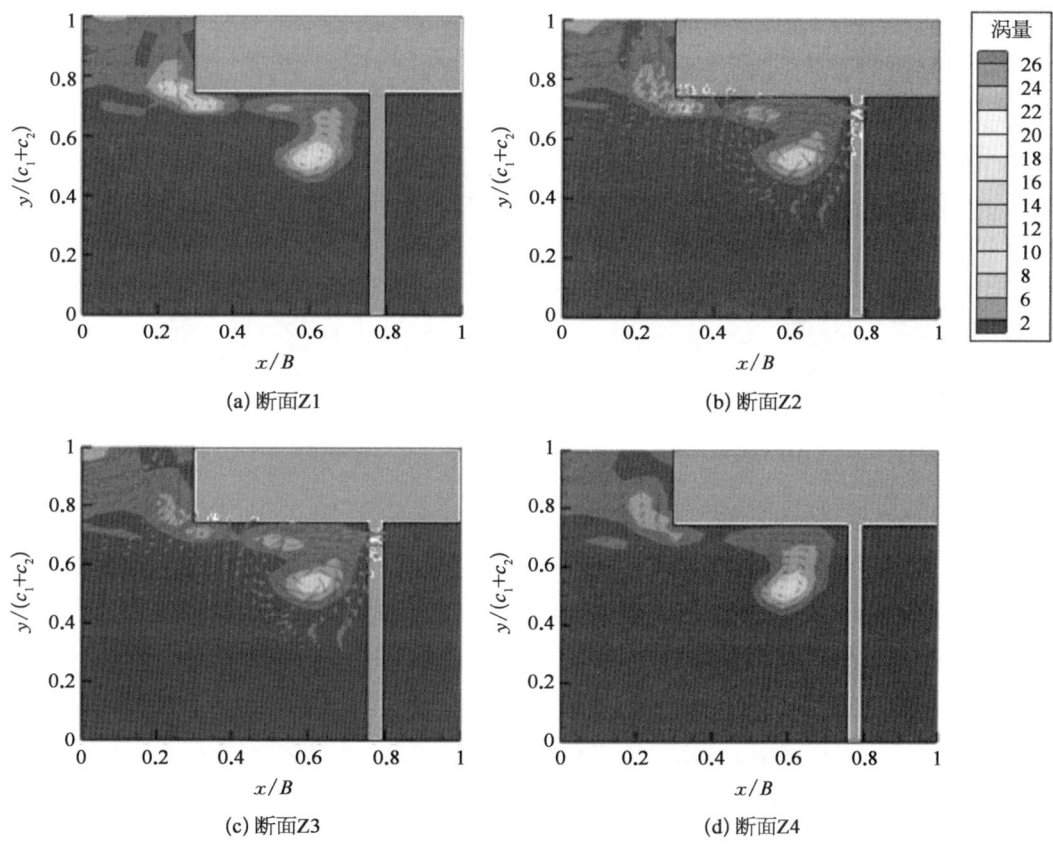

图 5-19 空腔内二维断面波速矢量与涡量云图分布（$b/B=0.76$、$c/c_1=0$、$c=0$ 的一组极限状态）

对三个梳式结构异型空腔内的流场在平行于翼板方向进行六组剖面显示，如图 5-18、图 5-19 和图 5-20。在图 5-18d 中，当翼板入水深度较小时，漩涡发生在异型空腔的最前部(即断面 X6 处),并紧邻胸墙下底板。在图 5-20c 中,随着翼板入水深度的增加,漩涡的位置向翼板靠近,发生在断面 X5 处,位置也与胸墙下底板相邻。在图 5-19d 中,当翼板完全不同空时,漩涡的中心位置继续向翼板靠近,发生在断面 X3 处,且漩涡的高度逐渐远离胸墙下底板,同时对应区域更大,对翼板的作用面积也更大。因此,此时翼板上的受力在三个不同的翼板入水深度下是最大的。

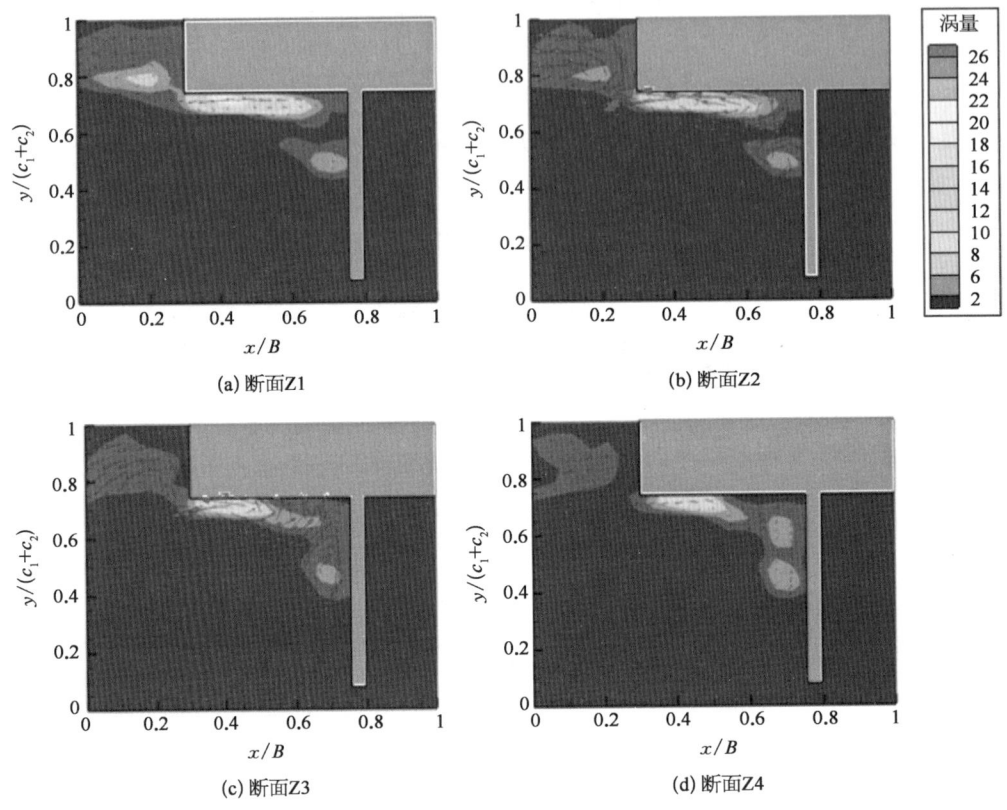

图 5-20 空腔内二维断面波速矢量与涡量云图分布($b/B=0.76$、$c/c_1=0.10$)

图 5-21 所示为翼板参数 $b/B=0.59$、$c/c_1=0.10$ 时,异型空腔内部流场的各个剖面图,图 5-21b 所示为异型空腔中间部位断面 Z2 的流场和涡量场图。可以看到,相比于翼板参数为 $b/B=0.76$、$c/c_1=0.10$ 时,图 5-19b 的流场分布,此时波浪流场水质点速度在翼板前方指向翼板方向。在遇到翼板和胸墙下底面时,水流发生了剧烈的撞击,速度变化很大,形成了一个明显的漩涡,并直接作用于翼板之上;而同时翼板后方的反向流场速度较小,不能抵消翼板正面的作用力,因此此时翼板承受的波浪作用力最大。在胸墙底板的下方,原先空气填满的区域被水分隔和挤占,一部分空气沿着胸墙底板迅速排出,一部分被波浪带到漩涡中,在胸墙下底板附近的气流速度矢量呈尖劈状位于胸墙底面,同时空腔以外的胸墙附近也出现了较强的旋转气流。由研究结果可知,当翼板位于 $b/B=0.4\sim0.65$ 范围时,梳式防波堤的波浪总力明显增大。

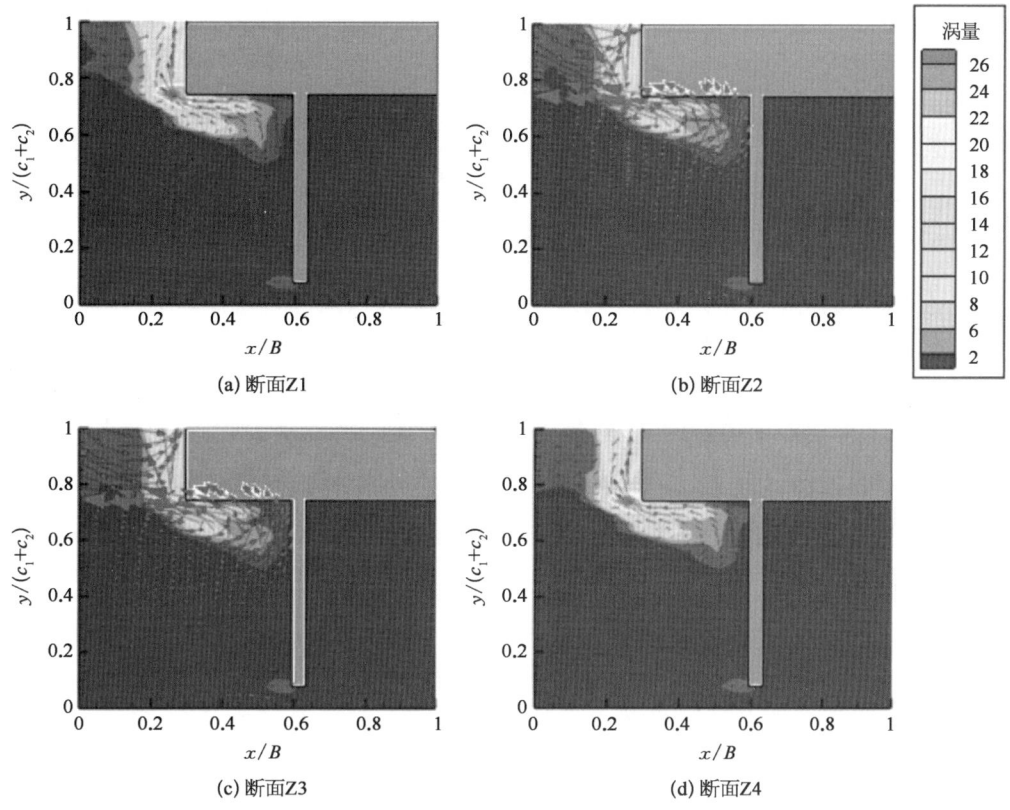

图 5-21 空腔内二维断面波速矢量与涡量云图分布($b/B=0.59$、$c/c_1=0.10$)

上述分析结果表明:当翼板受到最大冲击波浪力时,翼板与胸墙底板局部空间附近的流速增大;若翼板的透空尺度很小,甚至达到不透浪形式时,翼板局部附近的流速要大于翼板透空尺度较大时的情况;若翼板与胸墙下底板构成一定的空间,翼板局部附近的流速要明显大于翼板置于胸墙底板最前端的情形;当翼板透空尺度较小或者翼板与胸墙底板构成一定空间时,甚至会在胸墙底板附近产生较强旋转气流,在空腔内流速较大的区域内形成漩涡;对于透空率较小的梳式防波堤,翼板和胸墙底板构成的空腔结构导致空腔内的波浪运动过程中受到空间阻碍,随着后方波浪不断推进,波浪与局部空气被迫沿着胸墙底板逃逸,导致翼板和胸墙底板局部的流速增大。

为探讨不同水深下局部流速与结构受力的关系,对前面研究中的空腔内局部流速较大的结构(图 5-21 所研究的结构)进行继续研究。图 5-22 和图 5-23 所示为通过流场矢量图,结合波浪压力分布的方式再现了波峰作用下,波浪冲击该结构的过程中,空腔内的流速和结构受力的变化关系。以图 5-22 为例,在翼板前部水质点向前和向上方运动,在翼板和胸墙的阻挡作用下,水质点的速度转向相反的方向,同时给予翼板和胸墙巨大的冲击力。图 5-22a 中,水质点以较大的速度逐渐接近翼板,并开始作用于翼板,但此时翼板上的压力还较小;且水质点还没有开始冲击胸墙下底板,此时胸墙下底板压力仍然为零。在接下来的时刻(图 5-22b),波浪已经到达翼板位置,由于受到翼板阻挡开始向上运动,并冲击胸墙下底板,翼板与胸墙下底板的压力开始增大。在图 5-22c 中,波峰完全冲击翼板后,在翼板和胸墙下底板的阻挡作用下,水质点速度转向相反的方向。因此在短时间内产生了较大的冲量,波浪力迅速增大的时间不到 0.2 倍的波浪周期,使翼板和胸墙下底板的压力均达到最大,此时最大压力值约为 120 kPa。在图 5-22d 中,波峰逐渐消退,水质点速度也开始减小,翼板和胸墙下底板的压力减小,一个波浪冲击过程结束,进入下一个波浪作用周期。

上述分析表明,结构受冲击压力的原因与第 4 章研究的非透浪式梳式防波堤结构相同,源于翼板和胸墙下底板构成的异型空腔内流场速度矢量及涡量的变化。空腔内水体强烈紊动、气流漩涡和回流导致翼板与上顶板构成的直角空间附近出现异常大的流速,导致翼板受到较大冲击波浪力。因此,对于受冲击力较大的特定透浪式梳式防波堤结构,也可采用与第 4 章相同的优化设计方法来进行设计。同时,异型空腔内漩涡强度及中心位置变化,导致翼板最大波浪力位置的变化。由两图的对比可见,当波高相同,水深 $d=10.8$ m 时,结构的翼板和胸墙底板受到更大的波浪冲击力,因此堤前水深对透浪式梳式防波堤的结构受冲击力同样有重要影响。

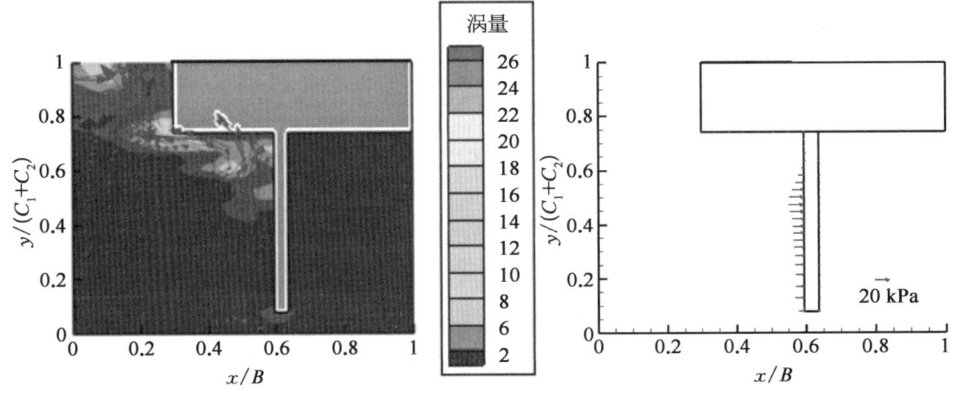

(a) $t=16.43T$ 时,流速分布(左图)与波浪力分布(右图)

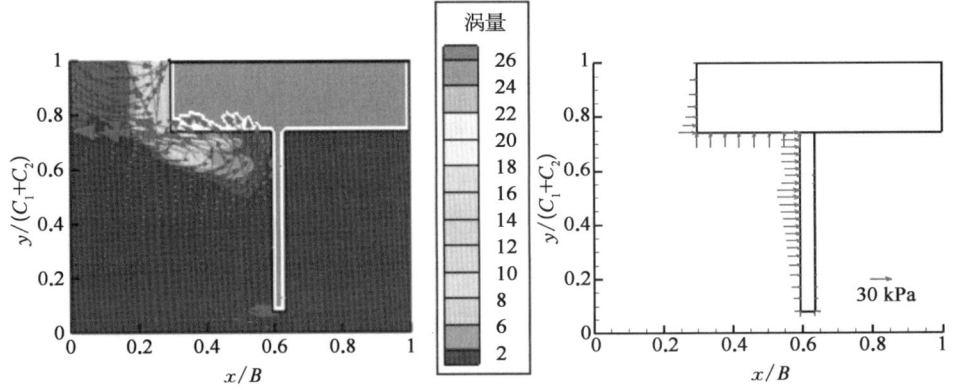

(b) $t=16.57T$ 时,流速分布(左图)与波浪力分布(右图)

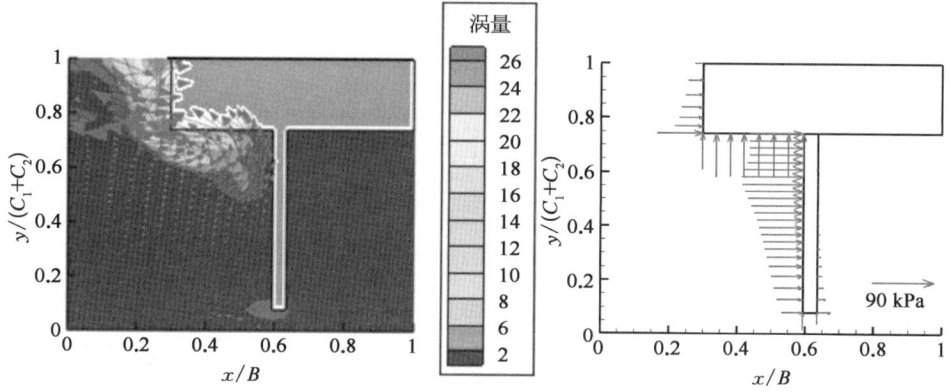

(c) $t=16.61T$ 时,流速分布(左图)与波浪力分布(右图)

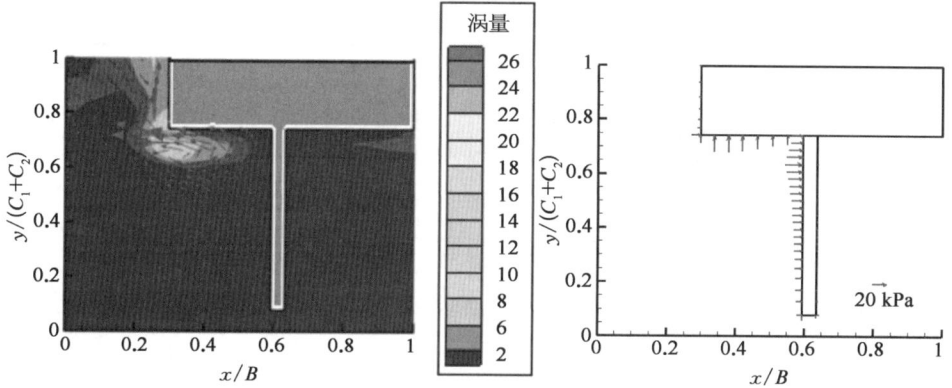

(d) $t=16.83T$ 时,流速分布(左图)与波浪力分布(右图)

图 5-22 空腔内二维断面波速矢量与波浪力分布($b/B=0.59$、$c/c_1=0.10$)$d=11.1$ m

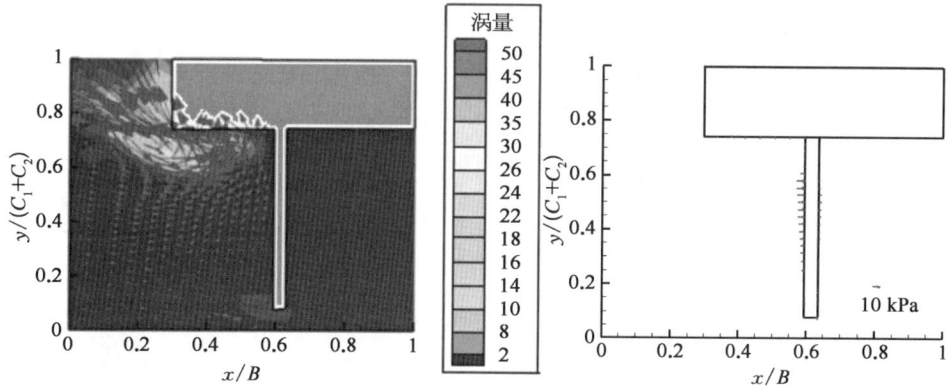

(a) $t=16.63T$ 时,流速分布(左图)与波浪力分布(右图)

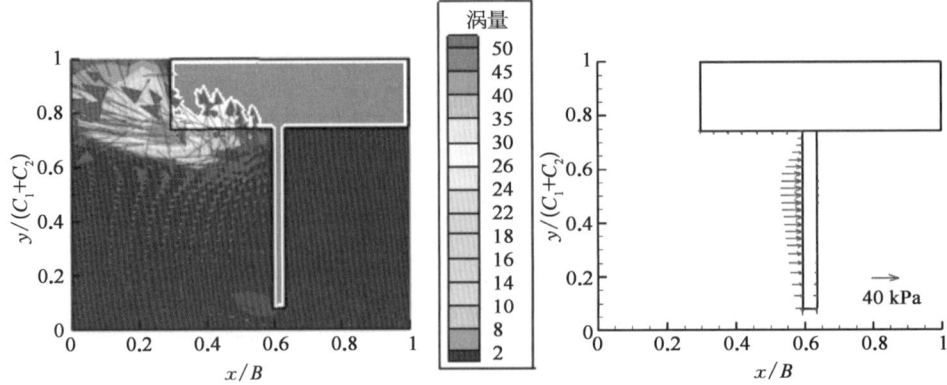

(b) $t = 16.68T$ 时，流速分布（左图）与波浪力分布（右图）

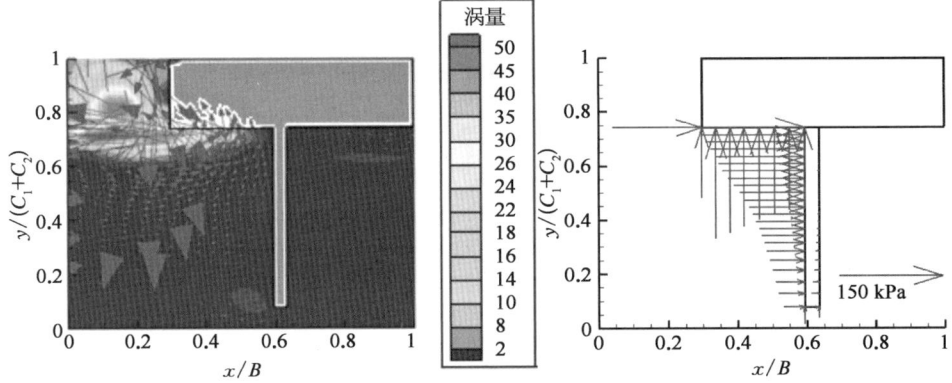

(c) $t = 16.72T$ 时，流速分布（左图）与波浪力分布（右图）

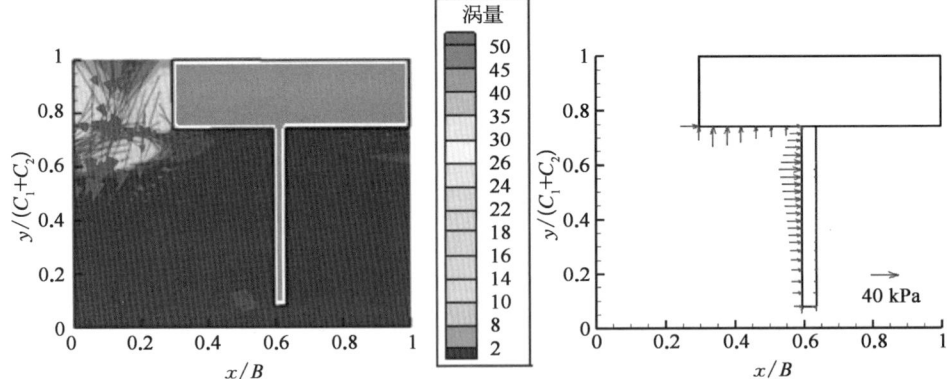

(d) $t = 16.77T$ 时，流速分布（左图）与波浪力分布（右图）

图 5-23 空腔内二维断面波速矢量与波浪力分布（$b/B = 0.59$、$c/c_1 = 0.10$）；$d = 10.8$ m

5.3 水位在胸墙底板以上情况

由 5.2 节的研究结果可见,透浪式梳式防波堤结构的受力同样受到堤前水深和翼板参数的影响很大。当水深在胸墙底板以下时,翼板受力明显增大。因此,在接下来的研究中,将分别对水位在胸墙底板以上和以下两种情况进行探讨。

本节首先探讨水位在胸墙底板以上的情形。对于这种工况,已有相关研究成果,而研究中对结构参数 b 和 c 的研究相对有限,尤其是对透空尺寸 c 的研究仅限于 2 组。因此,本节基于 5.1 节建立的波浪与梳式防波堤作用的数值模型,重点分析了梳式堤的结构参数 b 和 c 的影响。对已有的研究成果进行补充性研究,并在此基础上对结构的透射系数进行探讨,总结出相应的经验计算公式。

本节共进行了 50 组不同工况和结构参数的数值计算,主要考虑了翼板的相对透空尺寸 c/d 和翼板至胸墙正面的相对距离 b/L 对防波堤的水平波浪力折减系数特性、反射系数和透射系数特性的影响。计算中采用的水深 $d=14$ m、波高 $H=2.2$ m、波浪周期 T 为 6～8 s。

5.3.1 规则波下水平力折减系数

本节在已有研究的基础上,对梳式防波堤的翼板前后位置 b 和翼板长度 c 进行补充,探讨梳式防波堤的水平波浪力折减系数 K_{F-R} 随二者的变化规律。K_{F-R} 随相对透空尺寸 c/d 的变化规律如图 5-24 所示。当 b/L 一定时,K_{F-R} 随着翼板下部透空部分长度 c/d 的增加而线性减小。随着梳式堤翼板下方开孔度的增加,会有更多的波浪能量穿过防波堤到港内,防波堤的透浪性能增加,使得作用在防波堤上的波浪力减小。并将数值计算结果与经验公式的计算结果进行对比,当相对透空尺寸 c/d 大于 0.21 时,数值结果与经验公式的结果吻合较好。但在相对开孔度 c/d 小于 0.21 时,数值结果略小于由经验公式计算的结果。

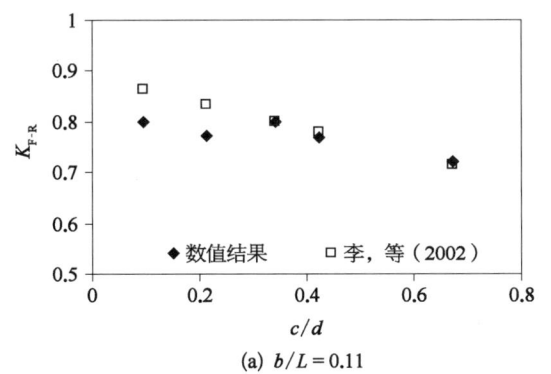

(a) $b/L=0.11$

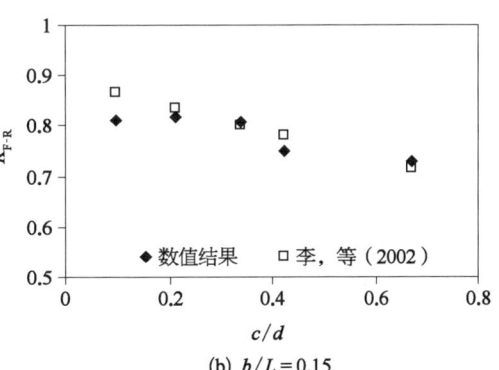

(b) $b/L=0.15$

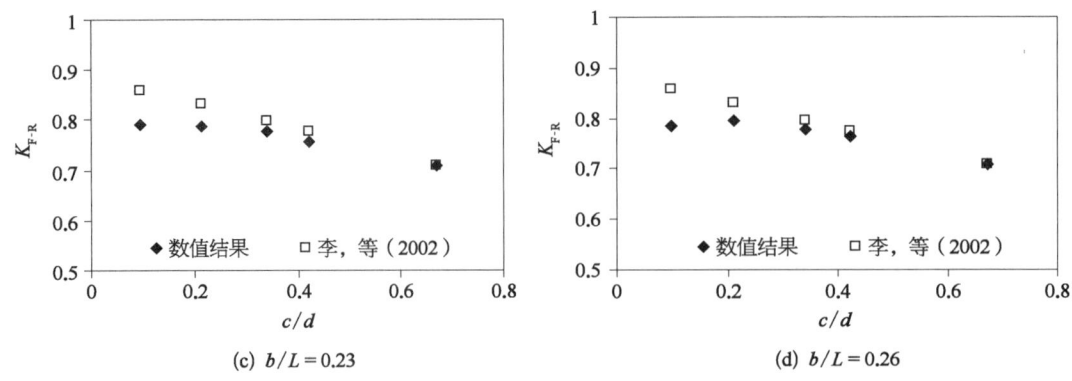

(c) $b/L=0.23$ (d) $b/L=0.26$

图 5-24 水平波浪力折减系数 K_{F-R} 随相对透空尺寸 c/d 的变化规律

规则波作用下的梳式防波堤的水平波浪力折减系数 K_{F-R} 随翼板距前墙相对距离 b/L 的变化规律如图 5-25 所示。当 c/d 一定时，K_{F-R} 随着 b/L 的增加而线性减小，即随着梳式堤翼板距前墙距离的增加，作用在前墙上波浪力和翼板上波浪力之间的相位差增加，使总波浪力减小。当相对透空尺寸 c/d 小于 0.21 时，数值结果略小于经验公式的计算结果。当相对透空尺寸 c/d 大于 0.21 时，两者结果吻合较好。

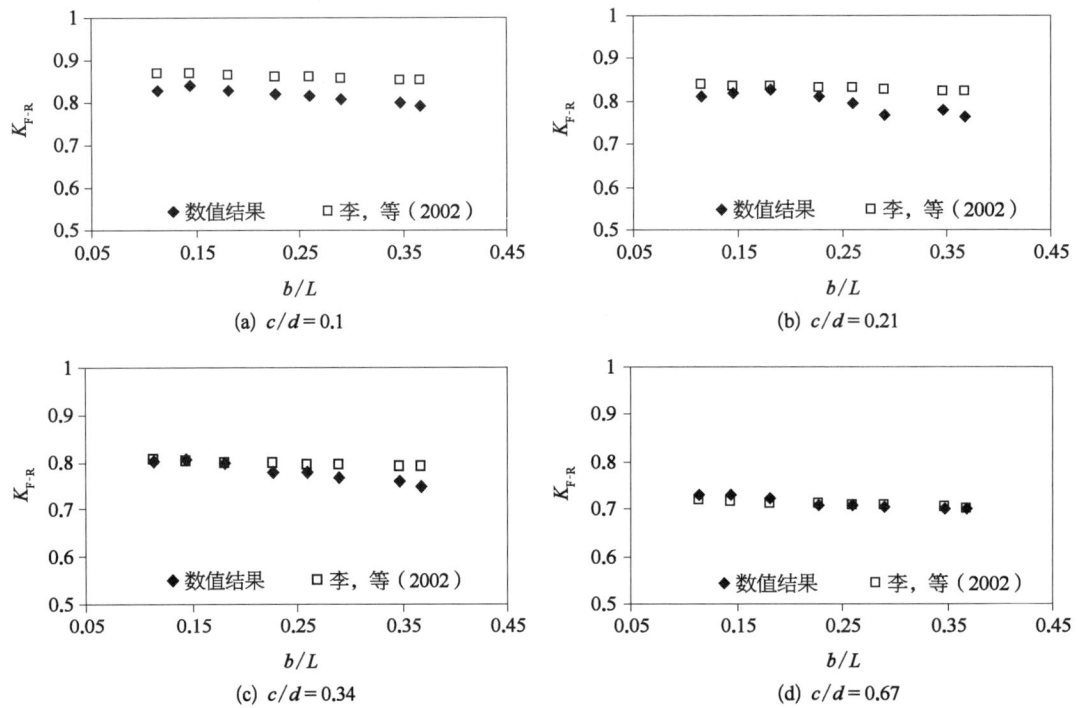

(a) $c/d=0.1$ (b) $c/d=0.21$

(c) $c/d=0.34$ (d) $c/d=0.67$

图 5-25 水平波浪力折减系数 K_{F-R} 随翼板距前墙相对距离 b/L 的变化规律

由以上结果可见，当相对透空尺寸 c/d 大于 0.21 时，本节数值模型的计算结果与已有研究成果吻合良好；但在相对较小的相对透空尺寸 c/d 的情况下，数值结果偏小于经验公式计算结果。结果的偏差一定程度上在于物理试验和数值模拟中对参数 b 和 c 的选取范围不同。另外,经验公式是基于物理模型试验结果统计得来的,也存在统计误差,这两个因素会导致两种方法得到的结果略有偏差。但是在二者相同的研究范围内,本节数值计算结果与经验公式吻合得很好,也可以进一步验证数值模型的可靠性。

5.3.2 反射系数特性及经验公式

对于透浪式梳式防波堤的反射系数研究,已有研究考虑了 5 组翼板位置 b(=6 m、9 m、12 m、15 m、18 m)及 1 组透空尺度 c(=6 m)。研究结果表明,反射系数 K_R 与翼板宽 a、水深和波高关系不大,而主要与翼板位置 b 有关。在此基础上,总结了反射系数的经验式(5-3)。由于透空尺度 c 参数选取范围较窄,式(5-3)中并未考虑透空尺度 c 对反射系数的影响。而在防波堤设计中,可以通过调整翼板的前后距离 b 和入水深度 c,使反射系数达到较小值。

因此,本节在上述研究的基础上,固定水深和波高,增加了翼板透空尺度 c 和前后位置 b 的研究组次,进一步探讨梳式防波堤的反射系数随无因次化结构参数 b/L 和 c/d 的变化关系。首先,固定 b/L 的数值,计算反射系数 K_R 随 c/d 的变化规律。K_R 随 c/d 的增加而明显减小,证明了相对开孔深度 c/d 对堤前反射系数的影响显著。在工程设计中,可以通过调节翼板的入水深度来获得较小的堤前反射。当 c/d 一定时,反射系数 K_R 随 b/L 的变化如图 5-26 所示,其变化规律呈开口向上抛物线形式。当 b/L 小于 0.25 时,K_R 随着 b/L 的增加而减小。当 b/L 在 0.22~0.26 时,反射系数 K_R 达到最小值,该值在 0.45 左右,其后 K_R 随着 b/L 的增加而增大。在李玉成等人的研究中,反射系数最小值在 0.4 左右,可见本节的数值结果也与这一结果相符。

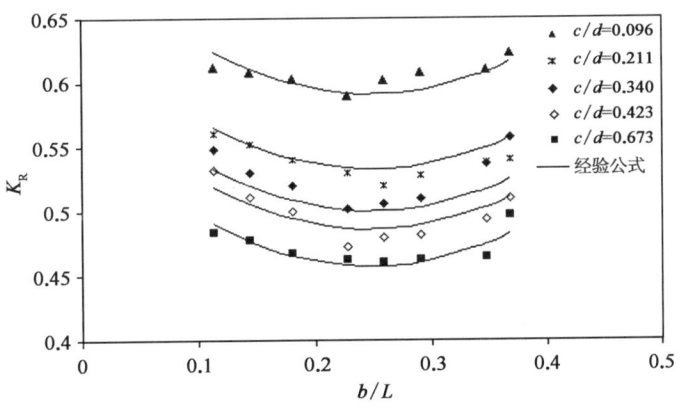

图 5-26 反射系数 K_R 随 b/L 的变化

最后,根据数值计算的结果,应用回归分析,得到反射系数关于两个参数 c/d 和 b/L 的修正公式。该经验公式的相关系数为 0.971。经过修正的经验公式如下:

$$K_R = 1.771 \times (b/L)^2 - 0.884 \times (b/L) + 0.413 \times (c/d)^{(-0.137)} + 0.132 \quad (5-1)$$

由本节提出的经验公式(5-1)计算的结果也同时在图5-26中显示。可见经修正后的经验公式,可以很好地反映波浪反射系数随参数 c/d 和 b/L 的变化,该结果可为工程设计提供参考。

5.3.3 透射系数特性及经验公式

目前尚未见到关于透浪式梳式防波堤透浪系数的相关研究成果,本节对此问题进行探讨,计算中波况的选取和结构参数的选取均与研究反射系数相同。

可见,K_T 随 c/d 的增加呈明显的线性增长,即随着翼板下部透空部分长度 c 的增加,防波堤后的透浪量也逐渐增加。当 c/d 一定时,透射系数 K_T 随 b/L 的变化如图5-27所示,其变化规律呈抛物线形式。当 b/L 小于0.25时,K_T 随着 b/L 的增加而增加。当 b/L 在0.25附近时,透射系数 K_T 达到最大值,该值接近0.3,其后 K_T 随着 b/L 的增加而减小。

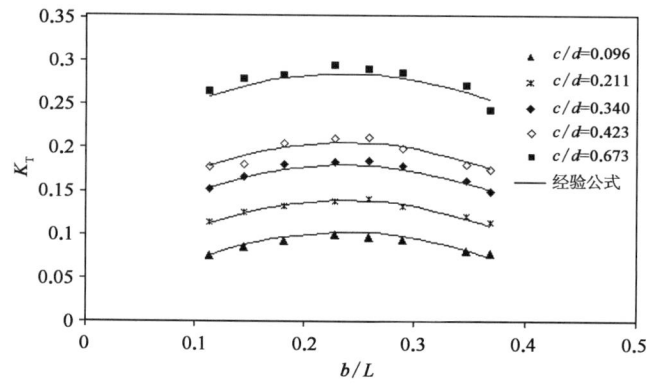

图5-27 透射系数 K_T 随 b/L 的变化

根据数值计算结果,本节通过最小二乘法拟合出一组关于透浪系数的经验公式,考虑了主要的影响因素,可以直观方便地计算出梳式防波堤后的透浪系数,以便满足工程设计和科学研究的需要。该公式的相关系数为0.992,拟合的经验公式如下:

$$K_T = -1.766 * (b/L)^2 + 0.839 * (b/L) + 0.316 * (c/d) - 0.027 \quad (5-2)$$

由式(5-2)得到的计算结果也同时在图5-26中显示,可见拟合的公式可以很好地反映波浪透射系数的变化,可为工程设计提供参考。

5.4 水位在胸墙底板以下情况

由本节前面的分析结果可知,无论是透浪还是非透浪的梳式防波堤结构,当水位低于胸墙下底板时,即水不充满于翼板异型空腔时,结构会受到冲击压力作用,翼板受力增大。而目前尚未有针对该种工况的相关研究成果,故本节利用数值模型,继续对本问题进行相关探讨。

本节主要研究不同透浪的梳式防波堤的水平波浪总力和消波浪特性,一共进行了 236 组不同工况和结构的数值计算。主要研究了透浪式梳式防波堤的总波浪力、反射和透射系数的主要影响因素以及结构的危险水位。在计算结果的基础上,提出了经验计算公式,为工程设计提供了参考依据。

本节计算采用规则波,堤前水深范围为 d 为 8.7～12 m,波高范围 H 为 1.5～5.5 m,波浪周期 T 为 6.0～9.0 s。

5.4.1 规则波下水平力特性研究

经过第 2 章的试验研究可知,当水位在胸墙以下的某些危险水位时,梳式防波堤的翼板呈现出冲击压力特性。为研究结构的总水平波浪力是否具有冲击压力特性,本节首先对水平波浪总力进行计算。通过计算发现,当水位在胸墙以下时,翼板在不同入水深度和不同前后位置时,结构的水平波浪力性质不同,有些结构已经呈现出冲击压力特性。图 5-28 给出了两组结构在相同波况下的单宽水平波浪总力时程曲线,波况为 $d=11.1$ m、$H=2.2$ m、$T=6$ s。由图可见,虽然在相同的波况下,不同的翼板位置和翼板长度,导致波浪总力性质截然不同。相比于结构 $b/B=0.38$、$c/c_1=0.46$,当翼板位置在 $b/B=0.47$、$c/c_1=0.23$ 和 $b/B=0.59$、$c/c_1=0.10$ 时,总水平波浪力具有了明显的冲击压力特性;当翼板位置在 $b/B=0.59$、$c/c_1=0.10$ 时,总水平波浪力峰值比翼板在 $b/B=0.38$、$c/c_1=0.46$ 大了 5 倍左右,这一性质与水位在胸墙下底板以上是不同的。因此,本节主要探讨当翼板宽度固定时(取 $a=6$ m),结构的水平波浪力随结构参数 b 和 c 的变化规律及随波浪参数的变化规律。

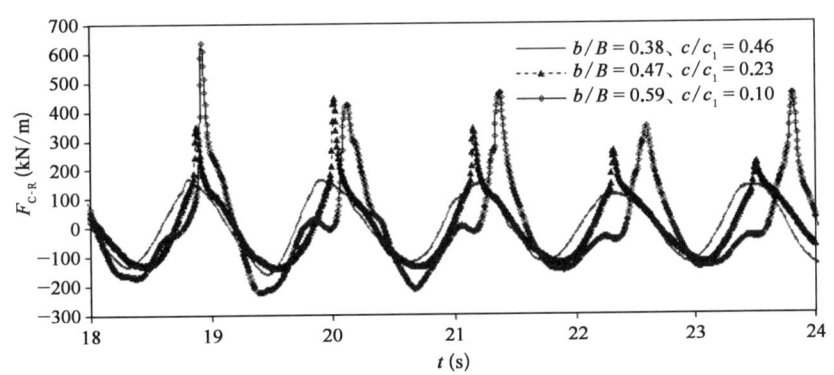

图 5-28 在相同波况下不同结构的单位宽度水平波浪总力

1) 翼板与前墙相对位置 b/B 的影响

首先分析水平波浪力折减系数 K_{F-R} 随结构参数的变化规律。本节中波浪力的折减

系数 K_{F-R} 定义为：当波峰作用在结构上时，平均最大波浪力（计算中取一组波浪力中波峰值的平均值）与相对应的直墙波浪力之比。

当翼板入水深度 c/c_1 一定时，在相同的波高 H/d 条件下，K_{F-R} 随翼板与前墙相对距离 b/B 变化规律的数值结果如图 5-29 所示。

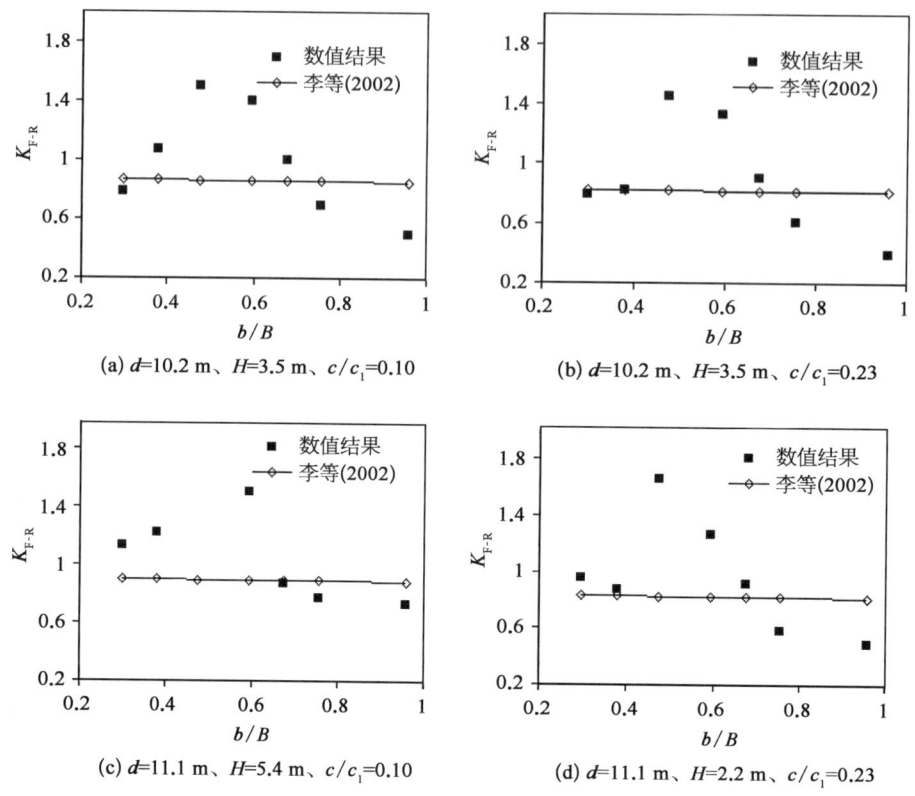

图 5-29　水平波浪力系数 K_{F-R} 随 b/B 的变化

由图可见，水平波浪力折减系数 K_{F-R}，先是随着翼板相对入水深度 b/B 的增加而增大，然后随着 b/B 的进一步增大而减小。当 b/B 在 0.4～0.65 范围达到峰值，此时相应的参数 b/L 在 0.18～0.3 范围。在此区间内，数值梯度较大，峰值均已超过 1，最大值接近 1.8。在图中，同时将 K_{F-R} 的计算结果与本节的数值结果进行了对比。从图中可以看出，适用于非危险水位下的经验公式在水位位于胸墙下底板以下时已经不再准确，因此有必要建立新的更加适用的经验模型。

2）翼板相对入水深度 c/c_1 的影响

为了解释结构在水位低于胸墙底板以下时梳式防波堤的波浪力特性，本节继续探讨水平波浪力折减系数 K_{F-R} 随相对翼板长度 c/c_1 的变化规律。在不同波况下，当翼板距离前墙的相对距离 b/B 一定时，K_{F-R} 随相对翼板长度 c/c_1 的变化规律计算结果如

图 5-30 所示。其中 c/c_1 的取值范围在 0.1～0.5 范围。由图可见,水平波浪力折减系数 K_{F-R} 随相对翼板长度 c/c_1 的增加而逐渐减小,基本呈现线性变化规律。在相对波高 H/d 相同的条件下,在不同的翼板位置 b/B 下,K_{F-R} 随翼板长度 c/c_1 的变化幅度不同。在图 5-30a、e、f、i 中所列出的计算结果,即当 $b/B=0.47$ 和 0.59 时,相对波高 H/d 相同,

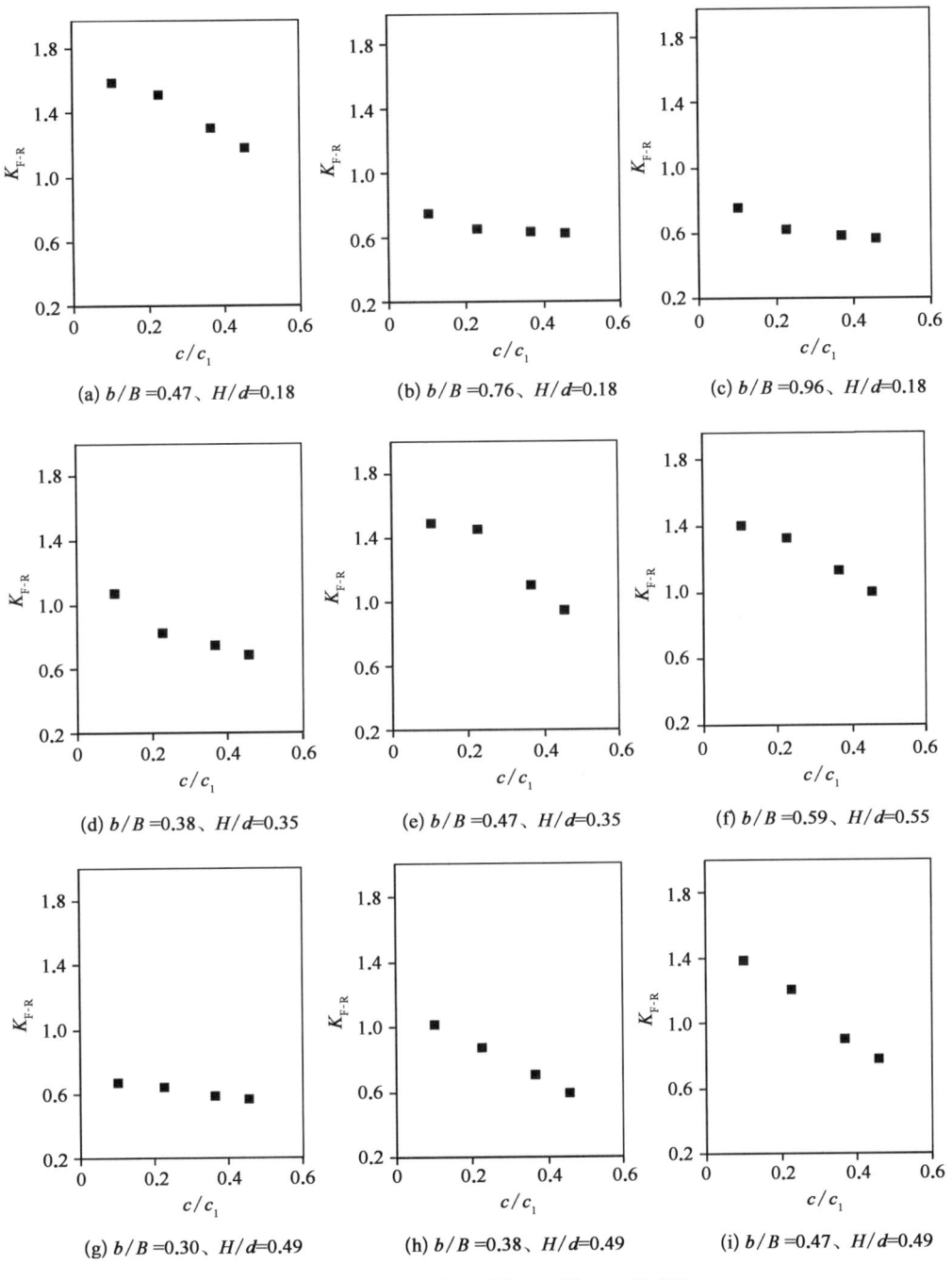

图 5-30 水平波浪力系数 K_{F-R} 随 c/c_1 的变化

随相对翼板长度 c/c_1 的增大，水平波浪力折减系数 K_{F-R} 减小幅度更大。K_{F-R} 在 b/B 等于 0.4~0.65 之间时，K_{F-R} 有明显的非线性变化趋势，梯度较大。由以上可以总结，当 b/B 在 0.4~0.65 范围内时，$c/c_1 \geqslant 0.4$ 的梳式防波堤的水平波浪力折减系数小于 1（或接近于 1）；当 b/B 不在 0.4~0.65 范围内时，$c/c_1 \geqslant 0.1$ 的梳式防波堤结构的水平波浪力折减系数小于 1。

3）波浪周期 $\sqrt{gT^2/A}$ 的影响

接下来继续讨论 K_{F-R} 随波浪条件的变化规律。首先研究了水平波浪力折减系数随波浪周期的变化规律。研究方法是在不同波况下，固定结构，改变波浪周期，研究水平波浪力折减系数随周期的无因次量 $\sqrt{gT^2/A}$ 的变化规律，对应的实际周期范围在 6~9 s。图 5-31 和图 5-32 分别列出了对应于两组不同的结构的计算结果。由图可见，水平波浪力折减系数总体的变化趋势是，K_{F-R} 先是随周期的无因次量 $\sqrt{gT^2/A}$ 的增大而减小，之后随着 $\sqrt{gT^2/A}$ 的增加而增大，最小值出现在 $\sqrt{gT^2/A}$ 在 6.5 到 8 之间。

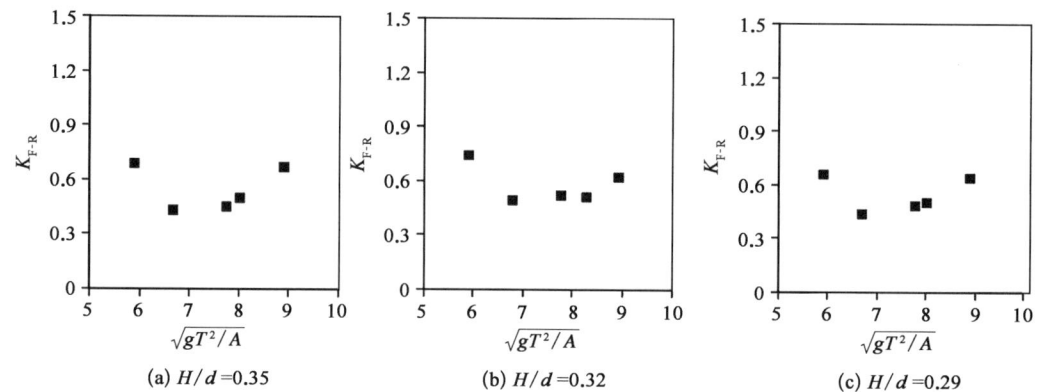

图 5-31　水平波浪力系数 K_{F-R} 随周期的无因次量 $\sqrt{gT^2/A}$ 的变化（$b/B=0.38$、$c/c_1=0.46$）

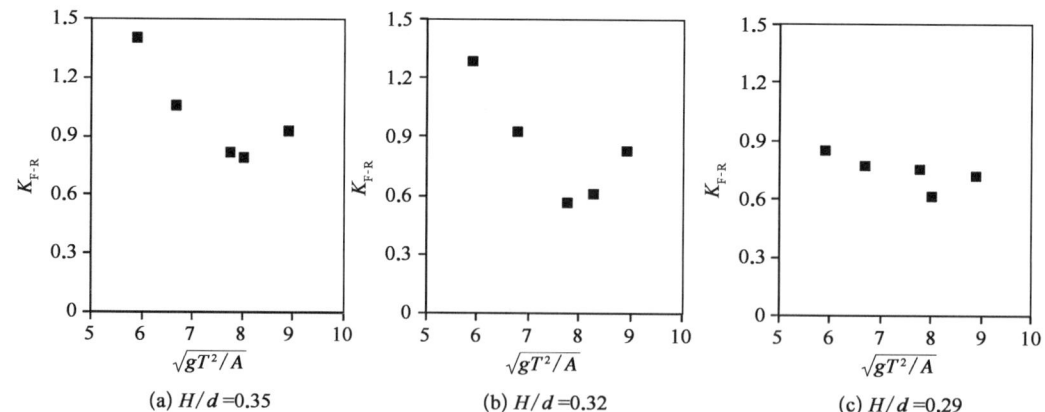

图 5-32　水平波浪力系数 K_{F-R} 随周期的无因次量 $\sqrt{gT^2/A}$ 的变化（$b/B=0.59$、$c/c_1=0.10$）

4) 相对波高 H/d 的影响

下面继续分析水平波浪力折减系数 K_{F-R} 随相对波高 H/d 的变化规律。相对波高 H/d 的取值范围在 $0.1\sim0.6$。计算中考虑了相同的结构在不同水位和周期下的变化，也考虑了不同的结构在相同水位和周期条件下的变化，计算结果如图 5-33 所示。由图可见，水平波浪力折减系数 K_{F-R} 随相对波高 H/d 的增大，变化规律总体上呈现逐渐减小的趋势，接近线性的变化规律。

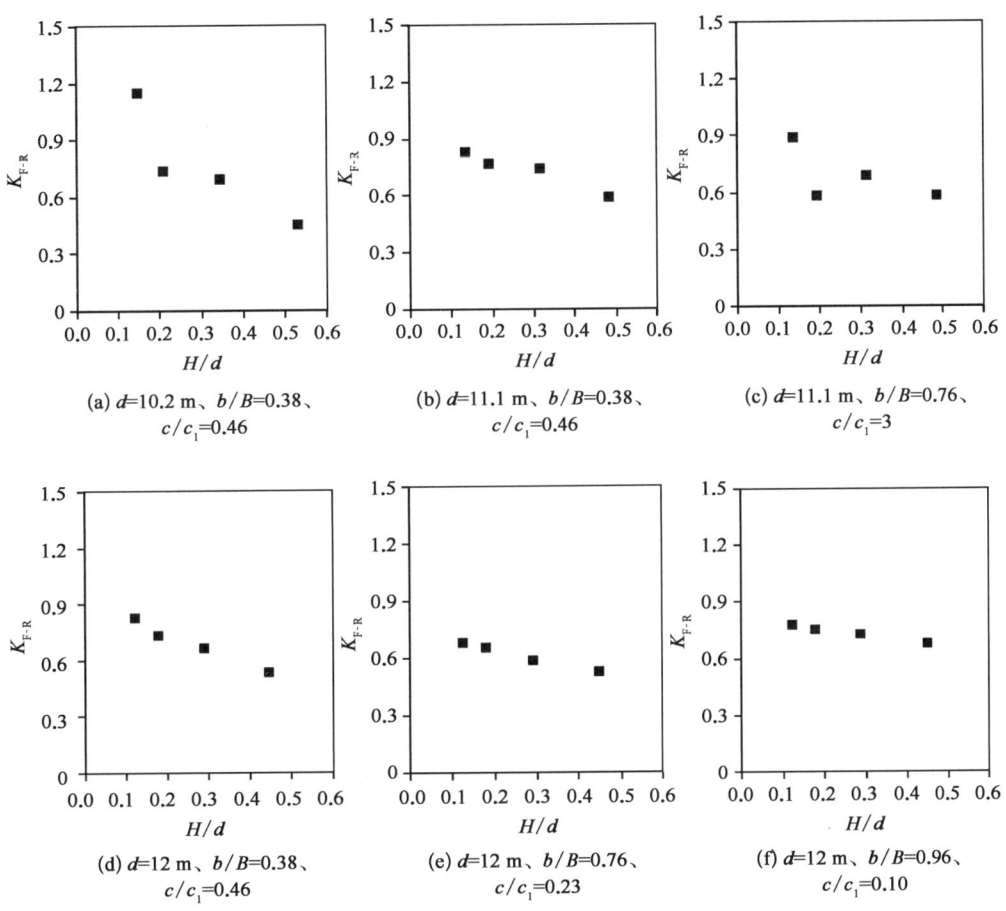

图 5-33 水平波浪力系数 K_{F-R} 随 H/d 的变化

5.4.2 水平力折减系数经验公式

综合考虑 5.4.1 节中各因素对梳式防波堤波浪力折减系数的影响，根据 236 组数值计算结果，采用多元线性回归方法，拟合了当水位在梳式堤胸墙下底板以下时，梳式防波堤水平波浪力系数 K_{F-R} 与各因素的关系表达式，拟合公式如下：

$$K_{F-R}=6.272+0.643B_C-0.581\frac{H}{d}-1.509\sqrt{\frac{gT^2}{A}}+0.098\frac{gT^2}{A} \qquad (5-3)$$

其中,参数 B_C 表达式为

$$B_C = \left[1 + 1.6\left(0.3 - \frac{c}{c_1}\right)\right] e^{\frac{-\left[b/B - \left(0.47 + 0.13\frac{c}{c_1}\right)\right]^2}{0.142^2}} \tag{5-4}$$

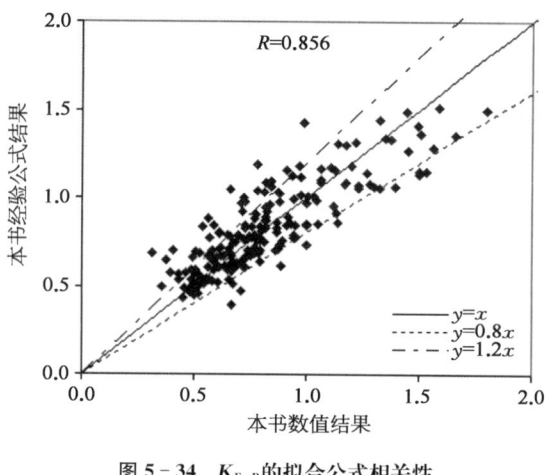

图 5-34 K_{F-R} 的拟合公式相关性

式(5-3)和式(5-4)中的所有参数都可由设计的波浪要素和结构尺寸直接得到。该公式的相关系数为 0.856。为了检验该拟合公式的合理性和可靠性,给出了拟合公式与数值计算结果的相关性,如图 5-34 所示。图中,水平坐标表示数值计算结果,纵坐标表示根据拟合公式的计算值,中间的直线 $y=x$ 表示数值计算结果与拟合公式相等,两侧的虚线为 $y=x$ 的 20% 包络线。由图可见,接近 80% 的数据点都落在了包络线内。

5.4.3 透射系数及经验公式

上一节研究了当水位在胸墙底板以下时,梳式防波堤的波浪力特性,其特性明显不同于水位在胸墙底板以上时得到的结果。水位在胸墙底板以上时,波浪力与各个参数的变化基本呈线性变化,且未出现冲击压力特性;而水位在胸墙底板以下时,波浪力随翼板前后位置的变化呈现出非线性变化关系。当结构的翼板在某些特定的前后位置和入水深度时,所受波浪力具有较强的冲击压力特性。因此,当水位位于胸墙底板以下时,结构的防浪特性也将不同于 5.3 节中已有的分析结果。本节将通过分析结构的透浪系数来研究结构的防浪性能。

1)翼板与前墙相对位置 b/B 的影响

本节计算中涉及的波浪条件和结构参数的选取与 5.3.3 节相同。首先分析透射系数随翼板距离前墙相对距离 b/B 的变化规律。保持翼板相对入水深度 c/c_1 一定,研究在不同波况下, b/B 对透射系数 K_T 的影响,计算结果如图 5-35 所示。由图可见,透射系数 K_T 先是随翼板相对位置 b/B 的增大而增大,然后随着 b/B 的增大而减小,在 b/B 等于 0.4~0.65 时达到峰值,透射系数 K_T 最大值接近 0.5。

为验证 5.3.3 节提出的水位于胸墙以上时的透射系数近似计算式(5-2)是否适用,将本节的计算结果与由式(5-2)的计算结果进行比较,如图 5-35 所示。该经验公式在 b/B 大于 0.7(即翼板相对前墙较靠后)时能够较好地反映实际情况。而对于其他位置,该公式的计算结果已不再适用。因此,很有必要重新探讨当水位在胸墙下底板以下时,透射系数随各个因素的变化规律。

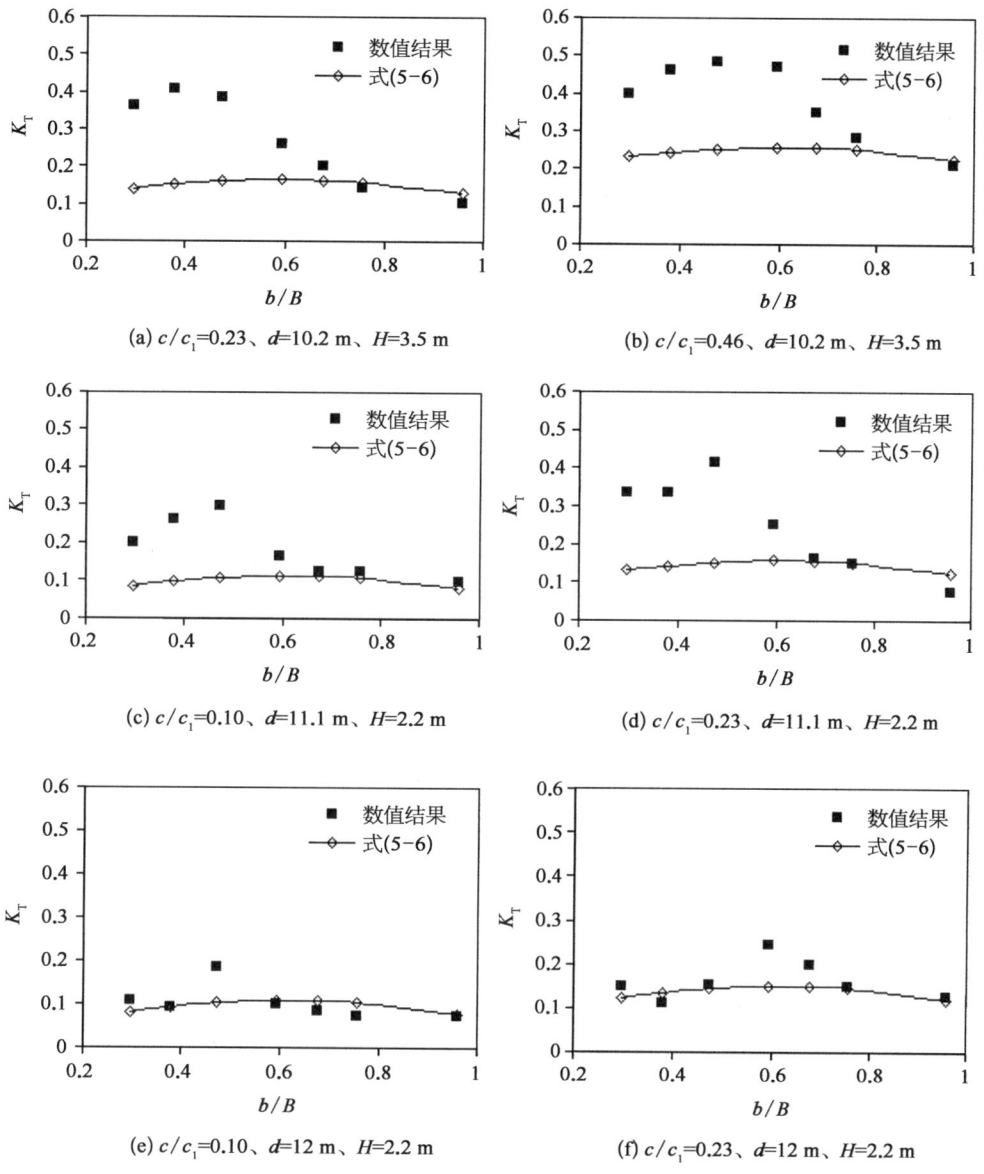

图 5-35 透射系数 K_T 随 b/B 的变化

2) 翼板长度 c/c_1 的影响

接下来研究在翼板距离前墙的距离 b/B 一定时,透射系数 K_T 随相对翼板长度 c/c_1 的变化规律。其中,c/c_1 的取值范围在 0.1~0.5,计算结果如图 5-36 所示。由图可见,透射系数 K_T 随相对翼板长度 c/c_1 的变化具有明显的线性规律,K_T 随 c/c_1 的增加而线性增大,最大值接近 0.5。当相对波高相同时,透射系数 K_T 随相对翼板长度 c/c_1 的线性变化斜率不同,可见翼板的前后相对位置和翼板的相对长度对透射系数的影响是同时存在的。

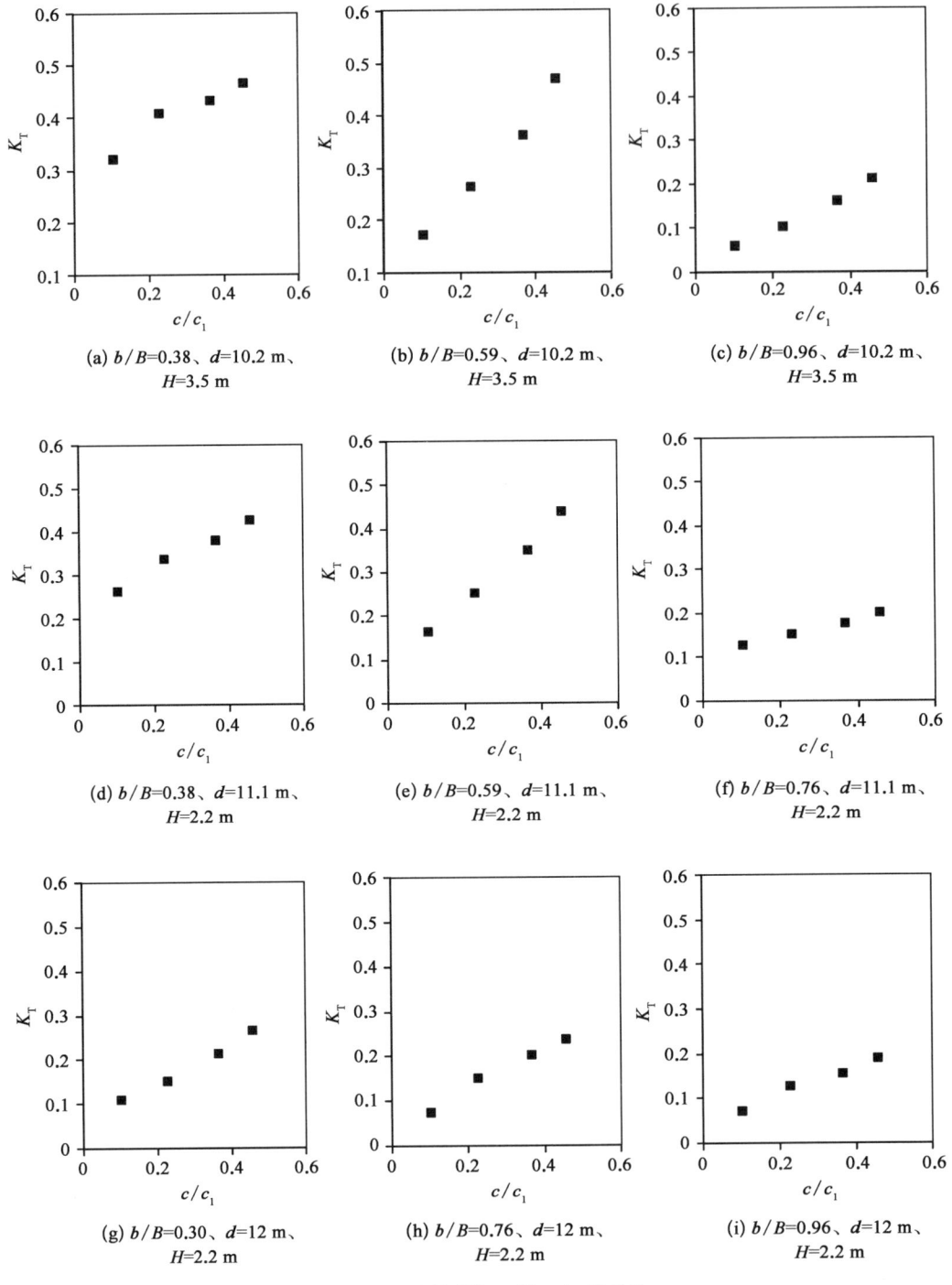

图 5-36 透射系数 K_T 随 c/c_1 的变化

3) 波浪周期 $\sqrt{gT^2/A}$ 的影响

通过固定结构尺寸参数,改变波浪周期,研究透射系数 K_T 随波浪周期的变化规律。图 5-37 和图 5-38 分别为两种不同尺寸参数的结构,在不同水深下的透射系数 K_T 随无因次量波浪周期 $\sqrt{gT^2/A}$ 的变化情况。由图可见,K_T 随 $\sqrt{gT^2/A}$ 的增加而增大,最大值接近 0.6;同时,对应于同一组结构,当波高和周期一定时,透射系数 K_T 随着水位 d 的增加而减小。

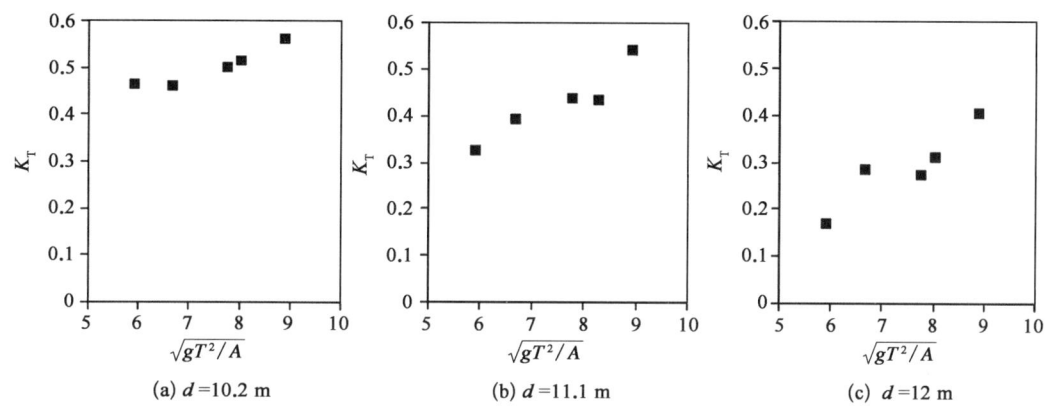

图 5-37 透射系数 K_T 随周期的无因次量 $\sqrt{gT^2/A}$ 的变化($H=3.5$ m、$b/B=0.38$、$c/c_1=0.46$)

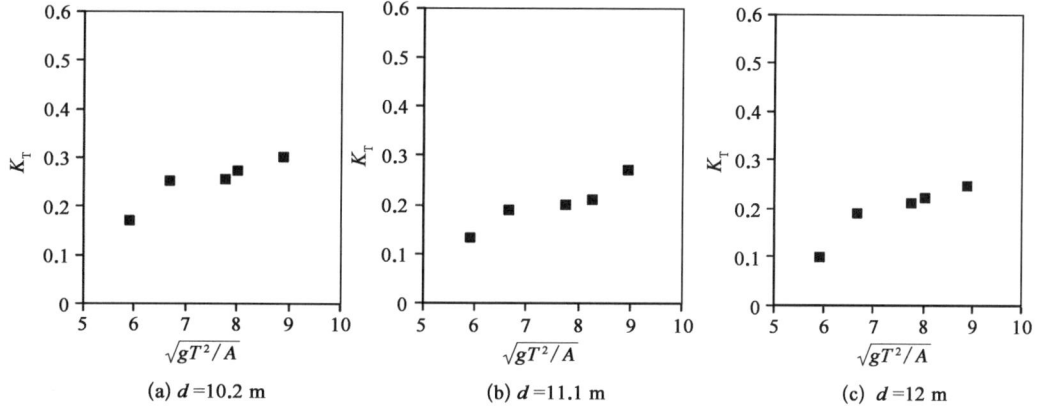

图 5-38 透射系数 K_T 随周期的无因次量 $\sqrt{gT^2/A}$ 的变化($H=3.5$ m、$b/B=0.59$、$c/c_1=0.10$)

4) 相对波高 H/d 的影响

当堤前水深 d 一定时,透射系数随相对波高 H/d 的变化规律如图 5-39 所示。计算中考虑了相同结构在不同水位和周期下的变化,也考虑了不同结构在相同水位和周期条件下的变化。此时,透射系数 K_T 随相对波高 H/d 的增加,总体呈现曲线减小的趋势。

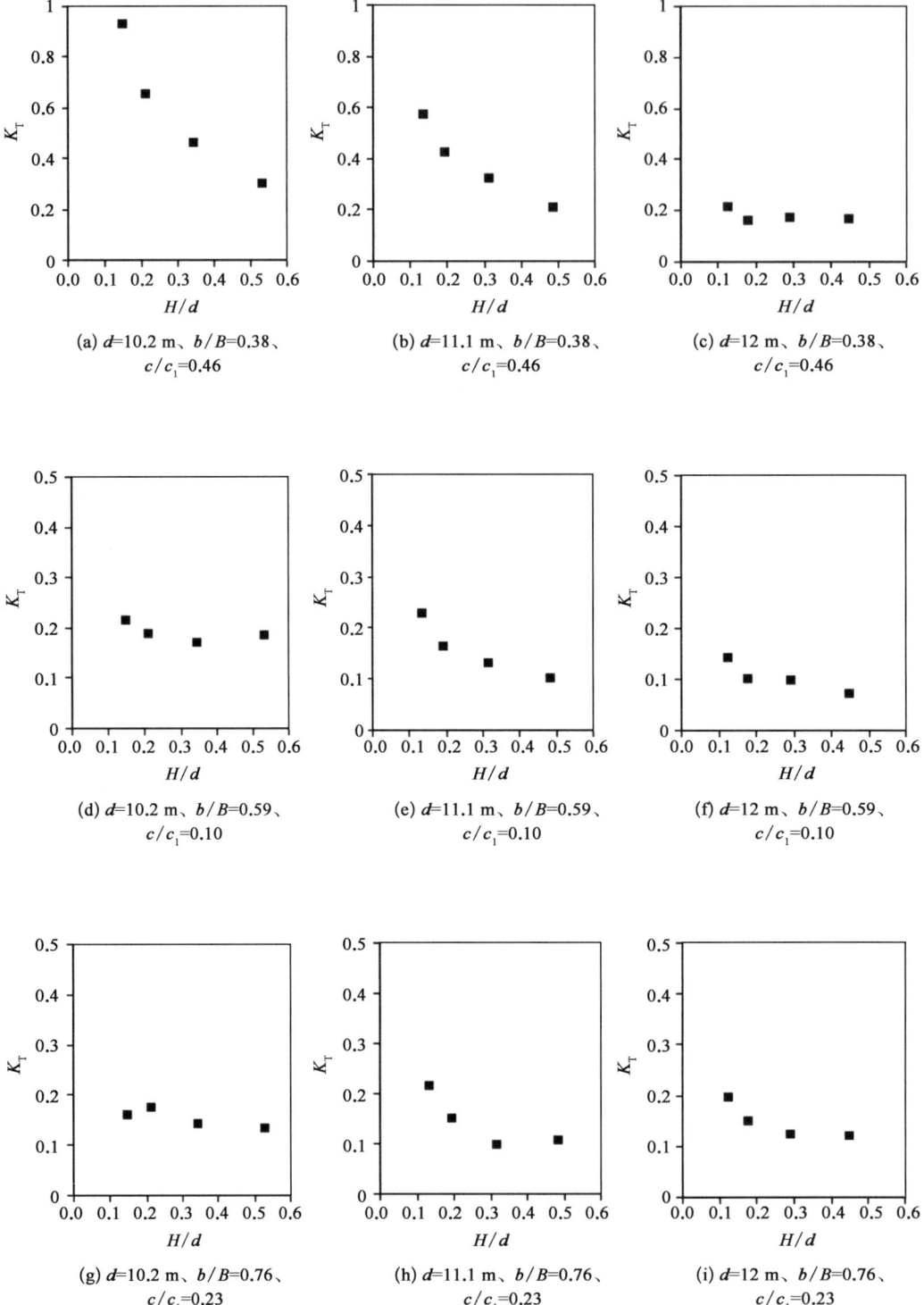

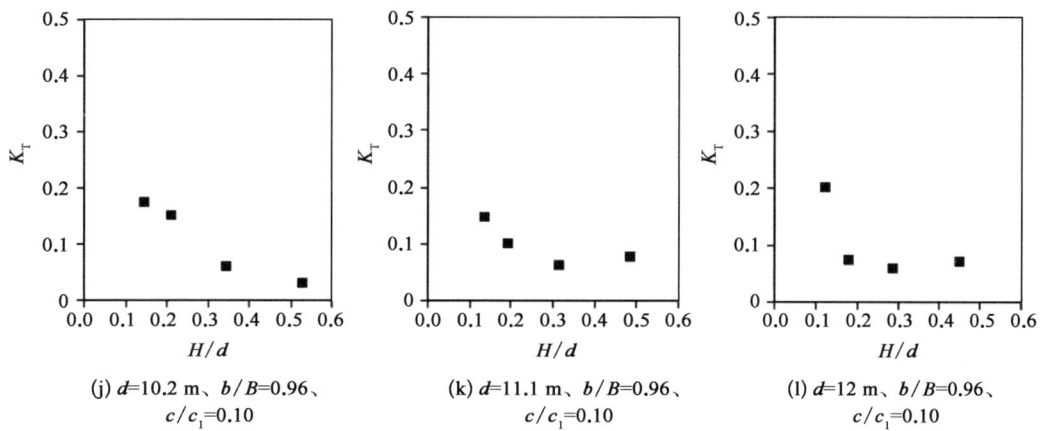

(j) d=10.2 m、b/B=0.96、c/c_1=0.10

(k) d=11.1 m、b/B=0.96、c/c_1=0.10

(l) d=12 m、b/B=0.96、c/c_1=0.10

图 5-39 透射系数 K_T 随相对波高 H/d 的变化

5) 各因素影响及经验公式

综合考虑以上各因素对梳式防波堤波浪力折减系数的影响,根据 236 组数值计算结果,采用多元线性回归方法,拟合了当水位在梳式堤胸墙下底板以下时,梳式防波堤透射系数 K_T 与各因素的关系表达式。为了保证较高的拟合精度,将公式以 $d/c_1=0.86$ 为界,分为两个区间分别进行表达,拟合公式见式(5-5a)、式(5-5b),最终得到的公式整体相关系数 R 等于 0.926。

当 $\dfrac{d}{c_1} \leqslant 0.86$ 时:

$$K_T = 0.648 + 0.532 B_T + 0.538 \frac{c}{c_1} - 1.029 \frac{H}{c_1} + 1.504 \left(\frac{H}{c_1}\right)^2 - 0.928 \frac{d}{c_1} + 0.043 \sqrt{\frac{gT^2}{A}}$$

(5-5a)

式中,$B_T = \left[1 + 3\left(0.4 - \dfrac{H}{c_1}\right)\right] \times \left[1 - 2\left(\dfrac{b}{B} - 0.5\right)\right] \times \left[0.1 + 0.2 e^{-\frac{\left[b/B - \left(0.47 + 0.13\frac{c}{c_1}\right)\right]^2}{0.19^2}}\right]$。

当 $0.86 < \dfrac{d}{c_1} < 1$ 时:

$$K_T = 0.668 + 0.532 B_T + 0.538 \frac{c}{c_1} - 1.029 \frac{H}{c_1} + 1.504 \left(\frac{H}{c_1}\right)^2 - 0.928 \frac{d}{c_1} + 0.043 \sqrt{\frac{gT^2}{A}}$$

(5-5b)

式中,$B_T = 0.1 + 0.2 e^{-\frac{\left[b/B - \left(0.55 + 0.13\frac{c}{c_1}\right)\right]^2}{0.19^2}}$。

为了检验公式拟合的合理性和可靠性,将经验公式计算值与数值计算结果绘制成

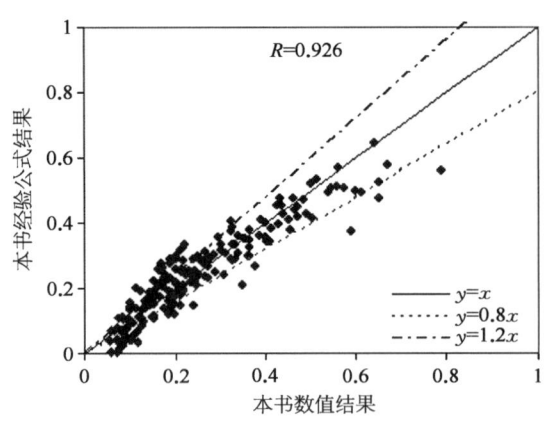

图 5-40 透射系数 K_T 的拟合公式相关性

图 5-40。图中水平坐标表示数值计算结果,纵坐标表示根据拟合公式的计算值。中间的直线 $y=x$ 表示数值计算结果与拟合公式相等,两侧的虚线为 $y=x$ 的 20% 包络线。由图可见,接近 80% 的数据点都落在了包络线内。同时,为了检验拟合公式能否很好地反映 K_T 变化趋势,将 K_T 的数值计算结果与拟合公式的结果也进行了单独对比。由以上验证结果可见,拟合公式结果与数值计算结果吻合较好,也能够较好地反映透射系数随参数的变化趋势。

5.4.4 结构危险水位分析

由于翼板是梳式防波堤结构中最薄弱的部分,在某些特定堤前水深条件下,翼板承受较大的波浪冲击压力。因此,本节仍以翼板为研究对象,分析梳式防波堤的危险水位。

根据翼板的设计不同,梳式防波堤可以有多种不同的结构。因此,对应于不同的梳式防波堤结构,其对应的危险水位也可能会有所不同。本节以上述研究结果为基础,在堤前水深距离胸墙下底板 1.8 m 的位置上下取 7 个水位,来探讨不同梳式防波堤结构的危险水位区间。

根据翼板参数 b/B 和 c/c_1 的不同取值,本节选取了 6 组不同的梳式结构。在不同的波况下,共进行了 8 组计算,每组计算包含每个结构在 7 个水位下的翼板平均最大波浪压强(翼板最大波浪力与翼板面积之比)结果。由于各结构翼板尺寸不同,因此以翼板上平均最大波浪压强 P_S 为研究对象。计算结果如图 5-41 所示。可见,当堤前相对水深 d/c_1 在 0.78~0.86 范围时,翼板的平均最大波浪压强明显高于其他水位的结果。

取上述第(e)组结构和波况为研究对象,对其翼板在受最大力时刻的波浪压强分布进行计算,翼板的压强分布对比结果如图 5-42 所示。由图 5-42e 可见,该结构在 7 个水位下,翼板受最大平均波浪压强的波况发生在相对水深 $d/c_1=0.86$ 时。此时,翼板上的局部点压强也明显高于其他 6 个水位时的波浪压强结果。翼板上波浪压强基本上随着板的高度增加而增大,最大波浪压强在 72 kPa 左右。相对水位在 $d/c_1=0.82$ 和 $d/c_1=0.78$ 时(图 5-42d 和 e),翼板上的波浪压强也相对较大。

由上述结果可得,在本节研究范围内,当波高在 1.5~3.5 m 之间时,对于翼板来说,透浪的梳式防波堤的最危险水位在相对水深 d/c_1 在 0.78~0.86 范围内,即堤前静水位与胸墙下底板之间的高度 d_D 在 1.8~2.9 m 范围,此时翼板的平均最大波浪压强明显高于其他水位的结果。

(a) b/B=0.38、c/c_1=0.46　(b) b/B=0.30、c/c_1=0.23　(c) b/B=0.76、c/c_1=0.23　(d) b/B=0.96、c/c_1=0.10

(e) b/B=0.76、c/c_1=0.23　(f) b/B=0.76、c/c_1=0.46　(g) b/B=0.59、c/c_1=0.10　(h) b/B=0.59、c/c_1=0.10

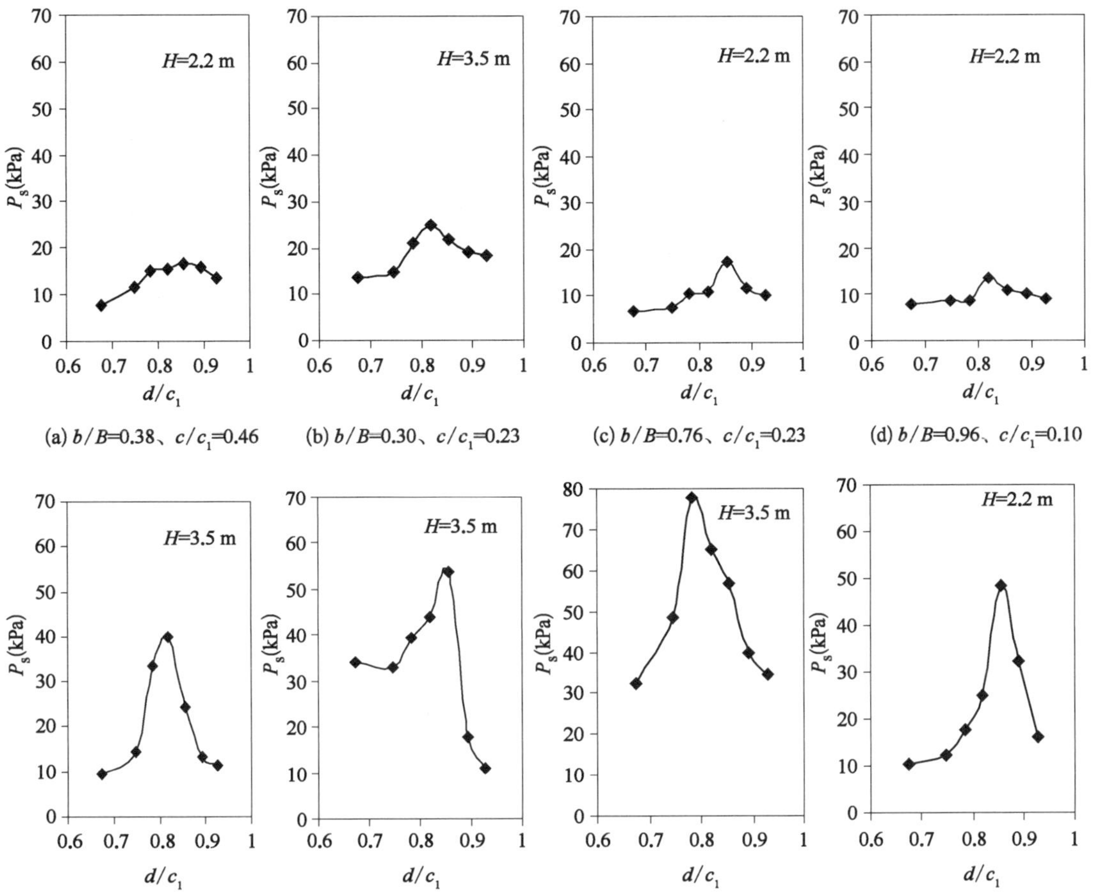

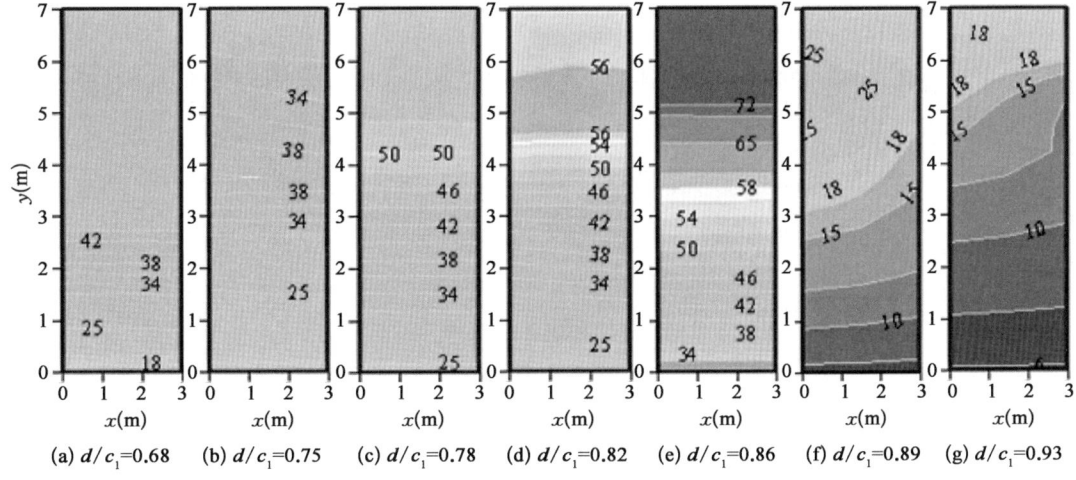

图 5-41　翼板上最大平均波浪压强 P_S 随相对水位 d/c_1 的变化

(a) d/c_1=0.68　(b) d/c_1=0.75　(c) d/c_1=0.78　(d) d/c_1=0.82　(e) d/c_1=0.86　(f) d/c_1=0.89　(g) d/c_1=0.93

图 5-42　不同水位下当翼板上受最大波浪力时刻的翼板波浪压强分布

本章对规则波浪和不规则波浪与透浪式梳式防波堤的相互作用进行了数值模拟,通过计算结构上的波浪力折减系数,并与前人试验结果进行对比,对本章的数值模型进行了进一步验证。同时,从翼板与前墙存在相位差的角度,对梳式防波堤结构能有效减小波浪总力的工作机理给出了合理解释。

针对某些情况的问题,如结构翼板受冲击压力特性的问题,通过分析不同梳式防波堤结构的异型空腔内流场速度矢量分布和涡量云图分布进行研究。结构产生冲击波浪力的主要原因与第4章研究的非透浪梳式防波堤结构相同,源于翼板和胸墙下底板构成的异型空腔内流场速度矢量及涡量变化所导致。空腔内水体强紊动、气流漩涡和回流导致翼板与上顶板构成的直角空间附近出现异常大的流速,导致翼板受到较大冲击波浪力。同时,异型空腔内漩涡强度及中心位置变化导致翼板最大波浪力位置发生变化。

分析透浪系数随翼板参数的变化规律,透浪系数 K_T 随翼板的相对长度 b/B 的增加,呈现先增大后减小的二次曲线变化。当水位在胸墙底板以下时,梳式防波堤的波浪力和防浪特性不同于水位在胸墙底板以上时的结果。研究翼板相对位置、入水深度、波浪周期和相对波高对波浪力折减系数的影响,并根据计算结果拟合了当水位在胸墙底板以下时,梳式防波堤的水平波浪力折减系数 K_{F-R} 随各参数变化的近似计算公式。

当水位在胸墙以下时,结构具有冲击压力特性,结构的波浪力不同于水位在胸墙以上时的波峰作用力基本均等的特性。本节还总结了梳式防波堤的最大波峰力与平均最大波峰力的关系。

本节通过对透射系数的分析,研究了结构的防浪特性,并进一步拟合了当水位在梳式堤胸墙下底板以下时,梳式防波堤透射系数 K_T 与各因素的近似计算公式。

最后,分析了翼板的波浪压强分布随翼板参数 b 和 c 的变化规律。总结了当水位在胸墙底板以下时,梳式防波堤的最危险水位范围:当波高在 1.5~3.5 m 时,对于翼板来说,梳式防波堤的最危险水位在相对水深 d/c_1 在 0.78~0.86 时,即堤前静水位与胸墙下底板之间的高度 d_D 在 1.8~2.9 m。

对于受冲击力较大的特定透浪式梳式防波堤结构,也可以采用与第4章相同的优化设计方法来进行设计。

�# 第 6 章

浮式梳式防波堤试验研究

本章研究了浮式梳式防波堤模型的水动力分析，并为了更好地研究浮式防波堤在波浪作用下的能量形式，设计出一种振荡浮子波浪能装置。通过研究该装置的运动结果，可得出浮式防波堤的波浪能俘获效率及模型消浪性能。本章还分析了防波堤在不同条件（包括波高、波周期、流速和波谱）下的传输和反射系数，以及不同因素对结构水动力的影响；探讨两种结构优化措施，即延长底板和增加下部障碍物。这些措施有效提高了防波堤的波能量消散性能，并提出优化措施。通过试验对比，为防波堤设计提供科学依据。

6.1 水动力模型试验设计

6.1.1 试验模型设计

浮式梳式防波堤模型由矩形箱体、底板与背板三部分组成，均采用不锈钢板焊接成空箱结构，并通过螺栓刚性连接。矩形箱体的尺寸为 0.40 m 长×0.40 m 高×0.22 m 宽，中间相邻放置两个箱体，并在防波堤两侧各放置一个箱体。两侧的箱体与中间的箱体的间距为 0.26 m，因此形成了两个 0.40 m 长×0.40 m 高×0.26 m 宽的舱室。底板的尺寸为 1.40 m 长×0.10 m 高×0.60 m 宽，背板的尺寸为 1.40 m 长×0.40 m 高×0.1 m 宽。模型的总宽度 W 为 0.60 m，总长度为 1.40 m，模型与水槽侧壁之间每侧各保留了 0.05 m 的间隙。

在一些先前的研究中，Chen 等和梁等采用了在水面上固定浮式防波堤的方法。这种方法只关注结构几何形状对波浪消散性能的影响，可以排除系泊系统和结构运动的影响。试验中，将防波堤模型牢固地安装在不锈钢框架上，不锈钢框架的六条腿均使用螺栓固定在水槽底部。浮式梳式防波堤模型底板底部到水槽底部的垂直距离为 0.67 m，波浪和水流可以在浮式梳式防波堤模型的下方通过。

浮式梳式防波堤模型的尺寸示意和现场情况如图 6-1 和图 6-2 所示。

除了原浮式梳式防波堤模型外，还提出了两种结构优化措施，即将防波堤的迎浪侧和背浪侧的底板各延长 10 cm，并增设 10 cm 长的下挡板，以研究这两种结构优化措施对波浪消浪作用的影响。结构优化部分的示意和现场情况如图 6-3 和图 6-4 所示。

6.1.2 试验工况设定

本研究试验采用固定水深 $d=1.0$ m，防波堤模型吃水深度为 0.33 m。入射波浪包括规则波和不规则波两种形式。规则波周期为 $T=0.8\sim1.6$ s，波高为 $H=0.02\sim0.10$ m；不规则波采用 JONSWAP 谱形式，谱峰周期为 $T=0.8\sim1.6$ s，有效波高为 0.06 m。海流采用三个流速值，分别为正向 0.1 m/s、0.2 m/s 和逆向 0.1 m/s。各试验波流参数与

1∶20模型比尺对应的原型参数汇于表6-1。

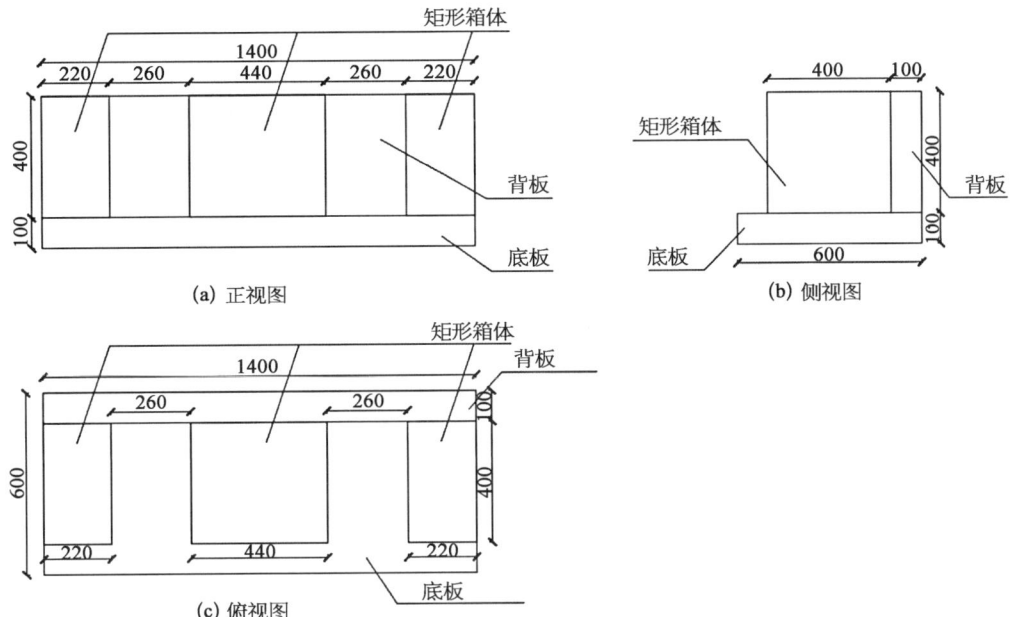

图6-1 浮式梳式防波堤模型尺寸示意图

图6-2 浮式梳式防波堤模型

表6-1 试验工况汇总

工 况	模型参数			原型参数		
	周期 $T(s)$	波高 $H(m)$	流速 $u(m/s)$	周期 $T(s)$	波高 $H(m)$	流速 $u(m/s)$
规则波	0.8~1.6	0.02~0.10	—	3.6~7.1	0.4~2.0	—
不规则波	0.8~1.6	0.06	—	3.6~7.1	1.2	—
波流共同	0.8~1.6	0.06	−0.1~0.2	3.6~7.1	1.2	−0.5~1.0

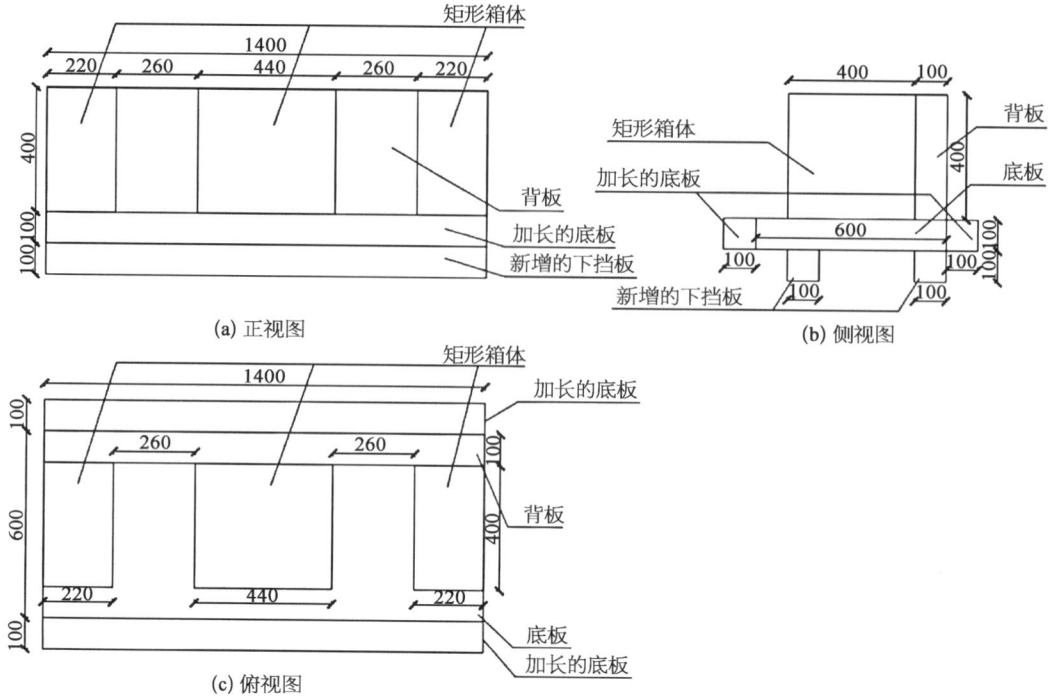

图 6-3 浮式梳式防波堤模型尺寸示意图

图 6-4 防波堤模型的两种结构优化措施

6.2 模型消浪性能试验结果及分析

6.2.1 浮式梳式与方箱式防波堤对比

本节将固定浮式梳式防波堤的试验结果与 Liang 等的固定式浮式方箱防波堤及沈雨生等的漂浮式方箱防波堤的试验结果进行比较。为便于比较,取其平均波高 $H=0.10$ m 情况下的透射系数与反射系数,并计算出对应的耗散系数,防波堤宽度 $W=0.5$ m,吃水深度为 0.15 m。固定式浮式方箱防波堤的吃水深度与试验水深的比例为 0.27,漂浮式方箱防波堤的吃水深度与试验水深的比例为 0.25,与本节的固定浮式梳式防波堤较为接近。图 6-5 所示为三种防波堤形式的透射系数 C_t 与反射系数 C_r 随入射波周期 T 的变化情况。

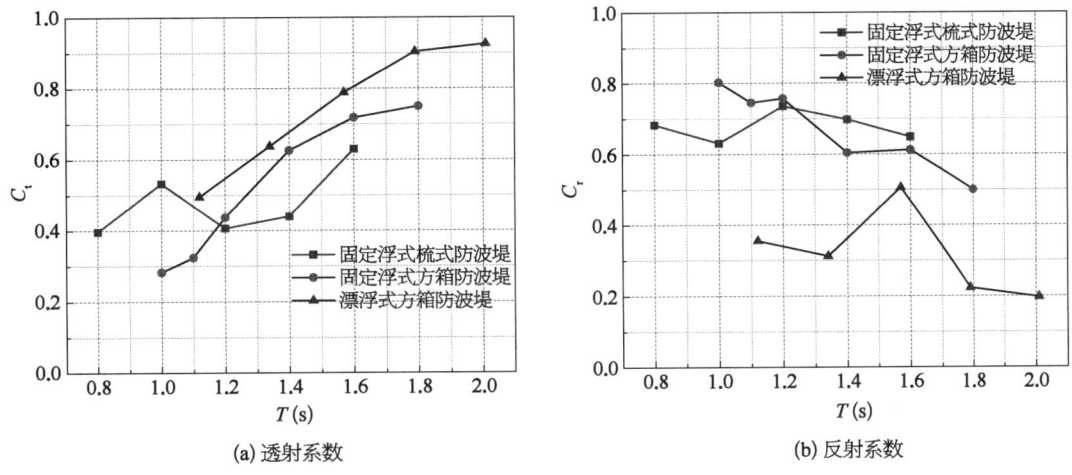

图 6-5　不同形式浮式防波堤消浪性能对比

从图中可以看出,随着入射波周期的增加,固定式浮式方箱防波堤和漂浮式方箱防波堤的透射系数呈上升趋势,反射系数呈下降趋势,这符合传统形式的浮式防波堤的基本工作特性。相较于漂浮式方箱防波堤,两种固定浮式防波堤整体的透射系数较小,反射系数较大。这表明,虽然漂浮式方箱防波堤由于随波浪运动,将波浪能量转换为防波堤动能,耗散较多能量,但是对防波堤后方水域的保护作用仍然不如固定式防波堤。

相较于固定浮式方箱防波堤,固定浮式梳式防波堤展现出特有的消浪性能。随着波浪周期的增加,透射系数呈现先增大后减小再增大的趋势,反射系数则与透射系数呈相反趋势。与固定浮式方箱防波堤相比,在短周期波浪条件 $T=1.0\sim1.2$ s 区间内,固定浮式梳式防波堤的透射系数较大,反射系数较小;在长周期条件 $T=1.2\sim1.6$ s 区间内,固定浮式梳式防波堤的透射系数较小,反射系数较大。这说明新型浮式梳式防波堤结构在长周期波浪条件下,能展现出更好的防护作用。

在全周期条件下,固定浮式梳式防波堤的耗散系数显著高于固定浮式方箱防波堤。这是因为浮式梳式防波堤特有的空腔结构可以有效地耗散波浪能量。当波浪进入空腔后,水体会随波浪上下运动,形成类似于振荡水柱的效果,从而消耗波浪能量。同时,波浪在空腔内部形成复杂的流动模式,涡流的形成和脱落从波浪动能中吸取了部分能量。另外,波浪进入空腔后,与防波堤结构的折射、反射及接触摩擦都会进一步增加能量的耗散。

以上试验结果表明:本节所提出的梳式防波堤的空腔结构能够有效耗散波浪能量,消浪效果比较稳定,透射系数变化范围在 0.40～0.65。尤其在防御周期较大的波浪时($T>1.2$ s),比传统的方箱防波堤效果更好。

6.2.2 相对宽度影响分析

本节研究防波堤相对宽度对梳式防波堤后方透射系数 C_t 与前方反射系数 C_r 的影响。试验水深 $d=1.0$ m，采用规则波浪，波高 $H=0.02\sim0.10$ m，周期 $T=0.8\sim1.6$ s，试验中相对宽度范围为 $W/L=0.15\sim0.6$。

图 6-6 所示为在不同波高下，透射系数 C_t 与反射系数 C_r 随相对宽度 W/L 的变化曲线。试验结果表明：在所研究的相对宽度值范围内，透射系数呈现先减小后增大，再减小的趋势，整体呈水平 S 形变化。在相对宽度为 $W/L=0.20\sim0.27$ 时，出现极小值，防波堤的消浪效果最好。反射系数随相对宽度的变化趋势与透射系数相反。透射系数在 $W/L=0.20\sim0.27$ 区间出现极小值，这主要是由于入射波在箱体前沿和背板处产生的反射波之间存在相位差。当箱体前沿和背板反射的波相位差接近 $\pi/2$ 时，波浪在距离防波堤一定距离处叠加抵消，导致反射作用减弱（透射作用增强）。在 Wang 等人对座底式梳式防波堤的研究中，也可以观察到透射系数和反射系数有相似的 S 型变化趋势。从图中可见，不同入射波高下的透射系数变化趋势基本一致，但是随着入射波高的增加，透射系数也呈增加的趋势，尤其在 $W/L=0.20\sim0.27$ 区间内变化较为明显。

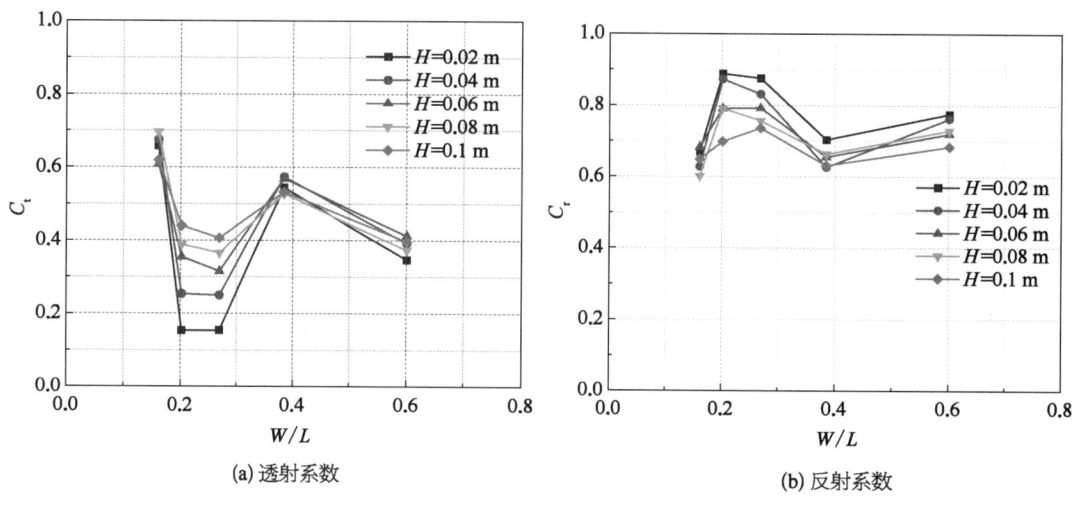

图 6-6 防波堤相对宽度对消浪性能的影响

6.2.3 波高影响分析

图 6-7 所示为浮式梳式防波堤的透射系数 C_t 和反射系数 C_r 随波高变化的曲线。入射波为规则波，水深 $d=1.0$ m，周期 $T=0.8\sim1.6$ s，波高范围 $H=0.02\sim0.10$ m。试验结果表明：随着入射波波高的增大，透射系数总体上逐渐增大，反射系数逐渐减小。这是因为入射波高增大时，波浪能量增加，导致更多能量通过防波堤。同时，防波堤的空腔结构能够促进波浪相互碰撞与能量耗散，对波浪的破碎削弱能力更强。且随着入射波

波高的增大,越浪现象更加明显,越过防波堤模型的波浪能比例增加,从而透射系数相应增大。试验结果还表明:在不同周期下,透射系数随入射波高的变化幅度有较大不同。当周期为 0.8 s、1.0 s 和 1.6 s 时,透射系数基本保持稳定;且在周期为 1.0 s 和 1.6 s 时,透射系数达到极大值,数值在 0.55~0.70。当周期为 1.2 s 和 1.4 s 时,透射系数随波高的增加趋势较为明显,变化范围为 0.15~0.40。这两个周期对应的相对宽度范围为 $W/L=0.20\sim0.27$,根据 6.3.1 章节,透射系数取得极小值。反射系数的变化趋势与透射系数相反。

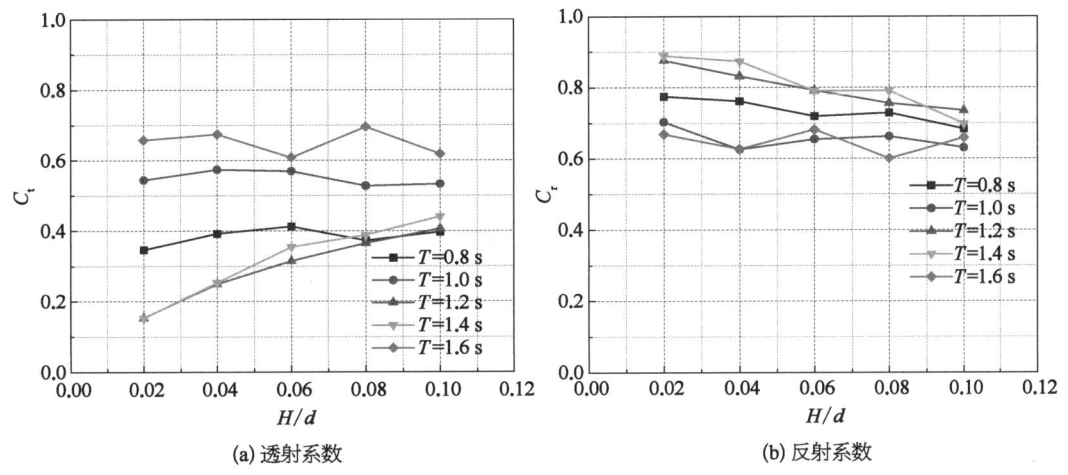

图 6-7 入射波高对浮式梳式防波堤消浪性能的影响

6.2.4 波流共同作用影响分析

本节研究海流叠加波浪之后,对防波堤消浪性能的影响。入射波为规则波,波高固定为 $H=0.06$ m,周期范围为 $T=0.8\sim1.6$ s,对应的防波堤相对宽度为 $W/L=0.15\sim0.60$。海流速度分别为 0.1 m/s、0.2 m/s 和 -0.1 m/s,其中流速正值代表海流与波浪传播同向,流速负值代表海流与波浪传播方向逆向。

图 6-8 所示为单纯波浪和波流共同作用下浮式梳式防波堤透射系数 C_t 与反射系数 C_r 随相对宽度 W/L 的变化曲线。从图中可以看出,在当前条件参数下,叠加海流之后,透射系数与反射系数随相对宽度的变化趋势与单纯波浪情况相似,即随着相对宽度的增加,透射系数先减小后增大,而后再减小。在 0.20~0.27 范围内,透射系数达到最小值;反射系数的整体变化趋势则与透射系数相反。与单纯波浪作用相比,叠加海流对防波堤的消浪性能有较大的影响。相对宽度较小即波长较大时,透射系数与反射系数随正向流流速增加的变化并不明显,流对透射系数与反射系数的影响较小;当相对宽度较大即波长较小时,随正向流流速增加,透射系数显著增大;同时反射系数降低也比较显著。

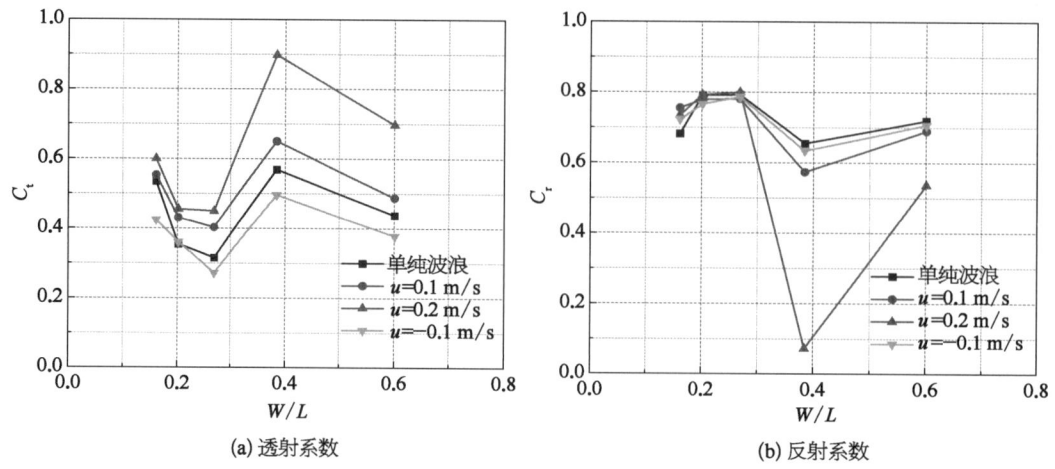

图 6-8 波流共同作用下浮式梳式防波堤的消浪性能

与波浪方向相同的顺向流会削弱防波堤的消浪性能,且流速越大,透射系数越大,同时反射系数越小;而与波浪方向相反的逆向流会增强防波堤的消浪性能,即透射系数减小,反射系数增大。这是由于波流同向作用时,顺向流会促进波谷的能量从防波堤模型下方穿过,且流速越大,促进效果越强,从而减少波浪与防波堤之间的相互作用。同时,在波浪与均匀流相互作用时,随着顺向流的流速增加,波浪的波长增大,波高略有降低,使得耗散作用减少。对于波流逆向作用,波浪与防波堤之间的相互作用增加,且波高增加、波长变短,因此波浪的透射性能有所增强。以上研究表明,对于海流速度较大的海域,在设计浮式防波堤的消浪性能时,需要考虑海流叠加的影响。

6.2.5 不规则波影响分析

本节基于 JONSWAP 谱生成不规则波浪,分析浮式梳式防波堤的透射系数 C_t 与反射系数 C_r,并与规则波作用进行比较分析。频谱宽度为 $\gamma=3.3$,低频对称性参数为 $\alpha_a=0.07$,高频对称性参数为 $\alpha_b=0.09$。本节采用的不规则波浪要素,与之前规则波浪要素保持一致,即水深 $d=1.0$ m,特征波高固定 $H_s=0.06$ m,谱峰周期 $T_p=0.8\sim1.6$ s。

图 6-9 所示为在规则波与不规则波条件下,浮式梳式防波堤透射系数 C_t 与反射系数 C_r 随相对宽度 W/L 变化的曲线。

试验结果表明:不规则波下得到的浮式梳式防波堤透射系数比规则波的透射系数大约 19%,反射系数比规则波的反射系数小 3% 左右。这说明相较于规则波,防波堤模型对不规则波的消浪作用较弱。这是由于在不规则波的情况下,波高和周期的变化意味着波浪不会被同等衰减,对于那些波长较大的波浪成分,其衰减效果较差;而那些波高较大的成分也可能越过堤顶,导致防波堤后方的相对波高仍然较大。以上结果表明,在进行工程设计时,仅考虑规则波作用下得到的试验结果可能过于理想化,必须同时考虑不

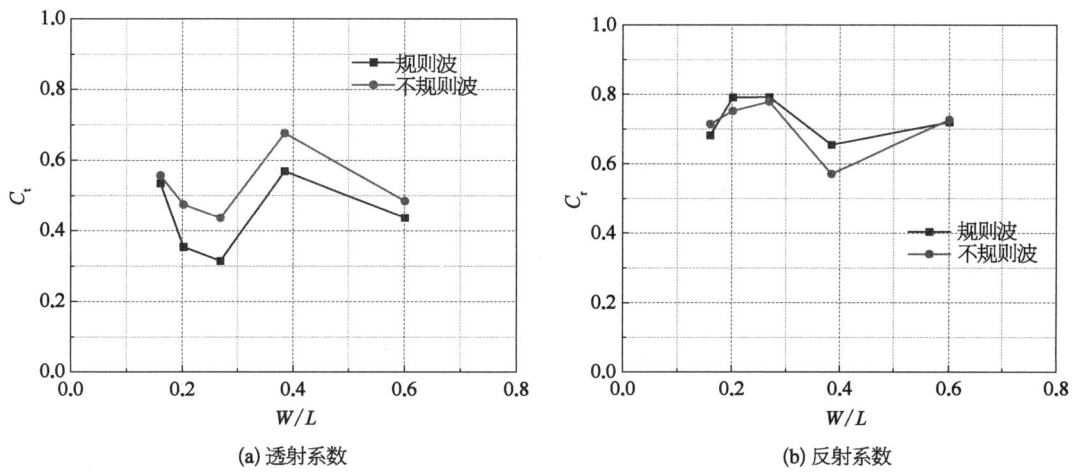

(a) 透射系数　　　　　　　　　　　(b) 反射系数

图 6-9　规则波和不规则波下浮式梳式防波堤的消浪性能对比

规则波对消浪效果的影响。

6.3　模型改进优化措施

6.3.1　加长底板改进

本节基于防波堤模型,将迎浪侧和背浪侧的底板都延长了 0.1 m,如图 6-2a 所示。研究加长梳式防波堤底板对梳式防波堤后方透射系数 C_t 与前方反射系数 C_r 的影响。试验水深 $d=1.0$ m,采用规则波浪,波高 $H=0.02\sim0.10$ m,周期 $T=0.8\sim1.6$ s,试验中相对宽度范围为 $W/L=0.15\sim0.6$。图 6-10 和图 6-11 分别为波高为 0.06 m 和 0.1 m 时,透射系数 C_t 与反射系数 C_r 随相对宽度 W/L 的变化曲线。

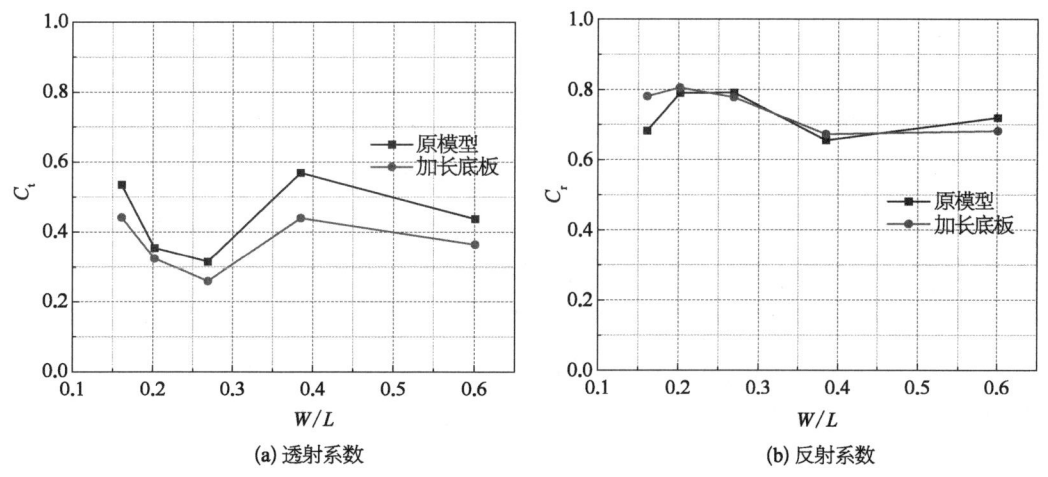

(a) 透射系数　　　　　　　　　　　(b) 反射系数

图 6-10　$H=0.06$ m 时加长底板与原模型的消浪性能对比

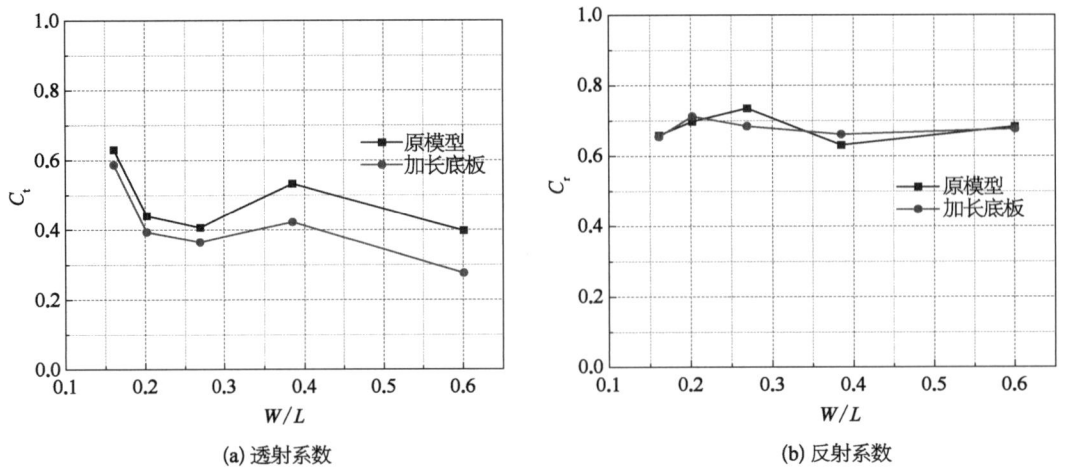

图 6-11 $H=0.1\text{ m}$ 时加长底板与原模型的消浪性能对比

试验结果表明,加长底板可以有效增强浮式梳式防波堤的消浪性能,使透射系数减小。这是因为加长底板增加了波浪与底板的接触面积,加强了波浪与防波堤结构之间的相互作用。当防波堤迎浪侧的波浪从波峰位置向下移动或从波谷位置向上移动时,涡旋会在迎浪侧底板边缘的上下侧交替产生和移动,并消散更多的能量。在 Zhang 等的研究中,这种现象特别显著,尤其是在波浪迎浪侧的底板上。

试验结果还表明,当相对宽度 W/L 较大,即波长较小时,加长底板对消浪作用的提升更明显;而相对宽度较小,即波长较大时,加长底板对消浪作用的提升较微弱。这可能是由于波长较短的波浪更容易受到底板阻挡和摩擦作用的影响,从而在底板区域产生较大的湍流和涡流,导致更多的能量耗散。

6.3.2 增设下挡板

本节基于防波堤模型,在迎浪侧和背浪侧均增设了 0.1 m 长的下挡板,研究增设下挡板对梳式防波堤后方透射系数 C_t 与前方反射系数 C_r 的影响。试验水深 $d=1.0$ m,采用规则波浪,波高 $H=0.02\sim0.10$ m,周期 $T=0.8\sim1.6$ s,试验中相对宽度范围为 $W/L=0.15\sim0.6$。

图 6-12 和图 6-13 分别为波高为 0.06 m 和 0.1 m 时,透射系数 C_t 与反射系数 C_r 随相对宽度 W/L 的变化曲线。

试验结果表明,增设下挡板可以有效增强浮式梳式防波堤的消浪性能,使透射系数减小。这是因为下挡板可以增加防波堤模型的吃水深度和反射面积,同时也阻挡了部分波浪的传播。当相对宽度较小时,即波长较大时,增设下挡板对消浪作用的提升较微弱;而相对宽度较大,即波长较小时,增设下挡板对消浪作用的提升更显著。这一现象与 Deng 等关于 T 型浮式防波堤在不同下方挡板长度下透射系数变化的试验结果总体一致。

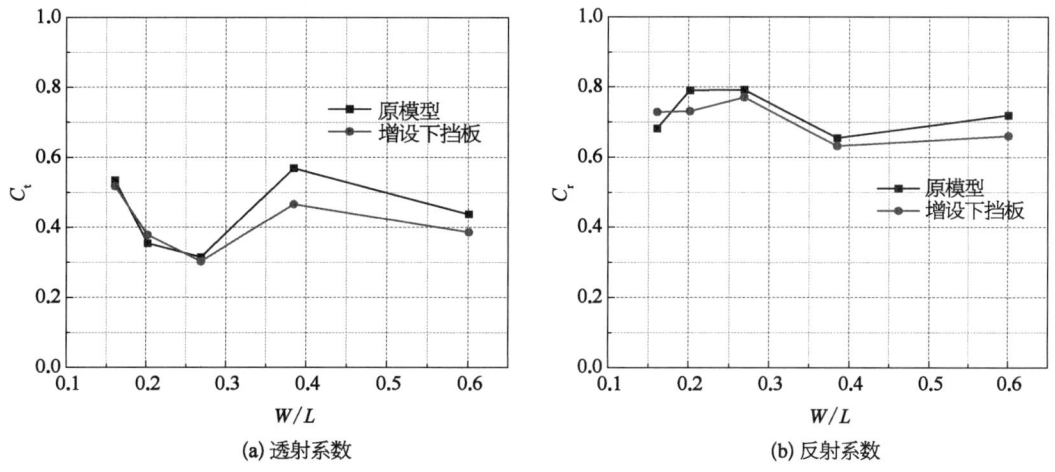

图 6-12　$H=0.06$ m 时加长底板与原模型的消浪性能对比

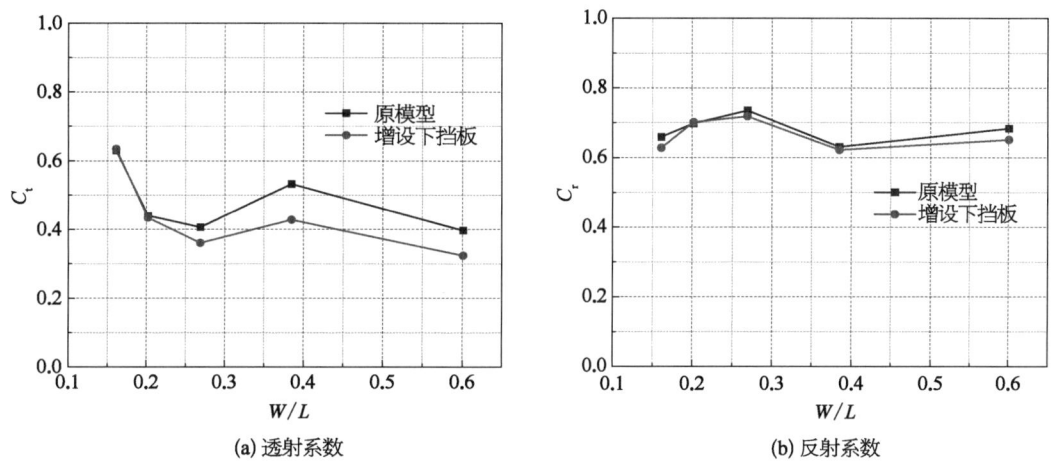

图 6-13　$H=0.1$ m 时加长底板与原模型的消浪性能对比

浮式梳式防波堤在消浪性能方面表现出相对稳定性。波高对消浪作用的影响随相对宽度减小而增强，随着波高增大，反射系数略有下降。在波流共同作用下，流速对消浪性能的影响显著：顺流增强了波浪的透射作用，逆流则增强了波浪的耗散作用。在不规则波条件下，浮式梳式防波堤的透射系数略高于规则波，表明在实际应用中需考虑不规则波对消浪效果的潜在影响。

结构优化，如加长底板和增设下挡板，能够有效提升浮式梳式防波堤的消浪性能，特别是在相对宽度较大时，效果更加明显。本研究的试验结果为新型浮式梳式防波堤的设计提供了基础水动力学特性知识。关于其在实际工程中的应用，未来还需要进一步研究灵活浮式梳式防波堤的综合特性。

第 7 章

浮式梳式防波堤集成波浪能装置试验研究

波浪能发电是将海浪中的能量转换成电能的过程。这个转换过程包含三个阶段：初级转换（波浪能至机械能）、中间转换（机械能至液压能再至机械能），以及最终转换（机械能至电能）。初级转换是核心，涉及从波浪中提取能量并将其转换为浮子的机械能。在此阶段，浮子作为能量受体，与波浪直接作用，从中提取能量。浮子的相对运动形式多样，本节研究主要关注的是单自由度的垂荡运动。浮子提取能量的效率对整个系统的发电量和效率至关重要。因此，本节研究主要关注初级转换阶段，特别是浮子的水动力特性，以及波浪参数如何影响浮子的运动。

本章将浮子型波浪能装置集成于浮式梳式防波堤的空腔内部，利用空腔底板作为波浪能装置的基础。在实际应用中，二者可以共用一套锚泊系统，同时可以利用浮式梳式防波堤空腔的波浪汇聚效果，提高波浪能装置的俘获效率。本章通过物理模型试验，详细探讨了不同结构参数对系统消波性能、浮子运动响应和波浪能俘获效率的影响。

7.1 波浪与浮子相互作用势流理论

7.1.1 浮子在流体中的运动响应

由于本节提到的波浪发电装置为单自由度升沉式装置，本小节将推导浮子在流体中的运动响应。做垂荡运动的浮子受到波浪激励力、辐射力、PTO阻尼力及静水回复力等共同作用。

$$F_e(t) - F_r(t) - F_{PTO} = F_{hs}(t) + (M+A)a \tag{7-1}$$

式中，F_e 为波浪激励力，由佛汝德-克雷洛夫力和绕射力两部分组成。根据线性化伯努利方程，由速度势计算作用力。

$$\frac{p}{\rho} = -\frac{\partial \Phi}{\partial t} = i\omega\Phi \tag{7-2}$$

作用在浮体上的波浪力为

$$F_j = \iint_{S_B} p n_j dS = \rho i\omega \iint_{S_B} \Phi n_j dS, \quad j=1、2、\cdots、6 \tag{7-3}$$

或

$$F_j = \text{Re}\{F_j e^{-i\omega t}\} \tag{7-4}$$

式中，F_j 为 j 运动模态上所受波浪力的复模值，有

$$F_j = \rho i\omega \iint_{S_B} \phi n_j \mathrm{d}S \quad (7-5)$$

将入射势和绕射势 $\phi = \phi^I + \phi^D$ 代入上式,则波浪激励力可分为两部分,即

$$F_{ej} = F_{kj} + F_{dj} = \mathrm{Re}\big[(F_{kj} + F_{dj})e^{-i\omega t}\big] \quad (7-6)$$

式中,F_{kj} 和 F_{dj} 可分别表示为

$$F_{kj} = \rho i\omega \iint_{S_B} \phi^I n_j \mathrm{d}S \quad (7-7)$$

$$F_{dj} = \rho i\omega \iint_{S_B} \phi^D n_j \mathrm{d}S \quad (7-8)$$

其中,F_{kj} 称作佛汝德-克雷洛夫力,为假设浮子不存在时,入射波对流场的影响而产生的波浪力;F_{dj} 称为波浪绕射力,为假设浮子不动,波浪传播遇到相对静止的浮子后,在其表面产生一个向外散射的波浪而产生的绕射力。将以上两式合并在一起,可得浮子所受的波浪激励力:

$$F_e = \rho i\omega \iint_{S_B} \left(\phi^I \frac{\partial \phi_j^R}{\partial n} - \phi_j^R \frac{\partial \phi^I}{\partial n} \right) \mathrm{d}S \quad (7-9)$$

上式称为哈斯金特公式,利用它可以不必求解绕射势,直接由波浪速度势 ϕ^I 和辐射势 ϕ_j^R(j 指运动模态)求得波浪力。

辐射力:

$$F_r(t) = \int_{-\infty}^{\infty} f_r(t-\tau)\mathrm{d}\tau \quad (7-10)$$

PTO 作用力是 PTO 系统施加在 WEC 上的力。PTO 力是 WEC 的位移和速度的函数,取决于 PTO 刚度 k_{PTO} 和 PTO 阻尼 C_{PTO}。

$$F_{PTO} = k_{PTO}z + C_{PTO}\dot{z} \quad (7-11)$$

静水回复力即受到的浮力,由排水量决定。

$$F_{hs}(t) = \rho g V(t) \quad (7-12)$$

振荡浮子的垂向运动响应定义为振荡浮子的运动幅值 H_{RAO} 与入射波高 H_i 的比值,表达式为:

$$\zeta = \frac{H_{RAO}}{H_i} \quad (7-13)$$

7.1.2 波浪能俘获效率的求解

波浪能转换装置的发电性能通过转换效率 η_e 衡量,表达式为

$$\eta_e = \frac{E_p}{E_w} \quad (7-14)$$

式中，E_p 为波能装置的平均波浪能转换速率；E_w 为入射波的平均能量流动速率。

假定浮子无论沿 z 轴正方向还是沿 z 轴负方向运动，都能产生正功率，则当波能转换装置的浮子只做垂荡运动时，平均波浪能转换速率 E_p 的表达式为

$$E_p = \frac{1}{nT}\int_t^{t+nT} FV \mathrm{d}t = \frac{b_{pto}}{nT}\int_t^{t+nT} V^2 \mathrm{d}t \tag{7-15}$$

式中，n 为周期个数；T 为波浪周期；t 为时间；F 为浮子所受的合外力；b_{PTO} 为阻尼系数；V 为浮子的运动速度。测得浮子垂荡运动时的阻尼系数约为 $b_{PTO} = 48\ \mathrm{N \cdot s \cdot m^{-1}}$。

线性波的平均能量流动速率 E_w 的表达式为

$$E_w = \frac{1}{16}\frac{\rho g H_i^2 \omega D_y}{k}\left(1 + \frac{2kh}{\sinh 2kh}\right) \tag{7-16}$$

式中，ρ 为水的密度；g 为重力加速度；H_i 为入射波高；h 为水深；D_y 为浮子纵向宽度；k 为波数。

7.2 模型试验方法设计

7.2.1 试验装置设计

本节研究的波浪能提取装置是圆柱形浮子，将振荡浮子放置在浮式梳式防波堤的空腔中，使其在入射波浪、背板反射波浪与方箱侧壁反射波浪的共同作用下运动。

试验中将不锈钢架固定在浮式梳式防波堤空腔的上方，滑轨上方与不锈钢架相连，振荡浮子与滑块通过一根不锈钢杆相连，并且将滑块安装在滑轨上，从而限制振荡浮子在波浪的作用下，做竖直方向的一维垂荡运动。将加速度传感器与不锈钢杆相连，以测量振荡浮子在不同波浪条件下的加速度数据。振荡浮子波浪能装置如图 7-1 所示。

(a) 振荡浮子放置在梳式防波堤空腔内　　(b) 振荡浮子与滑轨、滑块相连

图 7-1　振荡浮子波浪能装置

为研究浮子大小与形状对波浪能俘获效率的影响,本试验选用了四种大小和尺寸的浮子,如图7-2所示,尺寸参数见表7-1。平底浮子 a 和 b 的直径分别为 0.20 m 和 0.24 m;圆锥底浮子 c 的直径为 0.24 m,圆锥部分高为 0.07 m;圆台底浮子 d 的直径为 0.24 m,圆台部分底截面半径为 0.06 m,高为 0.04 m。

图 7-2　不同尺寸和形状的振荡浮子

表 7-1　振荡浮子尺寸参数

参　数	底面半径 r(m)	浮子高度 h(m)	质量 m(kg)	体积 V(m³)
平底浮子 a	0.1	0.2	5.24	6.28×10^{-3}
平底浮子 b	0.12	0.2	6.13	9.05×10^{-3}
圆锥底浮子 c	0.12	0.24	6.15	10.10×10^{-3}
圆台底浮子 d	0.12	0.27	6.11	10.10×10^{-3}

为研究空腔形状对振荡浮子波浪能俘获效率的影响,本试验将浮式梳式防波堤的矩形箱体替换为缺角式箱体和圆弧式箱体,空腔体积不变。图7-3和图7-4分别为两种结构形式的尺寸示意图和模型布置图。

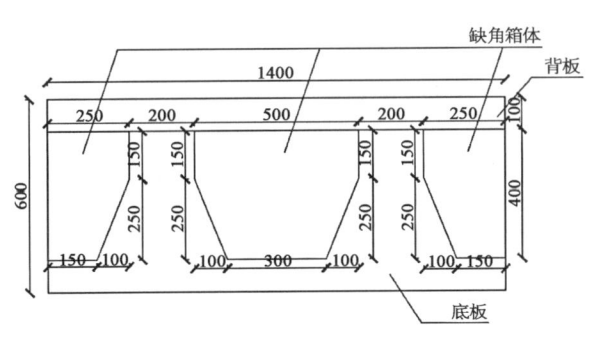
(a) 缺角箱体尺寸示意图

(b) 缺角箱体与振荡浮子

图 7-3　缺角箱体防波堤模型

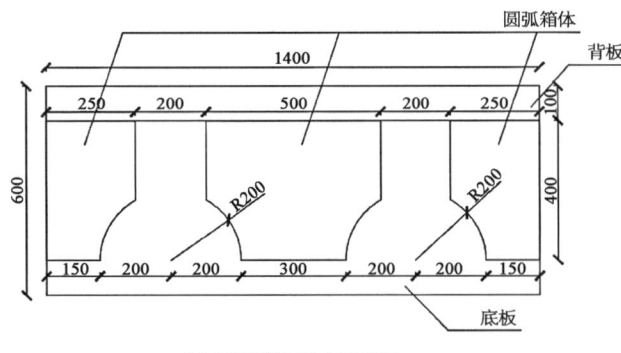
(a) 圆弧箱体尺寸示意图

(b) 圆弧箱体现场情况

图 7-4　圆弧箱体防波堤模型

7.2.2　试验工况设定

本试验采用固定水深 $d=1.0$ m，防波堤模型吃水深度为 0.33 m。入射波浪为规则波，周期为 $T=0.8\sim1.6$ s，波高为 $H=0.02\sim0.10$ m。各试验波浪参数与 1∶20 模型比例尺对应的原型参数汇于表 7-2。

表 7-2　试验工况汇总

工　况	模型参数		原型参数	
	周期 T(s)	波高 H(m)	周期 T(s)	波高 H(m)
四矩形方箱浮子 a 位置一	0.8~1.6	0.02~0.10	3.6~7.1	0.4~2.0
四矩形方箱浮子 a 位置二	0.8~1.6	0.06	3.6~7.1	1.2
三矩形方箱浮子 a	0.8~1.6	0.06	3.6~7.1	1.2
圆弧方箱浮子 a	0.8~1.6	0.06	3.6~7.1	1.2
缺角方箱浮子 a	0.8~1.6	0.06	3.6~7.1	1.2
缺角方箱浮子 b	0.8~1.6	0.06	3.6~7.1	1.2
缺角方箱浮子 c	0.8~1.6	0.06	3.6~7.1	1.2
缺角方箱浮子 d	0.8~1.6	0.06	3.6~7.1	1.2

试验首先将不锈钢架固定在浮式梳式防波堤空腔的上方，并将竖直方向的滑轨固定在不锈钢架上。将不锈钢杆的一端与振荡浮子相连，另一端与滑块相连接，并使滑块穿过滑轨，使振荡浮子可以进行竖直方向上的一维垂荡运动。

将数字加速度传感器固定在不锈钢杆上，采集不同波浪条件下振荡浮子的加速度数据，并与计算机相连，通过 SDA2000 传感器数据采集软件，实时监测和处理。当水面静止时，对数字加速度传感器进行零点采集操作，以确定浪高仪在没有波浪作用时的基准水平,从而消除可能影响测量精度的初始偏差。

本试验着重于分析入射波周期、浮子在空腔内的位置、浮子形状、空腔大小、空腔形状及阻尼系数对振荡浮子波浪能俘获效率的影响。收集到的加速度数据被用于计算振荡浮子在波浪作用下的做功功率。

7.3 物理模型试验结果分析与讨论

7.3.1 单独浮子与集成浮子波浪能装置性能对比

本节将浮式梳式防波堤集成振荡浮子波浪能装置的试验结果,与已发表论文中仅振荡浮子波浪能装置的试验结果进行对比,研究浮式梳式防波堤空腔的波浪汇聚作用对波能转换性能的影响及振荡浮子对波浪能装置消浪性能的影响。

浮式梳式防波堤集成振荡浮子波浪能装置试验模型采用平底浮子 a,直径为 0.2 m,吃水为 0.167 m,将其放置在四方箱浮式梳式防波堤的空腔中做垂荡运动。试验水深 $d=1.0$ m,采用规则波浪,波高 $H=0.06$ m,周期 $T=0.8 \sim 1.6$ s。选用 Zhang 等文章中的单浮体集成装置和双浮体混合装置的试验结果进行对比,其采用的单浮体集成装置为平底圆柱形振荡浮子,直径为 0.7 m,吃水为 0.39 m,试验水深 3 m。双浮体混合装置为在振荡浮子后方放置固定浮式方箱防波堤,防波堤宽度 2 m,吃水 1.2 m,与振荡浮子的间距为 0.25 m。波高 $H=0.25$ m,周期 $T=0.76 \sim 2.30$ s。考虑到 Zhang 等试验中的模型尺寸与水深约为本试验的三倍,基于相似理论,对波浪周期进行无量纲化处理:$T^* = T/T_0$,其中特征时间尺度 $T_0 = \sqrt{W/g}$,W 为防波堤宽度,本试验和 Zhang 等中 T_0 分别为 0.25 s 和 0.45 s。

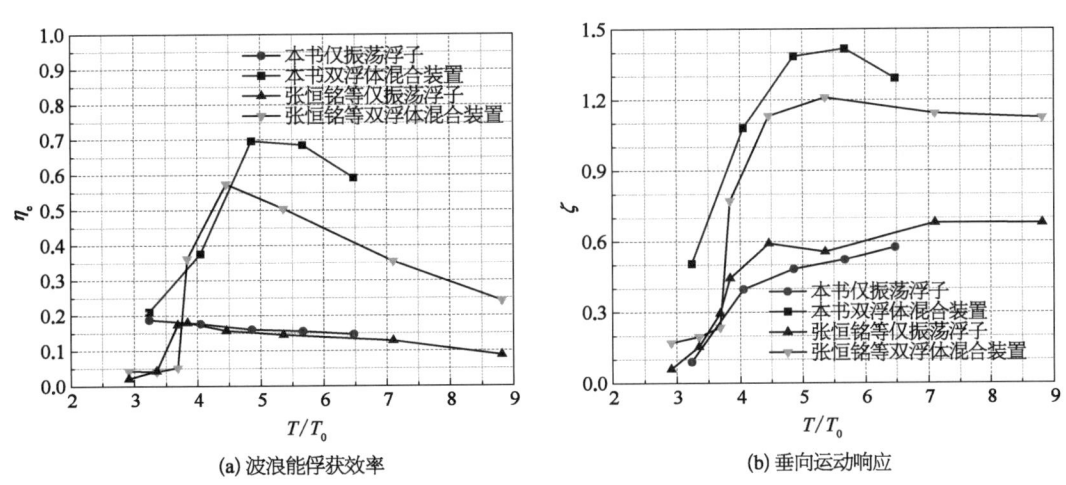

图 7-5 $H=0.1$ m 时波浪能装置性能对比

由图 7-5 可见,本节单独振荡浮子的波浪能俘获效率和垂向运动响应与 Zhang 等的单浮子试验结果较为接近。在无防波堤的情况下,振荡浮子的垂向位移响应较小且随周期无明显变化,波浪能俘获效率较低,并且随周期增大而显著降低,并未表现出明显的共振现象。这表明在无防波堤的开放海域条件下,单纯振荡浮子的波浪能装置的波能转换能力是受限的。

在双浮体混合装置条件下,振荡浮子表现出明显的共振周期。在达到共振周期前,随着波浪周期的增加,振荡浮子的波浪能俘获效率和垂向运动响应逐渐增大,振荡浮子与波浪的共振特性逐渐增强。在极大值处,振荡浮子与波浪的共振特性达到最强。当波浪周期大于共振周期后,随着波浪周期的增加,振荡浮子的波浪能俘获效率迅速降低,而垂向运动响应趋于平缓。这表明,防波堤结构对振荡浮子的波能转换能力具有显著提升。这是由于振荡浮子受到防波堤反射波浪的作用。

由图 7-5a 可见,本节双浮体混合装置的波浪能俘获效率最高达 0.70,垂向运动响应最高达 1.42。Zhang 等的双浮体混合装置的波浪能俘获效率最高达 0.57,垂向运动响应最高达 1.14。本节双浮体混合装置的波浪能俘获效率几乎在全周期范围内都接近或显著高于 Zhang 等的试验结果。这表明,相较于浮式方箱防波堤,浮式梳式防波堤与振荡浮子集成对波浪能装置波能俘获效率的提升更为显著。这是由于,一方面,浮式梳式防波堤空腔对波浪具有汇聚作用,使得波浪能量在防波堤空腔处得以集中;另一方面,空腔内部的水流动态与波浪相互作用,通过改变波浪的传播特性,优化了波浪和振荡浮子之间的相互作用,从而提高了波能转换性能。

相较于本节中仅采用浮式梳式防波堤的试验结果,振荡浮子与浮式梳式防波堤相结合的双浮体混合装置的透射系数显著减小。这是由于振荡浮子将一部分能量转换为自身运动的机械能,从而增加了能量耗散。同时,振荡浮子放置在梳式防波堤空腔内,改变了波浪的传播特性,从而提升了波浪能装置的消浪性能。在周期较大的情况下,本节双浮体混合装置的透射系数相较于 Zhang 等的试验结果较小。这说明浮式梳式防波堤集成振荡浮子波浪能装置在提供较高波能转换性能的同时,还能保证一定的消浪效果。

7.3.2 浮子与空腔相对位置的影响

本节研究振荡浮子在浮式梳式防波堤空腔内的位置对波能转换性能和消浪性能的影响。定义浮子到空腔背板的相对距离为 l/l_0,其中 l 为浮子中心到空腔背板的距离,l_0 为空腔沿波浪入射方向的长度 0.4 m,如图 7-6 所示。

试验模型采用四矩形方箱浮式梳式防波堤和圆柱形小浮子 a,位置一靠近浮式梳式防波堤的底板边缘,浮子中心到空腔背板距离为 0.4 m,相对距离为 $l/l_0=1.0$;位置二靠近浮式梳式防波堤的空腔,浮子中心到空腔背板距离为 0.2 m,相对距离为 $l/l_0=0.5$。试验水深 $d=1.0$ m,采用规则波浪,波高 $H=0.06$ m、0.1 m,周期 $T=0.8\sim1.6$ s。

图 7-7 为波高 $H=0.10$ m 条件下圆柱形浮子在空腔内两个位置的波浪能俘获效率 η_e、垂向运动响应 ζ 随入射波周期 T 的变化曲线及透射系数 C_t 随防波堤相对宽度 W/L 的变化曲线。

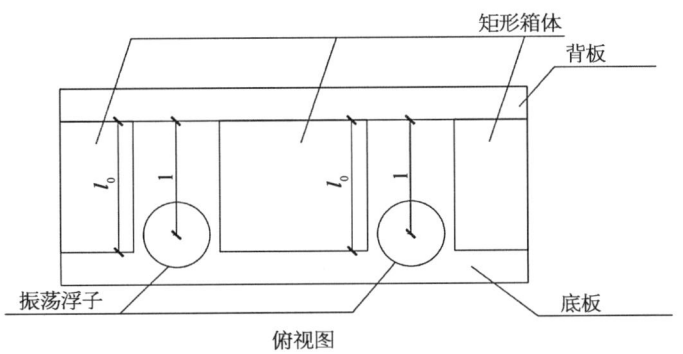

图 7-6 浮子相对距离示意图

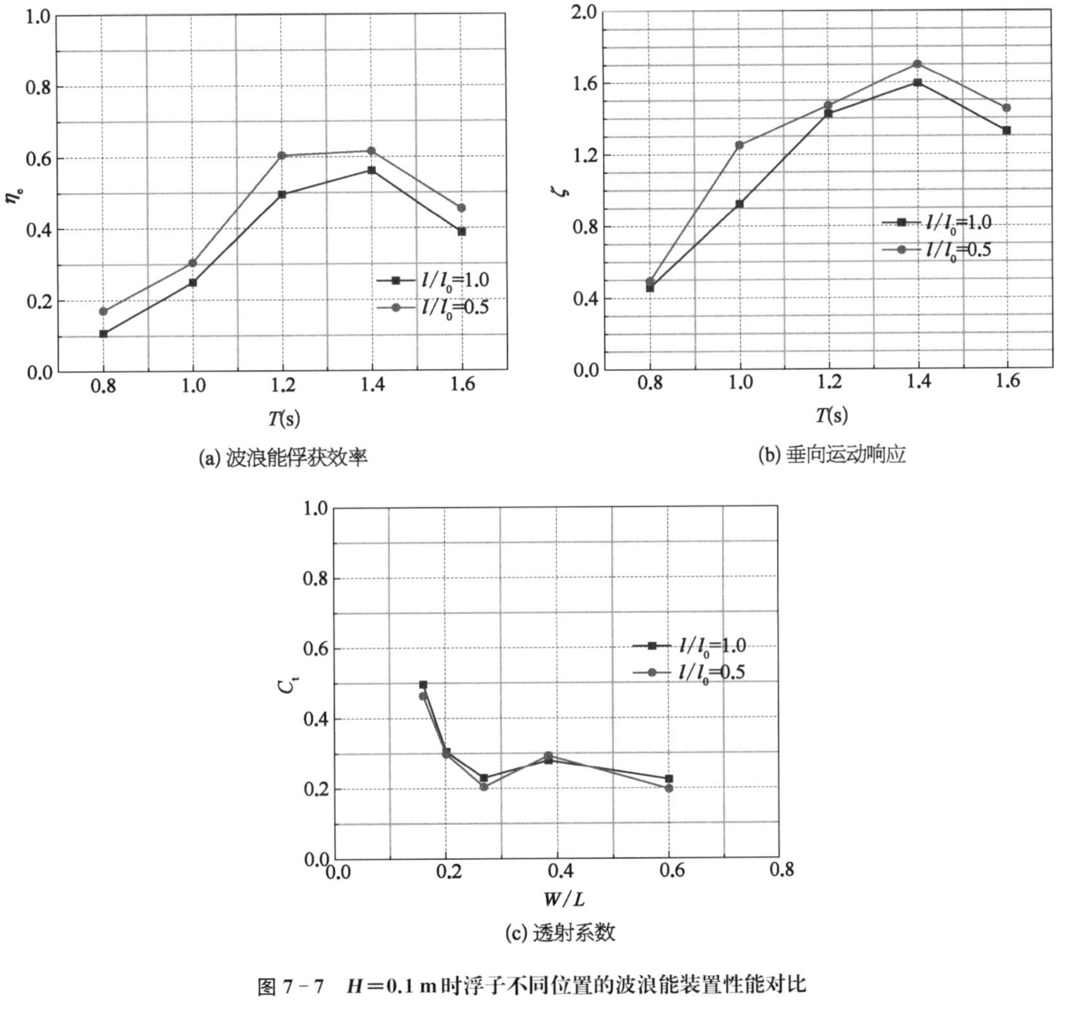

(a) 波浪能俘获效率

(b) 垂向运动响应

(c) 透射系数

图 7-7 $H=0.1\,\mathrm{m}$ 时浮子不同位置的波浪能装置性能对比

图 7-7a 显示，两个不同位置的振荡浮子对入射波周期的响应呈现出一定的规律性，即随着入射波浪周期的增加，两个位置的波浪能俘获效率均表现出先增大后减小的变化趋势。这一趋势反映了波浪能装置在特定条件下与入射波的共振现象。在共振状态下，

装置能够以最高效率捕获波浪能量,此时系统的自然振动频率与波浪的频率相匹配。具体来看,$l/l_0 = 1.0$ 的振荡浮子在波浪周期 1.4 s 左右达到波浪能俘获效率的峰值,波高为 0.06 m 和 0.1 m 条件下,分别可以达到 0.65 和 0.56;而 $l/l_0 = 0.5$ 的浮子则在略短的波浪周期,约 1.2 s 范围内达到峰值,波高为 0.06 m 和 0.1 m 条件下,分别可以达到 0.70 和 0.62。图 7-7b 显示了两个不同位置的振荡浮子表现出的垂向运动响应随波浪周期的变化趋势相似。即随着入射波周期的增加,表现出先增大后减小的变化趋势,且与波浪能俘获效率的变化趋势呈正相关,在共振周期处或接近共振周期的 1.4 s 处取得峰值。$l/l_0 = 1.0$ 的振荡浮子在波高为 0.06 m 和 0.1 m 条件下,垂向运动响应分别可以达到 1.35 和 1.59;$l/l_0 = 0.5$ 的振荡浮子在波高为 0.06 m 和 0.1 m 条件下,垂向运动响应分别可以达到 1.42 和 1.70。

这表明浮子在空腔内的位置调整对于匹配波浪周期与浮子自然振动之间的共振关系至关重要。当 $l/l_0 = 1.0$ 时,由于其更靠近底板边缘,振动特性可能受到边缘效应的影响,因此需要较长的波浪周期才能实现共振。而 $l/l_0 = 0.5$ 时,由于其距离底板边缘更远,自由振动受边缘效应的干扰较少,更靠近空腔中心意味着其受到流体运动的影响更大。因此,在较短周期的波浪下,就能达到共振状态。值得注意的是,在整个试验周期范围内,$l/l_0 = 0.5$ 浮子的波浪能俘获效率与垂向运动响应均始终高于 $l/l_0 = 1.0$。这意味着浮子在靠近空腔中心的位置,能够更有效地利用波浪能,具备更有效的能量转换条件。这是由于空腔中心区域具有更加复杂的流体动力特性,如涡流的形成和流速的变化,都可能使得 $l/l_0 = 0.5$ 的浮子受到更均匀的水动力作用,从而引起较大幅值的垂向运动,提高波浪能的俘获效率,即使在远离共振频率的条件下也是如此。而 $l/l_0 = 1.0$ 的浮子,由于靠近浮式梳式防波堤的底板边缘,受到的波浪作用可能受到边界效应的影响,不利于振荡浮子在共振频率时的能量转换。Zhang 等研究发现,随着浮子与防波堤之间距离增大,会使共振频率和间隙中的波浪共振减小,与本节研究的结果一致。

另外还观察到,相较于波高为 0.06 m 的条件,波高为 0.1 m 条件下的垂向运动响应更大,但是波浪能的俘获效率更小。这可能是因为,随着入射波高的增加,波浪与浮子相互作用的非线性效应显著。波高增大意味着入射波的功率增大,而在较高的波浪能输入下,装置的运动响应并不会线性增加,而是会缓慢增加趋向饱和,从而导致波浪能俘获效率的减小。

如图 7-7c 所示,在两种不同波高条件下,改变浮子在空腔内的位置对透射系数的影响非常微小。这表明,浮式梳式防波堤集成振荡浮子波浪能装置可以提供较为稳定的消浪作用。且浮子本身的尺寸与质量相较于防波堤的尺寸较小,浮子在空腔内的位置变化主要影响其与周围流体的相互作用,并无法在整个防波堤结构上引起足够的水动力变化。因此,浮子位置的微小变化对整体结构的水动力特性影响有限,不足以引起透射系数的显著变化。

综上所述，浮子在空腔内的位置对波浪能转换性能具有显著影响。靠近空腔中心的位置具备更有效的能量转换条件，具有更优的波浪能转换性能。而浮子位置对整体波浪能装置的消浪性能的影响非常微弱。

7.3.3 浮子与空腔宽度的影响

本节研究浮式梳式防波堤空腔的体积对波能转换性能和消浪性能的影响。定义浮子的相对宽度为 B/B_0，其中 B 为浮子的底面直径、B_0 为空腔宽度，如图 7-8 所示。

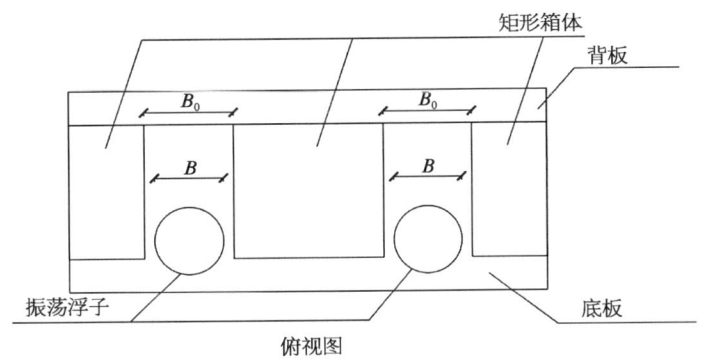

图 7-8 振荡浮子相对宽度示意图

试验水深 $d=1.0$ m，采用规则波浪，波高 $H=0.06$ m、周期 $T=0.8 \sim 1.6$ s。试验模型采用四矩形方箱浮式梳式防波堤、三矩形方箱浮式梳式防波堤与圆柱形小浮子 a。四矩形方箱浮式梳式防波堤的空腔宽度 B_0 为 0.26 m，浮子的相对宽度为 $B/B_0=0.77$，三矩形方箱浮式梳式防波堤的空腔宽度 B_0 为 0.37 m，浮子宽度与空腔宽度之比 $B/B_0=0.54$。

图 7-9 所示为波高 $H=0.1$ m 条件下平底圆柱形浮子在不同体积空腔内的波浪能俘获效率 η_e、垂向运动响应 ζ 随入射波周期 T 的变化曲线及透射系数 C_t 随防波堤相对宽度 W/L 的变化曲线。

如图 7-9a 所示，不同相对宽度下波浪能俘获效率的变化趋势基本相同，即在波浪周期为 0.8~1.4 s 的区间内，浮子的波浪能俘获效率显著提高，并在波浪周期为 1.4 s 时达到峰值，分别可以达到 0.62 和 0.55。在波浪周期为 1.4~1.6 s 的区间内，效率逐渐降低。

在入射波周期达到峰值周期之前，相对宽度较大的浮子比宽度较小的浮子的波浪能俘获效率较高。这是由于在较短周期波浪的作用下，相对宽度较大的浮子所对应的相对空腔体积较小，使得波浪能更集中，提高了波浪能的汇聚效率。随着空腔体积的增大，波浪能装置对波浪周期的敏感度更高。随着波浪周期增加至共振周期，两种防波堤条件下的波浪能俘获效率差异较小。这是由于在长周期条件下，波长较长，不同体积空腔内的水体运动和波浪能量分布较为相似。这表明在长周期条件下，可以适当减少材料用量，也能达到相似的波浪能转换效果。

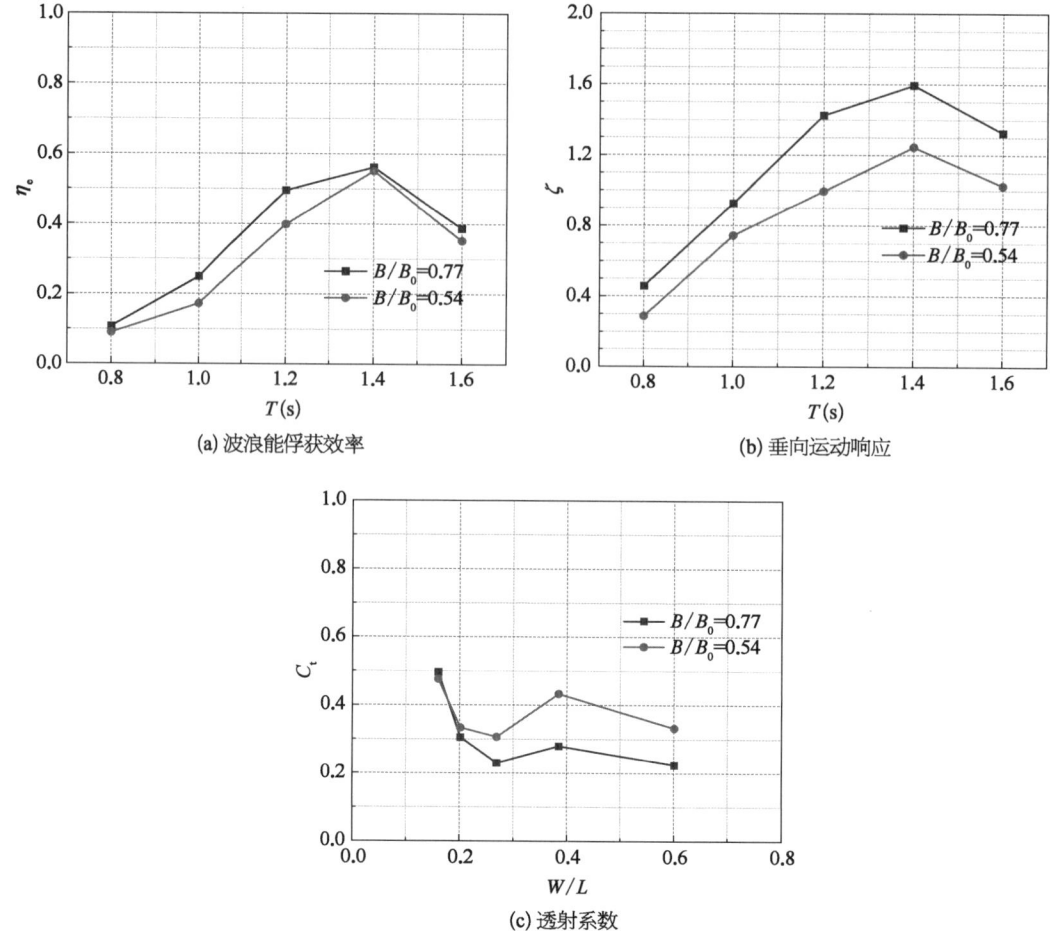

图 7-9　$H=0.1\ \mathrm{m}$ 时浮子在不同位置的波浪能装置性能对比

如图 7-9b 所示,不同浮子相对宽度下垂向运动响应随入射波周期的变化趋势基本一致,且与波浪能俘获效率的变化趋势呈正相关,即在波浪周期为 0.8~1.4 s 的区间内显著提高,并于波浪周期为 1.4~1.6 s 的区间内趋于平缓。相较于较大体积的空腔,较小体积空腔的浮子垂向运动响应明显较强,表明浮子和流体的相互作用更加集中,该现象在周期较大时尤为明显。

图 7-9c 显示,不同浮子相对宽度下的透射系数随防波堤相对宽度的变化趋势基本一致,即先减小、后增大、再减小。在相对宽度为 0.27 时,取得极小值 0.19;在相对宽度为 0.39 时,取得极大值 0.36。浮子相对宽度较小的结构,透射系数相对较大,说明增大空腔体积会使波浪能装置的消浪性能降低。

综上所述,空腔体积对波浪能装置性能具有显著影响。较小的空腔体积有利于波浪汇聚,使波浪能更加集中,从而具备更好的波浪能转换性能。同时,它也具备更好的消浪性能,这一现象在周期较小的条件下更加明显。

7.3.4 空腔平面形状的影响

本节研究浮式梳式防波堤空腔的平面形状对波能转换性能和消浪性能的影响。试验水深 $d=1.0$ m,采用规则波浪,波高 $H=0.06$ m、0.1 m,周期 $T=0.8\sim1.6$ s。防波堤模型采用矩形空腔、梯形空腔和圆弧形空腔三种平面形式。振荡浮子采用平底圆柱形浮子 a。矩形平面空腔的开口宽度为 0.26 m,体积为 0.042 m³;梯形平面空腔的开口宽度为 0.4 m,内部宽度为 0.2 m,体积为 0.042 m³;圆弧形平面空腔的开口宽度为 0.4 m、内部宽度为 0.2 m、体积为 0.042 m³。

图 7-10 分别为波高 $H=0.06$ m 和 0.1 m 条件下圆柱形浮子在空腔内两个位置的波浪能俘获效率 η_e、垂向运动响应 ζ 随入射波周期 T 的变化曲线以及透射系数 C_t 随防波堤相对宽度 W/L 的变化曲线。

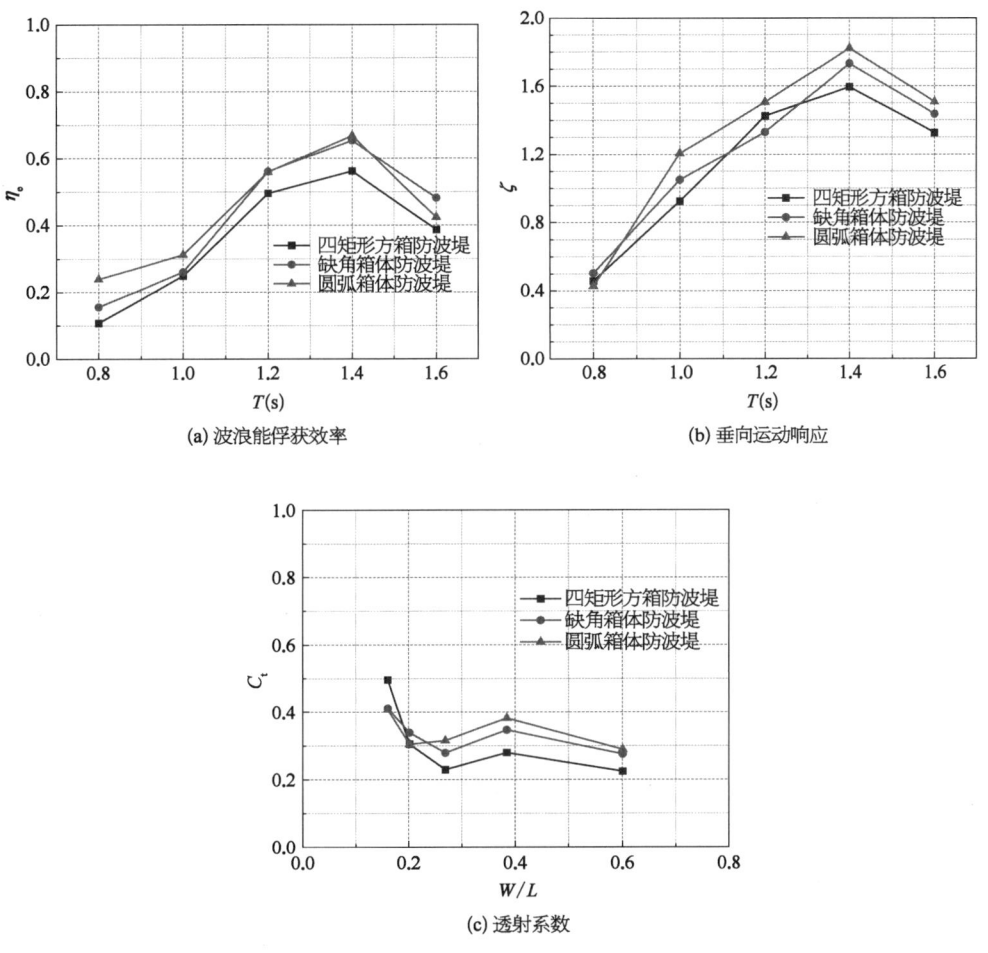

(a) 波浪能俘获效率　　(b) 垂向运动响应

(c) 透射系数

图 7-10　$H=0.1$ m 时浮子在不同位置的波浪能装置性能对比

如图 7-10a 所示,空腔形状对波浪能的俘获效率具有显著影响。缺角箱体波浪能装置和圆弧箱体波浪能装置的波浪能俘获效率随入射波周期的变化趋势与四矩形方箱波浪能装置基本一致。即在波浪周期为 0.8～1.4 s 的区间内,浮子的波浪能俘获效率显著提高,并在波浪周期为 1.4 s 时达到峰值。在 $H=0.06$ m 波高的条件下,分别达到 0.77 和 0.88;在 $H=0.1$ m 波高条件下,分别达到 0.56 和 0.65,并在波浪周期为 1.4～1.6 s 的区间内逐渐降低。

如图 7-10b 所示,缺角箱体波浪能装置和圆弧箱体波浪能装置的垂向运动响应随入射波周期的变化趋势,与四矩形方箱波浪能装置基本一致,即在波浪周期为 0.8～1.4 s 的区间内,浮子的波浪能俘获效率显著提高,并于波浪周期 1.4 s 附近达到峰值。在 $H=0.06$ m 波高条件下,分别达到 1.42 和 1.41;在 $H=0.1$ m 波高的条件下,分别达到 1.59 和 1.73,并在波浪周期为 1.4～1.6 s 的区间内缓慢下降。

缺角箱体波浪能装置和圆弧箱体波浪能装置的波浪能俘获效率和垂向运动响应,整体上显著高于四矩形方箱防波堤。这是因为在体积近似相等的前提下,缺角箱体波浪能装置和圆弧箱体波浪能装置提供更宽的开口宽度,允许更多的波浪进入,并使得流体能够更加顺畅地绕过振荡浮子。同时,空腔内部的尺寸较小,可能会影响波浪在空腔内的反射和折射行为,与波浪作用时导致不同的涡流生成和能量分布,从而提供更为有利的共振条件。

在波浪周期较小,即 0.8～1.0 s 区间内,缺角箱体波浪能装置和圆弧箱体波浪能装置的波浪能俘获效率和垂向运动响应,相较于四矩形方箱波浪能装置的提升较小。这可能是由于缺角箱和圆弧箱开口宽度较大,在接触短波波浪时导致能量分散,从而使得浮子的波浪能俘获效率较低。在共振周期 1.4 s 处,圆弧箱体波浪能装置的波浪能俘获效率高于缺角箱体浮式梳式防波堤。然而,随着周期的继续增大,圆弧箱体浮式梳式防波堤的波浪能俘获效率相较于缺角箱体浮式梳式防波堤下降更快,在峰值周期附近的变化速率较大。这表明圆弧箱体波浪能装置对波浪周期的敏感度更高,在共振周期处有更优的波能转换性能,而缺角箱体即使在长周期的波浪环境中也能保持较好的波能转换性能。

另外还可以观察到,在波高 $H=0.06$ m 条件下,波浪周期较大即 1.2～1.6 s 区间内,缺角箱体波浪能装置和圆弧箱体波浪能装置的垂向运动响应随入射波周期的变化较为微弱。这可能是由于缺角箱体和圆弧箱体的空腔内部水动力特性对小波高长周期波浪的响应不如对短周期波浪敏感。因此,即便波浪周期有所增加,浮子的响应也不会出现大的变化。

如图 7-10c 所示,缺角箱体波浪能装置和圆弧箱体波浪能装置的透射系数随防波堤相对宽度的变化趋势,与四矩形方箱波浪能装置基本一致,即先减小后增大再减小。在相对宽度为 0.27 时达到极小值,在相对宽度为 0.39 时达到极大值。在波高 $H=0.06$ m 时,缺角箱体波浪能装置和圆弧箱体波浪能装置的透射系数比较接近;但在波高 $H=0.1$ m 时,圆弧箱体防波堤波浪能装置的透射系数更大。缺角箱体波浪能装置和圆弧箱体波浪能装置的透射系数,整体上大于四矩形方箱波浪能装置,但在相对宽度较小,即周期较大时,透射系数却小于四矩形方箱波浪能装置。这说明虽然缺角箱体和圆弧箱体有更好的波能转换性能,但在较宽的波浪周期范围内消浪性能较差,仅在长周期波浪条件下能同时满足较好的波能转换性能和消浪性能。

综上所述,空腔形状对波浪能装置性能具有显著影响。圆弧箱体波浪能装置在共振周期附近能够带来更高的波浪能转换效率,而缺角箱体在较大周期的波浪条件下,仍能保持良好的波能转换性能。尽管两种空腔形状的波能转换性能较好,但消浪性能较弱,仅在长周期波浪条件下,能够同时满足较好的波能转换性能和消浪性能。

7.3.5 浮子底部形状影响

本节研究振荡浮子的形状对波能转换性能和消浪性能的影响。试验水深 $d=1.0$ m,采用规则波浪,波高 $H=0.06$ m,周期 $T=0.8\sim1.6$ s。防波堤模型采用四矩形方箱浮式梳式防波堤,振荡浮子采用圆柱形大浮子 b、圆锥底浮子 c 和圆台底浮子 d。三个浮子的底面半径均为 0.12 m,圆柱形浮子 b 高为 0.2 m,质量为 6.19 kg。圆锥底浮子 c 的形状为在大浮子 b 的基础上,增加了半径为 0.12 m,高为 0.07 m 的圆锥底,质量为 6.21 kg。圆台底浮子 d 的形状为在圆柱形浮子 b 的基础上,增加了上底面半径为 0.12 m,下底面半径为 0.06 m,高为 0.04 m 的圆台底,质量为 6.17 kg。

图 7-11 为波高 $H=0.06$ m 条件下圆柱形浮子在空腔内两个位置的波浪能俘获效率 η_e、垂向运动响应 ζ 随入射波周期 T 的变化曲线以及透射系数 C_t 随防波堤相对宽度 W/L 的变化曲线。

图 7-11a 显示,浮子形状对波浪能的俘获效率具有显著影响。圆锥底浮子和圆台底浮子的波浪能俘获效率,随入射波周期的变化趋势与圆柱形浮子基本一致。即在波浪周期为 $0.8\sim1.4$ s 的区间内,浮子的波浪能俘获效率显著提高,并于波浪周期为 1.4 s 时达到峰值。在 $H=0.06$ m 波高的条件下,分别达到 0.95 和 0.82;在 $H=0.1$ m 波高的条件下,分别达到 0.84 和 0.71,并在波浪周期为 $1.4\sim1.6$ s 的区间内逐渐降低。

图 7-11b 显示,圆锥底浮子和圆台底浮子的垂向运动响应,随入射波周期的变化趋势与圆柱形浮子基本一致。即在波浪周期为 $0.8\sim1.4$ s 的区间内,浮子的垂向运动响应显著增大,并于波浪周期为 1.4 s 时达到峰值。在 $H=0.06$ m 波高的条件下,分别达到 1.48 和 1.37;在 $H=0.1$ m 波高的条件下,分别达到 1.57 和 1.49,并在波浪周期为 $1.4\sim1.6$ s 的区间内逐渐降低。

圆锥底浮子和圆台底浮子的波浪能俘获效率和垂向运动响应整体上显著高于圆柱浮子。这是由于在相对宽度相等、质量近似相同的条件下,圆柱形浮子在垂荡过程中,底部拐角处产生了大量涡脱落,耗散的波浪能最多。而圆锥底浮子和圆台底浮子由于底部形状比较平滑,在垂荡运动过程中仅在拐角和底部尖端处产生少量的涡脱落。同时,圆锥底浮子和圆台底浮子由于吃水更深,对水质点速度影响更大,因此与之相互作用的波能更多,也使得这两种浮子能带来更优的波能转换性能。另外,圆锥和圆台形状有助于波浪的分离,从而削减水流的阻力,减少紊流和涡流的产生,并且有助于增加浮子在水下的稳定

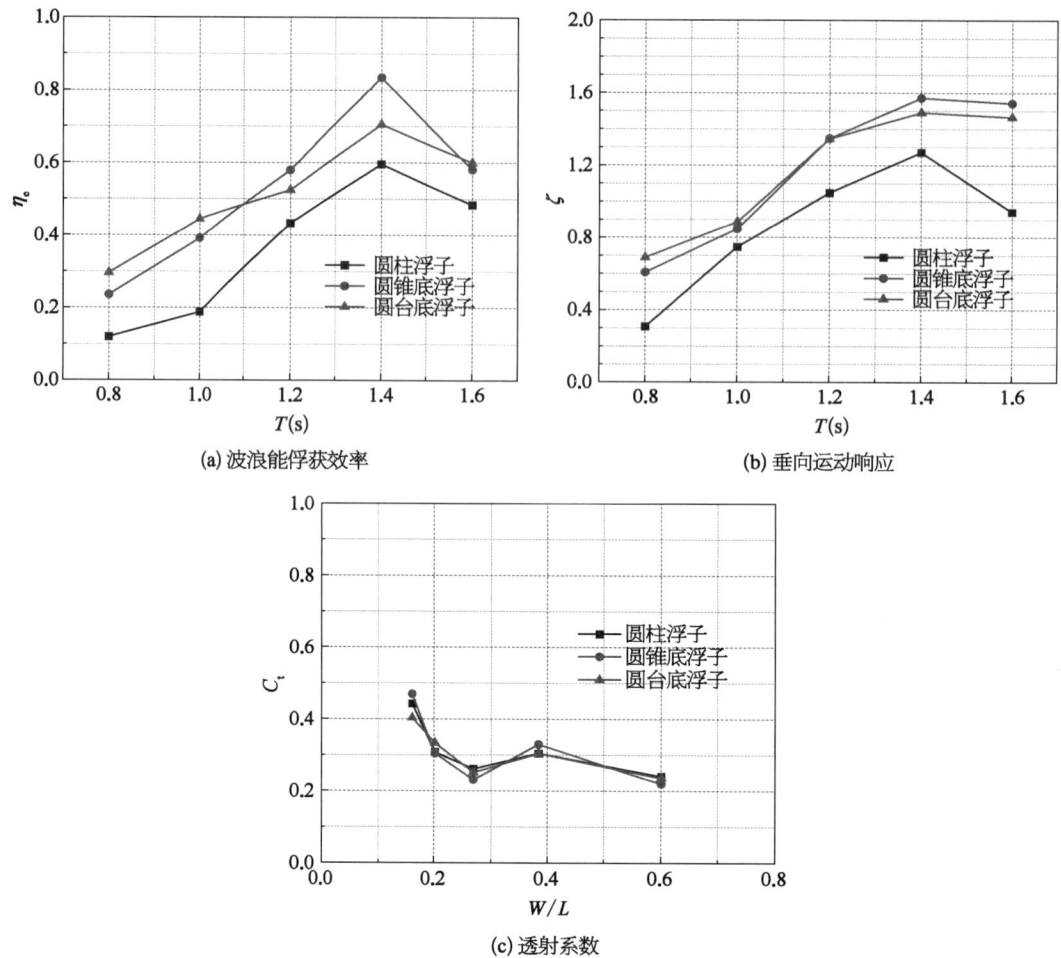

图 7-11 $H=0.1\text{ m}$ 时浮子在不同位置的波浪能装置性能对比

性,使得浮子在竖直方向的移动中维持相对稳定的姿态,从而减少浮子与竖直滑轨之间的弯矩,在波浪作用下保持更连贯的运动。

在周期较小,即 0.8~1.0 s 的区间内,圆锥底浮子相较于圆台底浮子的波浪能俘获效率和垂向运动响应都较小。在周期大于 1.0 s 时,波浪能俘获效率和垂向运动响应陡增,超过了圆台底浮子。圆锥底浮子的波浪能俘获效率在达到峰值后迅速下降,而圆台底浮子的波浪能俘获效率下降缓慢。这表明圆锥底浮子对于共振频率附近的周期变化更为敏感,并且能在共振频率处取得更优的波能转换性能。而圆台底浮子在长周期波浪条件下,仍然能保持良好的波能转换性能。

另外可以观察到,在波浪周期较大的情况下,即在 1.4~1.6 s 区间内,圆锥底浮子和圆台底浮子的垂向运动响应,随着入射波周期的变化相较于圆柱浮子更加微弱。这可能是由于圆锥底浮子和圆台底浮子对长周期波浪的响应较为微弱,因此即便波浪周期有所增加,振荡浮子的响应也没有出现大的变化。

图 7-11c 显示,在两种不同波高条件下,圆锥底浮子波浪能装置和圆台底浮子波浪能装置的透射系数随防波堤相对宽度的变化趋势与圆柱形浮子波浪能装置基本一致,即先减小后增大再减小。在相对宽度为 0.27 时,达到极小值;在相对宽度为 0.39 时,达到极大值。不同浮子形状对透射系数数值的影响非常微小,这表明浮式梳式防波堤集成振荡浮子波浪能装置可以提供较为稳定的消浪作用。且浮子本身的尺寸与质量相较于防波堤的尺寸较小,浮子的不同形状主要影响其与周围流体的相互作用,无法在整个防波堤结构上引起足够的水动力变化。因此,浮子形状的微小变化对整体结构的水动力特性影响有限,不足以引起透射系数的显著变化。

综上所述,圆锥底浮子和圆台底浮子的波浪能转换性能优于圆柱形浮子。圆锥底浮子在共振周期时,可以获得更大的波浪能俘获效率,而圆台底浮子在长周期波浪条件下也能维持良好的波能转换性能。浮子形状对波浪能装置的消浪性能影响较为微弱。

振荡浮子在无防波堤条件下的开放海域中,波能转换性能受限。然而,将振荡浮子与浮式梳式防波堤结构集成,能够显著提升振荡浮子的波浪能转换效率。尤其当波浪周期与浮子的共振频率匹配时,效率最高。同时,将振荡浮子和浮式梳式防波堤相结合也可以起到更好的消浪作用。

振荡浮子在空腔内的位置、浮子的相对宽度、形状以及空腔的宽度、形状都对波浪能装置的波能转换性能具有显著影响。振荡浮子距空腔中心的距离越近,波浪能俘获效率越高。同时,波浪能俘获效率与空腔体积呈负相关,即较小的空腔体积有利于波浪的汇聚,进而提升波能转换性能。本章探讨的两种防波堤空腔结构——缺角形空腔和圆弧形空腔,相较于传统的矩形空腔,均能提供更高的波浪能俘获效率。

此外,较小的浮子宽度有利于实现更显著的共振效应,而较大的浮子体积在共振周期处的波浪能俘获效率更高,并且能适应更宽波谱的波动。即使在长周期波浪条件下,也能保持良好的波浪能转换性能。本章提出的两种振荡浮子形状——圆锥底浮子和圆台底浮子均能有效提升波浪能的俘获效率。

另外,浮式梳式防波堤集成振荡浮子波浪能装置的消浪性能主要由防波堤部分发挥作用。防波堤结构的变化会对透射系数产生显著影响,相比之下,浮子的尺寸、位置与形状变化对透射系数的影响非常微弱。

第 8 章

浮式梳式防波堤集成波浪能装置数值研究

本章将聚焦于浮式防波堤集成浮子波浪能装置在复杂流体中的流动特性及其数值分析,以及对浮子波浪能装置的优化。首先,介绍了相关数值模型及建模流程,并验证了数值模型在模拟浮体与波浪相互作用方面的准确性;然后分析了振荡浮子在空腔内的最佳位置、尺寸、吃水深度和形状对波浪能转化效率的影响,并得出最佳的参数设置。

8.1 数值模型介绍

在海洋及近岸工程领域,FLOW-3D 多用于模拟波浪对防波堤、离岸堤或潜堤等在波浪作用下的特性研究。近年来,更有一些学者开始运用 FLOW-3D 进行波浪能发电的研究。

网格处理方法、障碍物处理方法及自由表面追踪方法是 FLOW-3D 流体分析软件的三大核心技术。FLOW-3D 采用有限差分方法对方程进行离散,使用正交网格,支持均匀及非均匀网格的设定。支持多区块网格设置(Multi-block Grids),在描述复杂地形或者结构物时,可以有效降低总体网格的数量,并能保持对模型较为精细的描述。

复杂的地形或边界处理上采用 FAVOR 方法,这种方法通过挡住单元的一部分体积或一部分表面,将模型嵌入正交的网格中。这样,地形和网格的定义就相互独立开了,修改模型时就不需要重新定义网格。而网格的建立相对于使用贴体坐标系而言显得非常快。自由表面追踪(VOF)法由 Flow Science 创始人 Dr. Hirt 创立,提供了通过固定网格追踪流体界面的方法,且能准确处理界面。此项技术也成为 CFD 软件在自由面运动计算方面的重要方法。

8.1.1 波浪运动控制方程

波浪是不可压缩黏性流体的运动,FLOW-3D 将连续性方程和不可压缩黏性流体运动的 Reynolds-Averaged Navier-Stokes 方程作为流体运动的控制方程。由于 FLOW-3D 采用 FAVOR 网格技术,其连续性方程和动量方程中含有体积和面积分数参数,具体表达式如下:

连续性方程:

$$\frac{\partial}{\partial x}(uA_x) + \frac{\partial}{\partial y}(vA_y) + \frac{\partial}{\partial z}(wA_z) = 0 \quad (8-1)$$

动量方程式:

$$\frac{\partial u}{\partial t} + \frac{1}{V_F}\left\{uA_x \frac{\partial u}{\partial x} + vA_y \frac{\partial u}{\partial y} + wA_z \frac{\partial u}{\partial z}\right\} = -\frac{1}{\rho}\frac{\partial p}{\partial x} + G_x + f_x \quad (8-2)$$

$$\frac{\partial v}{\partial t} + \frac{1}{V_F}\left\{uA_x\frac{\partial v}{\partial x} + vA_y\frac{\partial v}{\partial y} + wA_z\frac{\partial v}{\partial z}\right\} = -\frac{1}{\rho}\frac{\partial p}{\partial y} + G_y + f_y \qquad (8-3)$$

$$\frac{\partial w}{\partial t} + \frac{1}{V_F}\left\{uA_x\frac{\partial w}{\partial x} + vA_y\frac{\partial w}{\partial y} + wA_z\frac{\partial w}{\partial z}\right\} = -\frac{1}{\rho}\frac{\partial p}{\partial z} + G_z + f_z \qquad (8-4)$$

式中，ρ 为流体密度；V_F 为可流动的体积分数；A_x、A_y、A_z 分别为 x、y、z 三个方向可流动的面积分数；u、v、w 为对应 x、y、z 的速度分量；G_x、G_y、G_z 为物体在 x、y、z 三个方向的重力加速度；f_x、f_y、f_z 为三个方向的黏滞力加速度，即：

$$\rho V_F f_x = -\left\{\frac{\partial}{\partial x}(A_x\tau_{xx}) + \frac{\partial}{\partial y}(A_y\tau_{xy}) + \frac{\partial}{\partial z}(A_z\tau_{xz})\right\} \qquad (8-5)$$

$$\rho V_F f_y = -\left\{\frac{\partial}{\partial x}(A_x\tau_{xy}) + \frac{\partial}{\partial y}(A_y\tau_{yy}) + \frac{\partial}{\partial z}(A_z\tau_{yz})\right\} \qquad (8-6)$$

$$\rho V_F f_z = -\left\{\frac{\partial}{\partial x}(A_x\tau_{xz}) + \frac{\partial}{\partial y}(A_y\tau_{yz}) + \frac{\partial}{\partial z}(A_z\tau_{zz})\right\} \qquad (8-7)$$

式中，τ_{ij} 为液体剪应力；i 为作用面；j 为作用方向。τ_{ij} 的表达式如下，μ 为动力黏滞系数。

$$\tau_{xx} = -2\mu\left[\frac{\partial u}{\partial x} - \frac{1}{3}\left(\frac{\partial u}{\partial x} + \frac{\partial v}{\partial y} + \frac{\partial w}{\partial z}\right)\right] \qquad (8-8)$$

$$\tau_{yy} = -2\mu\left[\frac{\partial v}{\partial y} - \frac{1}{3}\left(\frac{\partial u}{\partial x} + \frac{\partial v}{\partial y} + \frac{\partial w}{\partial z}\right)\right] \qquad (8-9)$$

$$\tau_{zz} = -2\mu\left[\frac{\partial w}{\partial z} - \frac{1}{3}\left(\frac{\partial u}{\partial x} + \frac{\partial v}{\partial y} + \frac{\partial w}{\partial z}\right)\right] \qquad (8-10)$$

$$\tau_{xy} = \tau_{yx} = -\mu\left(\frac{\partial v}{\partial x} + \frac{\partial u}{\partial y}\right) \qquad (8-11)$$

$$\tau_{xz} = \tau_{zx} = -\mu\left(\frac{\partial u}{\partial z} + \frac{\partial w}{\partial x}\right) \qquad (8-12)$$

$$\tau_{yz} = \tau_{zy} = -\mu\left(\frac{\partial v}{\partial z} + \frac{\partial w}{\partial y}\right) \qquad (8-13)$$

8.1.2 紊流模型

FLOW-3D 提供了 5 种紊流模型，分别是零方程模型中的普朗特混合长度模型、一方程模型、标准的 k-ε 模型、RNG k-ε 模型及大涡模拟。由于所研究的问题涉及三维波浪与建筑物的相互作用，波浪会出现剧烈的变形和破碎，因此采用 RNG k-ε 模型进行模拟。

类似于连续性方程和动量方程，FLOW-3D 的 RNG k-ε 模型控制方程中也加入了

体积分率 F_V 和面积分率 A_x，A_y，A_z。k 方程和 ε 方程的表达式如下：

$$\frac{\partial k_T}{\partial t}+\frac{1}{V_F}\left\{uA_x\frac{\partial k_T}{\partial x}+vA_y\frac{\partial k_T}{\partial y}+wA_z\frac{\partial k_T}{\partial z}\right\}=P_T+G_T+DIff_T-\varepsilon_T \quad (8-14)$$

$$\frac{\partial k_T}{\partial t}+\frac{1}{V_F}\left\{uA_x\frac{\partial \varepsilon_T}{\partial x}+vA_y\frac{\partial \varepsilon_T}{\partial y}+\omega A_z\frac{\partial \varepsilon_T}{\partial z}\right\}$$
$$=\frac{CDIS\cdot\varepsilon_T}{k_T}\cdot(P_T+CDIS3\cdot G)+Diff_\varepsilon-CDIS\frac{\varepsilon_T^2}{k_T} \quad (8-15)$$

式中，方程右端的 P_T 表示由于速度梯度引起的紊动动能 k 的产生项，表达式如下：

$$P_T=CSPRO\left(\frac{\mu}{\rho V_F}\right)\left\{\begin{array}{l}2A_x\left(\frac{\partial u}{\partial x}\right)^2+2A_y\left(R\frac{\partial v}{\partial y}+\xi\frac{u}{x}\right)^2+2A_z\left(\frac{\partial w}{\partial z}\right)^2\\+\left(\frac{\partial v}{\partial x}+R\frac{\partial u}{\partial y}-\xi\frac{v}{x}\right)\left[A_x\frac{\partial v}{\partial x}+A_y\left(R\frac{\partial u}{\partial y}-\xi\frac{v}{x}\right)\right]\\+\left(\frac{\partial u}{\partial z}+\frac{\partial w}{\partial x}\right)\left(A_z\frac{\partial u}{\partial z}+A_x\frac{\partial w}{\partial x}\right)\\+\left(\frac{\partial v}{\partial z}+R\frac{\partial w}{\partial y}\right)\left(A_z\frac{\partial v}{\partial z}+A_yR\frac{\partial w}{\partial y}\right)\end{array}\right\}$$
$$(8-16)$$

对于直角坐标系，$R=1$、$\xi=0$。CSPRO 为紊动参数，默认取 0。G_T 为由于浮力引起的紊动动能产生项，对于不可压缩流体取为 0。扩散项的表达式如下：

$$Diff_T=\frac{1}{V_F}\left\{\frac{\partial}{\partial x}\left(v_kA_x\frac{\partial k_T}{\partial x}\right)+R\frac{\partial}{\partial y}\left(v_kA_yR\frac{\partial k_T}{\partial y}\right)+\frac{\partial}{\partial z}\left(v_kA_z\frac{\partial k_T}{\partial z}\right)+\xi\frac{v_kA_xk_T}{x}\right\}$$
$$(8-17)$$

$$Diff_\varepsilon=\frac{1}{V_F}\left\{\frac{\partial}{\partial x}\left(v_\varepsilon A_x\frac{\partial \varepsilon_T}{\partial x}\right)+R\frac{\partial}{\partial y}\left(v_\varepsilon A_yR\frac{\partial \varepsilon_T}{\partial y}\right)+\frac{\partial}{\partial z}\left(v_\varepsilon A_z\frac{\partial \varepsilon_T}{\partial z}\right)+\xi\frac{v_\varepsilon A_x\varepsilon_T}{x}\right\}$$
$$(8-18)$$

v_T 表示紊动的运动黏滞系数：

$$v_T=CNU\frac{k_T^2}{\varepsilon_T} \quad (8-19)$$

则紊动的动力黏滞系数 μ 为：

$$\mu=\rho(v+v_T) \quad (8-20)$$

为控制紊动动能耗散率，避免能量的巨大耗散，RNG $k-\varepsilon$ 模型中引入了表示紊动特征长度的 TLEN 参数。若通过求解方程(8-15)得到的 ε_T 值小于式(8-21)得到的 ε_T，则程序将调整 ε_T 的值为式(8-21)计算出的值。合理选取 TLEN 值非常重要，如果取得太小，则过高估计了能量耗散,取得太大则能量耗散值偏小,紊流没有得到充分的描述。FLOW-3D 推荐 TLEN 值一般取为计算域三方向最小长度尺度的 0.07 倍。本节按推荐值选取。

$$\varepsilon_\mathrm{T} = CNU \sqrt{\frac{3}{2}} \frac{k_\mathrm{t}^{\frac{3}{2}}}{TLEN} \tag{8-21}$$

k 方程和 ε 方程中各系数的值分别取为:$CNU=0.085$、$v_\mathrm{k}=1.39$、$v_\varepsilon=1.39$、$CDIS1=1.42$、$CDIS2=1.92$。

8.1.3 自由表面追踪的 VOF 法

数值模拟采用 VOF 法进行自由表面的追踪。VOF 法的基本思想是在计算域每个单元内定义一个流体体积函数 F,F 表示单元内流体所占的体积与该单元可容纳流体体积之比。若单元被流体占满,F 值为 1;空单元的 F 值为 0;F 值在 0 与 1 之间的单元为含有表面的单元,这种单元或是与自由表面相交,或是含有比单元尺度小的气泡。自由表面的单元定义为含有介于 0 到 1 之间的 F 值,且与其相邻的单元中至少有一个是 F 值为 0 的空单元。F 是空间和时间的函数,应满足的输运方程为

$$\frac{DF}{Dt} = \frac{\partial F}{\partial t} + \frac{\partial uF}{\partial x} + \frac{\partial vF}{\partial y} = 0 \tag{8-22}$$

求解上式即可得出每个单元的 F 值,从而确定自由表面所在的单元。由于 F 函数是一个阶梯函数,不是连续函数,因此方程不能用通常的差分格式进行离散求解。如果用通常的差分格式,就会把 F 的间断性抹平,或者在 F 的间断点处产生数值振荡,从而失去 F 函数的原有定义。为了克服这一困难,需要采用自由表面重构的方法来处理自由表面。

Hirt 和 Nichols 的施主-受主方法是在他们提出 VOF 方法的同时提出来的,是比较早的一种界面重构技术。现在 FLOW-3D 中的标准 VOF 法就是采用这种重构技术。首先,根据网格边界的速度确定两个相邻网格之间的关系。处在上游的网格被称为施主(Donor)网格,处在下游的网格被称为受主(Acceptor)网格,如图 8-1 所示。将输运方程(二维)在时间 δt 内和在一个网格控制节点 $P_{i,j}$ 的单元空间(图 8-2)上,进行积分:

$$\int \mathrm{d}t \iint \left(\frac{\partial F}{\partial t} + \frac{\partial uF}{\partial x} + \frac{\partial vF}{\partial t} = 0 \right) \mathrm{d}x \mathrm{d}y = 0 \tag{8-23}$$

积分以后有:

$$(F_{i,j}^{n+1} - F_{i,j}^n)\delta x \delta y + (F_{i,j}^n u_{i+1/2,j} - F_{i,j}^n u_{i-1/2,j})\delta t \delta y \\ + (F_{i,j}^n v_{i,j+1/2} - F_{i,j}^n v_{i,j-1/2})\delta t \delta x = 0 \tag{8-24}$$

式中,左边第一项表示在 δt 时间内通过单元网格内流量的总变化量;后两项分别表示通过单元网格的垂直边和水平边的变化量。对式(8-24)的后两项作了如下处理:令

$F^n_{i,j}v_{i,j+1/2}\delta t\delta x = (F^n_{i,j}V_y)\delta x$，则在时间 δt 内通过网格水平边的流量变化可以由下式来表示：

$$(F^n_{i,j}V_y) = \min(F_{AD}|V_y| + CF, F_D\delta_{yD}) \quad (8-25)$$

其中，

$$CF = \max[(1.0 - F_{AD})|V_y| - (1.0 - F_D)\delta_{yD}, 0.0] \quad (8-26)$$

式中，下标 D 表示施主；A 表示受主；AD 表示施主或者受主，取决于单元中自由面的位置和速度方向。当速度方向与界面近似垂直时，取为受主 $F_{AD}=F_A$；当流动方向与流体表面方向平行时，取为施主；若受主单元或施主单元的上游单元为空单元时，则不论流体表面方向如何，均取 $F_{AD}=F_A$。对于在 δ_t 内通过单元网格上其他边界的流量，计算方法类似。

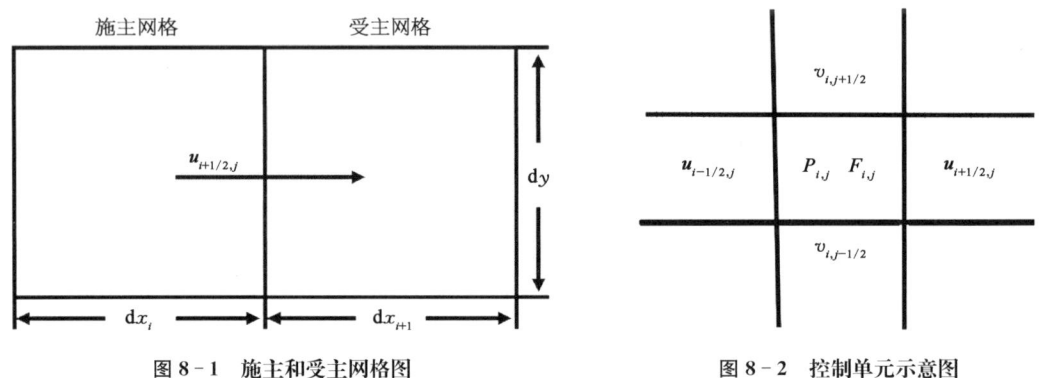

图 8-1 施主和受主网格图　　　　图 8-2 控制单元示意图

在以上变换中应当满足：

$$\delta t < \min\left(\frac{\delta x}{|u|}, \frac{\delta y}{|u|}\right) \quad (8-27)$$

一般情况下，δ_t 取为三分之一或者四分之一的最小值。输运方程经过以上变换后，就可以通过确定单元格各个边界的流量变化，确定出新时刻的流体体积函数分布。但是，仅仅得到每个网格的离散体积函数值，是不能确定自由表面的具体位置和形状的。这就需要采用一定的重构技术，也就是基于流体体积函数值分布和特殊的算法，假定将自由表面重构出来。Hirt 和 Nichols 的施主-受主方法用平行于坐标轴的直线段表示自由表面，具体平行于网格哪一条边，要看此网格和与此网格相邻的流体体积函数分布而定。在二维自由表面的重构过程中，将网格中的自由面看作局部的单值函数 $Y(x)$ 和 $X(y)$，采用 9 个网格的模板(图 8-3)，计算 $i-1$，$i+1$ 网格列的 Y_l 值和 $j-1$，$j+1$ 网格列的 X_l 的值，估算出每个网格上自由表面的斜率值 dY/dx 和 dX/dy。然后，根据流体体积函数和斜率的大小确定网格(i,j) 上的自

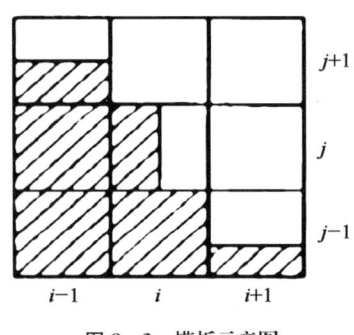

图 8-3 模板示意图

由面的位置和方向。

$$Y_l = \sum_{k=j-1}^{j+1} F_{lk}\delta_{yk}, \ l = i-1, i, i+1 \tag{8-28}$$

$$\frac{dY}{dx} = \frac{2(Y_{i+1} - Y_{i-1})}{\delta x_{i+1} + 2\delta x_i + \delta x_{i-1}} \tag{8-29}$$

$$X_l = \sum_{k=i-1}^{i+1} F_{lk}\delta_{xk}, \ l = j-1, j, j+1 \tag{8-30}$$

$$\frac{dX}{dy} = \frac{2(X_{j+1} - X_{j-1})}{\delta y_{j+1} + 2\delta y_j + \delta y_{j-1}} \tag{8-31}$$

若按式(8-28)~式(8-31)计算出的 dY/dx 值小于 dX/dy，则自由面定义为水平，否则则为垂直面。以上说明的是二维网格单元中的自由表面重构，对于三维情况，采用的是平行于单元体表面的平面来重构自由表面。在每一单元的周围，共有 26 个相邻单元将其包围在内，在 x、y、z 三个方向均可分为三层，每层为 9 个单元，分别计算每一个方向单元的左右两侧 9 个单元 F 的和值。这样可以得到每一个单元 x 方向左侧、右侧，y 方向前侧、后侧，z 方向下侧和上侧的共 6 个关于流体体积函数 F 的和值。通过比较此 6 个和值的大小，取其最大值，若左侧的 F 和值最大，则自由表面平行于单元的左侧。在自由面的方向确定后，其位置可以通过控制体内所含有的流体体积函数值 F 得到。例如设自由表面经计算后应平行于单元左侧面，则自由表面距左侧面的距离 X_S 可通过下式计算得到：

$$F(i,j,k)\Delta x \Delta y \Delta z = \Delta y \Delta z X_S \tag{8-32}$$

在三维情况下，由于一个网格内真实的自由表面形状一般为曲面，采用垂直或水平平面来表示自由表面，无疑会大大降低模拟精度。为了精确重构曲面表面，FLOW-3D 自版本 8.2 后，就加入了新的拉格朗日 VOF 对流法(Unsplit Lagrangian method 和 Split Lagrangian method)进行自由表面追踪。这种新方法实质上是采用分段线性的平面来表示自由表面，降低了标准方法在计算流体运动方向不与坐标轴平行时出现的误差。但是应用发现，这种方法容易在高旋涡流动区域和远离自由表面的满流体单元处出现体积误差。且三维的应用实例表明，此法在计算自由表面的法向量方面有待进一步改进。新的拉格朗日 VOF 对流法并未被作为 FLOW-3D 的推荐选项。本节三维数值波浪水池中的水流流动沿 x 轴正向流动，因此选用了标准的 Hirt 和 Nichols 的施主-受主法进行自由表面的追踪。在 FLOW-3D 中，关于流体体积函数 F 的输运方程同样需要考虑体积和面积分数参数，关于 F 的输运方程表达式(8-33)虽不同于式(8-22)，但是求解方法还是一样的。

$$\frac{\partial F}{\partial t} + \frac{1}{V_F}\left[\frac{\partial}{\partial x}(FA_x u) + \frac{\partial}{\partial y}(FA_y v) + \frac{\partial}{\partial z}(FA_z w)\right] = 0 \tag{8-33}$$

8.2 数值模拟结果分析与讨论

8.2.1 振荡浮子数值模拟验证

本节对波浪与浮体的相互作用进行验证,选取第 7 章的浮式梳式防波堤集成振荡浮子波浪能装置物理模型试验的部分工况进行模拟。通过对比分析,验证本节所建立的数值模型的准确性。

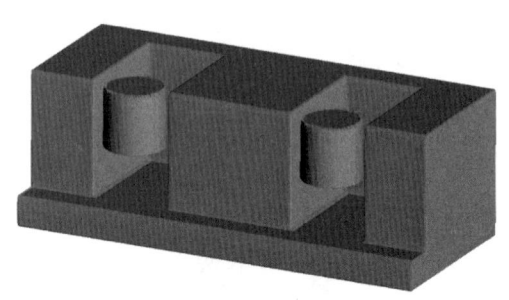

图 8-4 浮式梳式防波堤集成振荡浮子波浪能装置模型示意图

选取矩形方箱的浮式梳式防波堤与平底圆柱浮子 a。数值模型中防波堤及浮子的尺寸均与物理模型相同。浮子中心到背板的距离为 $l=0.2$ m,试验水深 $d=1.0$ m。采用规则波浪,波高 $H=0.1$ m,周期 $T=0.8\sim1.6$ s。在浮子底部设置一根弹簧,与防波堤底板相连以模拟 PTO 阻尼,阻尼系数设置为 $b_{PTO}=48$ N·s/m。使用 FLOW-3D 配置的模型生成器建模,模型示意如图 8-4 所示。

图 8-5 所示为数值模拟得到的浮子运动响应幅值和波浪能转化效率与试验结果的比较。对比结果显示,本章模拟的浮体与波浪的耦合运动,可以准确模拟浮体在波浪作用下的运动,数值模拟试验结果的变化趋势与物理模型试验结果基本相同,且误差在 6% 以内。数值模拟试验的波浪能俘获效率和垂向运动响应均略大于物理模型试验结果。这是由于物理模型试验中,振荡浮子在波浪作用下垂荡运动时会受到来自竖直滑轨的阻力作用,而数值模拟忽略了阻尼作用。因此,本节采取的数值模拟手段能够应用于浮式梳式防波堤集成振荡浮子波浪能装置的性能研究。

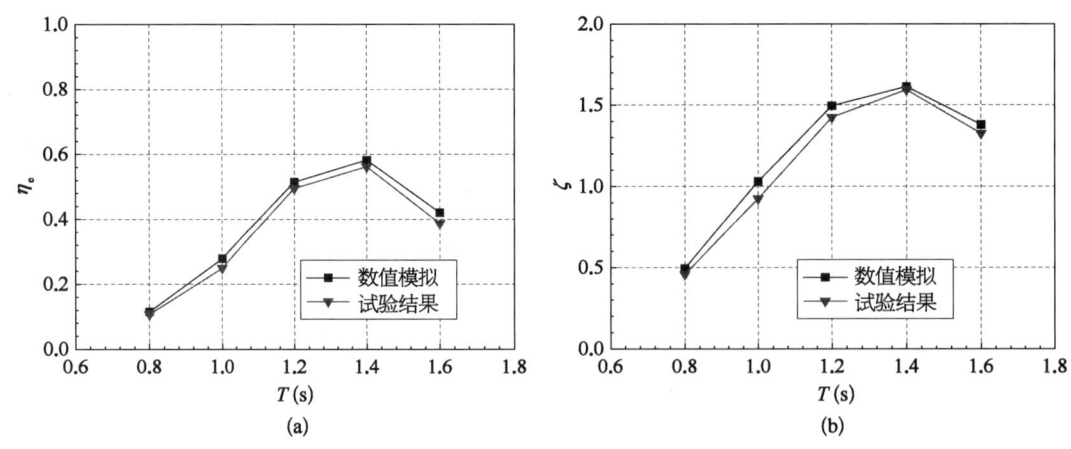

图 8-5 数值结果与试验结果对比

8.2.2 浮子相对位置优化研究

振荡浮子在空腔内的位置对波浪能装置的水动力性能具有重要影响，本节研究振荡浮子在空腔内的最优位置。试验水深 $d=1.0$ m，采用五阶斯托克斯波浪，波高 $H=0.1$ m，周期 $T=1.4$ s。防波堤模型采用四矩形方箱浮式梳式防波堤，空腔长度为 $l_0=0.4$ m，圆柱形浮子底面半径设置为 0.10 m，浮子高 0.2 m，密度设置为 500 kg/m³。浮子中心到背板的距离 l 分别设置为 0.1~0.5 m，相对距离 l/l_0 为 0.25~1.25。

图 8-6 所示为振荡浮子的波浪能俘获效率 η_e、垂向运动响应 ζ 与透射系数 C_t 随浮子中心距背板的相对距离 l/l_0 的变化曲线。当相对距离 l/l_0 大于 1.0 时，此时浮子中心位于空腔外部，波浪能俘获效率 η_e 维持在 0.26 左右；当相对距离 l/l_0 小于 1.0 并逐渐减小，此时浮子进入空腔内部，并且到背板的距离越来越小，波浪能俘获效率呈先减小后增大的趋势，在 $l/l_0=0.88$ 时，取得最小值 0.095。随着 l/l_0 继续减小，波浪能俘获效率 η_e 逐渐增大，并在 $l/l_0=0.25$ 时取得最大值 0.94。这意味着浮子在靠近空腔背板的位置能够更加有效地利用

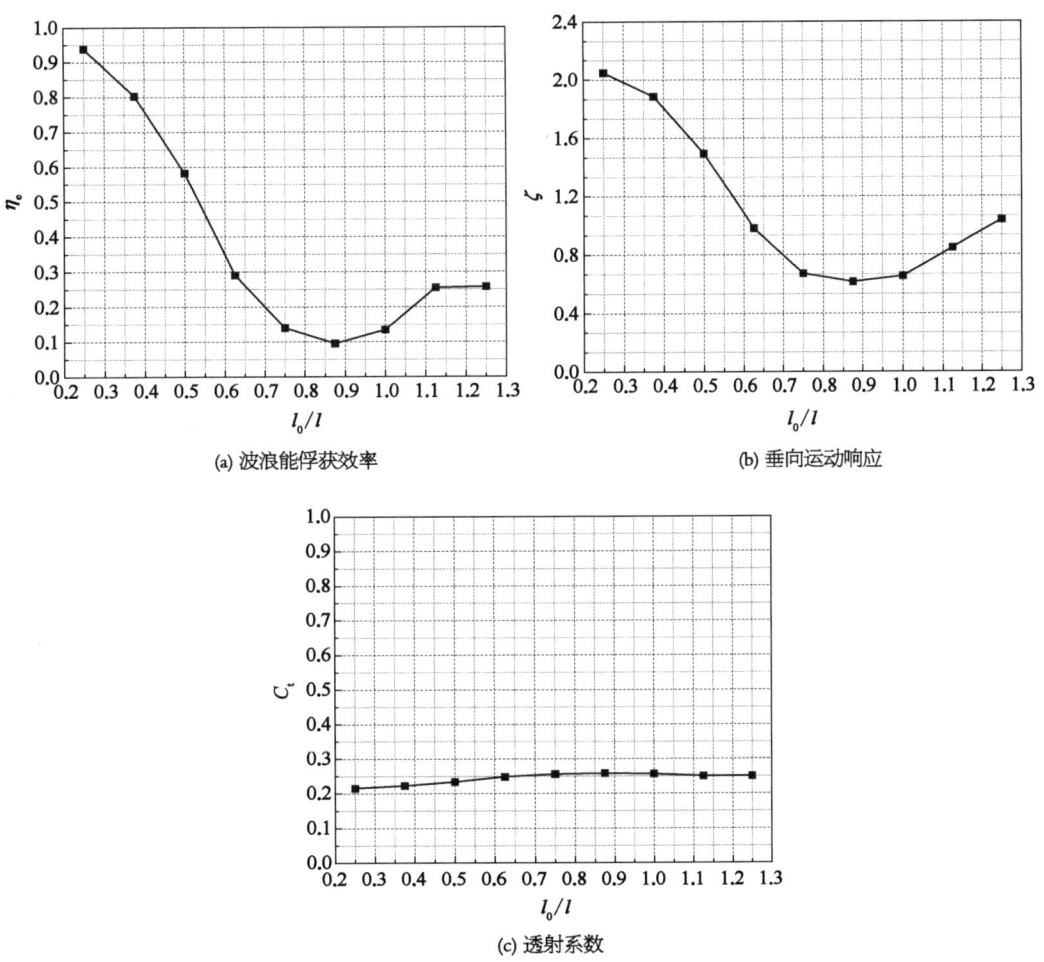

图 8-6 不同浮子在相对位置下的集成装置性能

波浪能,具有更有效的能量转换条件。这是由于随着浮子与空腔背板之间的距离减小,波浪共振效应加强,具有更加复杂的流体动力特性,如涡流的形成和流速的变化。垂向运动响应的变化趋势与波浪能俘获效率相同。而透射系数随相对距离 l/l_0 的增大变化较小,这是由于浮式梳式防波堤在消浪方面起到主体作用,透射系数主要与防波堤的吃水有关。因此浮子在空腔内位置的微小变化对整体结构的水动力特性影响有限,不足以引起透射系数的显著变化。

8.2.3 浮子相对尺寸优化

试验水深 $d=1.0$ m,采用五阶斯托克斯波浪,波高 $H=0.1$ m,周期 $T=1.4$ s。防波堤模型采用四矩形方箱浮式梳式防波堤,圆柱形浮子底面半径设置为 $0.08\sim0.13$ m,对应的相对宽度 B/B_0 分别为 $0.62\sim0.92$。浮子高 0.2 m,密度设置为 500 kg/m³,浮子中心距离背板 0.2 m。

图 8-7 所示为振荡浮子的波浪能俘获效率 η_e、垂向运动响应 ζ 与透射系数 C_t 随浮子相对宽度的变化曲线。当 $B/B_0=0.62\sim0.85$ 范围内,波浪能俘获效率 η_e 随 B/B_0 的增

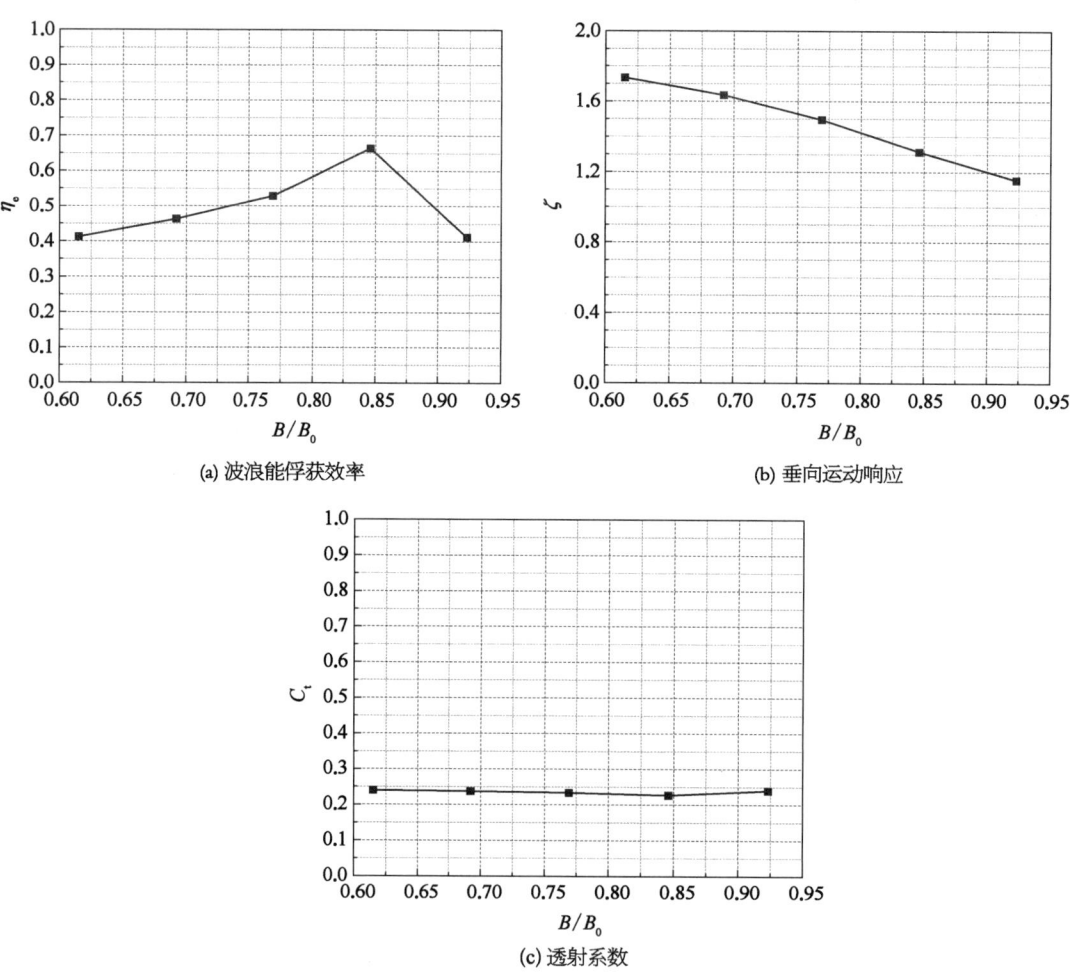

(a) 波浪能俘获效率　　(b) 垂向运动响应

(c) 透射系数

图 8-7　不同浮子在相对宽度下的集成装置性能

大而增大。这是由于大浮子具有较大的体积和表面积,可以有效增加与波浪接触的表面积,从而有利于波能转换。并且随着浮子质量的增加,进而引起共振频率减小,波浪能俘获效率 η_e 于 $B/B_0=0.85$ 时取得最大值 0.66,说明该尺寸的浮子能够实现共振效应。当 $B/B_0=0.85\sim 0.92$ 范围内,波浪能俘获效率 η_e 随 B/B_0 的继续增大而减小。这是由于该尺寸的浮子不能很好地与波浪实现共振效应,且由于质量较大,运动幅值较小,从而导致波浪能俘获效率降低。垂向运动响应 ζ 随 B/B_0 的增大而减小,这是由于 B/B_0 较小的浮子质量也较小,因此在相同的波浪条件下会产生更大的垂向位移。透射系数随 B/B_0 的增大几乎没有变化,这是由于浮式梳式防波堤在消浪方面起到主体作用,因此浮子尺寸的微小变化对整体结构的水动力特性影响有限,不足以引起透射系数的显著变化。

8.2.4 浮子相对吃水优化

本节研究振荡浮子的吃水深度对波浪能装置水动力性能的影响,定义振荡浮子的相对吃水深度为 h/h_0。其中,h 为振荡浮子的吃水深度,$h_0=0.23$ m 为空腔内的水深,如图 8-8 所示。

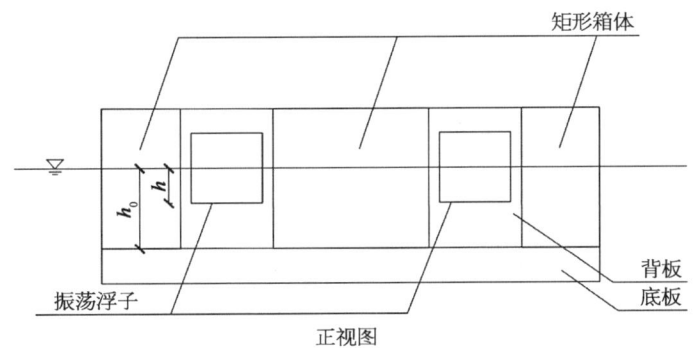

图 8-8 浮子相对吃水深度示意图

试验水深 $d=1.0$ m,采用五阶斯托克斯波浪,波高 $H=0.1$ m,周期 $T=1.4$ s。防波堤模型采用四矩形方箱浮式梳式防波堤,圆柱形浮子的密度保持不变,为 500 kg/m³,底面半径设置为 0.10 m,高度设置为 0.16~0.24 m。对应的吃水深度分别为 0.08~0.12 m,相对吃水深度 d/d_0 分别为 0.35~0.52,浮子中心距离背板 0.2 m。

图 8-9 所示为振荡浮子的波浪能俘获效率 η_e、垂向运动响应 ζ 与透射系数 C_t 随浮子相对宽度的变化曲线。从图中可见,波浪能俘获效率 η_e 随的增大变化较小,在 0.5 附近浮动,于 $d/d_0=0.44$ 时取得最大值 0.53。垂向运动响应随 ζ 的增大而呈微弱的下降趋势,缓慢减小,透射系数随的增大同样几乎没有变化。这是由于浮式梳式防波堤在消浪方面起到主体作用,因此浮子吃水的微小变化对整体结构的水动力特性影响有限,不足以引起透射系数的显著变化。该结果表明,在保持密度不变的前提下,在满足工程实际条件,通过减小圆柱形振荡浮子的高度减少材料用量,同时也能保证良好的波能转换性能,具备较好的经济效益。

(a) 波浪能俘获效率

(b) 垂向运动响应

(c) 透射系数

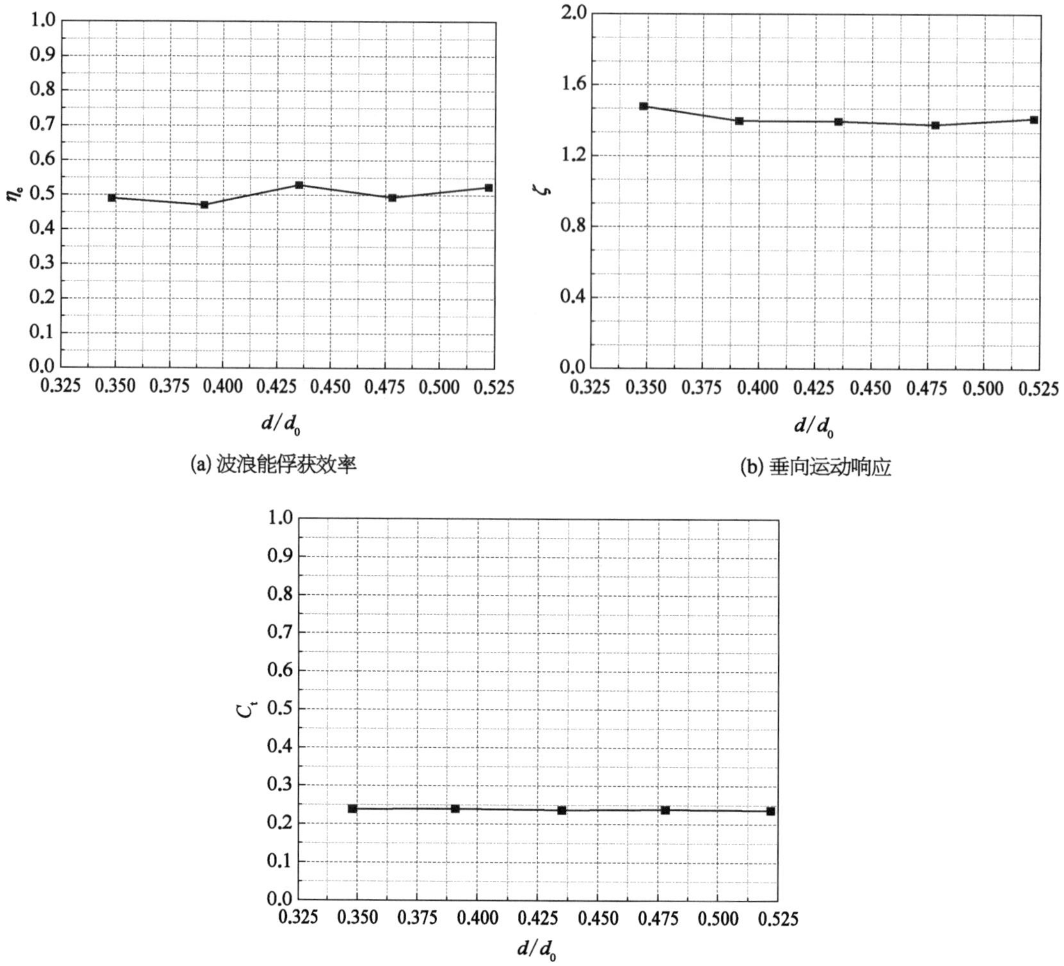

图 8-9　不同相对宽度下的波浪能装置性能

8.2.5　浮子底面形状优化

试验研究结果表明：浮子底部的形状对波浪能装置的水动力性能具有重要影响，且圆锥底浮子表现出了较好的波能转换能力。因此，本节对圆锥底振荡浮子的最优几何比进行分析，定义圆锥形振荡浮子底部的几何比为锥体部分的高度 h_2 除以吃水深度 h，如图 8-10 所示。

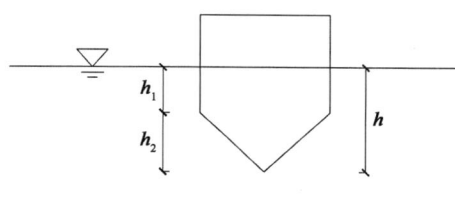

图 8-10　锥形底振荡浮子示意图

试验水深 $d=1.0$ m，采用五阶斯托克斯波浪，波高 $H=0.1$ m，周期 $T=1.4$ s。防波堤模型采用四矩形方箱浮式梳式防波堤，圆锥形浮子的质量不变，密度为 500 kg/m^3，底面半径设置为 0.08 m，h_2 分别设置为 0～0.075 m。对应的 h_2/h 分别为

$0\sim 0.58$,浮子中心距离背板 0.2 m。

图 8-11 所示为振荡浮子的波浪能俘获效率 η_e、垂向运动响应 ζ 与透射系数 C_t 随浮子相对宽度的变化曲线。当 $h_2/h=0\sim 0.50$ 时,波浪能俘获效率 η_e 随 h_2/h 的增大而增大。这是由于锥形底形状有助于波浪的分离,从而削减水流的阻力,减少紊流和涡流的产生。在垂荡运动中,仅在拐角和底部尖端处产生少量的涡脱落。当 $h_2/h=0.5$ 时,波浪能俘获效率 η_e 取得最大值 0.77,说明该形状的锥形底浮子具有最优波能俘获性能。当 $h_2/h=0.50\sim 0.58$ 时,波浪能俘获效率 η_e 随 h_2/h 的继续增大而减小,说明锥形浮子的共振频率发生变化,无法很好地与波浪实现共振效应。

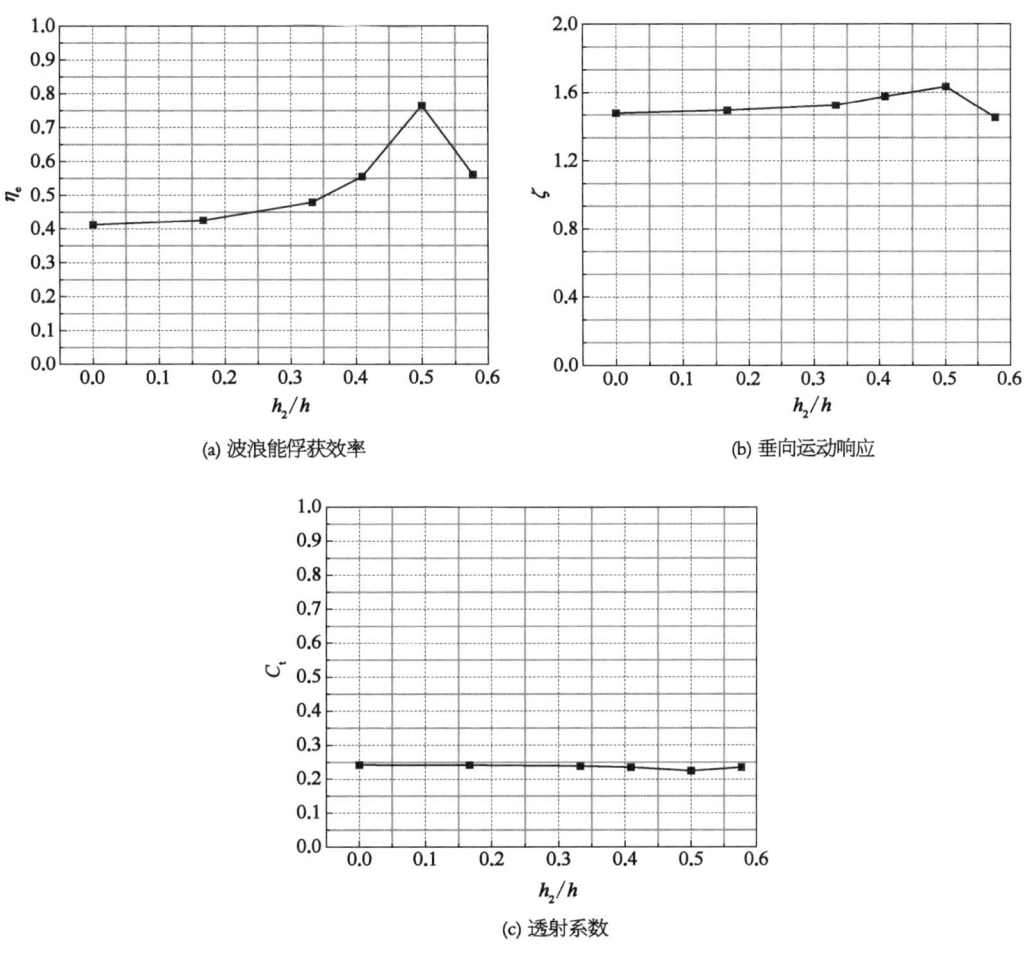

图 8-11 不同相对宽度下的波浪能装置性能

由图 8-11b 可见,垂向运动响应 ζ 随 h_2/h 的增大而减小,并于 $h_2/h=0.5$ 时,取得最大值 1.63。而由图 8-11c 可见,透射系数随 h_2/h 的增大几乎没有变化。这是由于浮式梳式防波堤在消浪方面起主要作用,浮子形状的微小变化对整体结构的水动力特性影响有限,不足以引起透射系数的显著变化。

参考文献

[1] Li Y C, Liu H J, Teng B, and Sun D P. Reflection of Oblique Incident Waves by Breakwaters with Partially-Perforated Wall. China Ocean Engineering, 2002, 16(3): 329-342.

[2] 房卓.梳式防波堤的水动力学特性研究[D].大连：大连理工大学,2011.

[3] 朱浩,牛恩宗,郑天立.梳式透空防波堤机理特点及掩护效果[J].水运工程,2001,(10)：31-34.

[4] 朱大同.梳式堤波浪反射系数近似计算[C].第十三届中国海岸工程学术讨论会论文集：海洋出版社,2007：206-210.

[5] Koo W. Nonlinear time domain analysis of motion restrained pneumatic floating breakwater[J]. Ocean Engineering, 2009, 36(940): 723-731.

[6] He F, Zhen H H, Law A W. Hydrodynamic performance of a rectangular floating breakwater with and without pneumatic chambers: an experimental study[J]. Ocean Engineering, 2012, 51: 16-27.

[7] 张余,王永学,肖霄.废旧轮胎浮式防波堤模型试验[J].水利水电科技进展,2010,30(3)：73-76.

[8] 吴静萍,王仁康,郑晓伟,等.浮漂式防波堤的试验研究[J].武汉理工大学学报（交通科学与工程版）,2001,25(1)：91-93.

[9] 吴试,吴宋仁.浮式防波屏整体模型试验研究[D].重庆交通学院学报,2004,23(增1)：93-95,99.

[10] Dong G H, Zheng Y N, Li Y C, et al. Experiments on wave transmission coefficients of floating breakwaters[J]. Ocean Engineering, 2008, 35(8-9): 931-938.

[11] Wang H Y, Sun Z C. Experimental study of a porous floating breakwater[J]. Ocean Engineering, 2010, 37(5-6): 520-527.

[12] JTJ/T 234-2001,海浪模型试验规程[M].北京：人民交通出版社,2001：30-40.

[13] 俞聿修.随机波浪及其工程应用[M].大连：大连理工大学出版社,2000.

[14] Goda Y, Suzuki Y. Estimation of Incident and Reflected Waves in Random Wave Experiments. Proceedings of the 15th International Conference on Coastal Engineering, New York, ASCE, 828-845.

[15] 吕若辰.梳式防波堤兼作波能发电装置的设计与研究[D].天津：天津大学,2013.

[16] Patarapanich M, Cheong H F. Reflection and transmission characteristics of regular and random waves from a submerged horizontal plate[J]. Coastal Engineering,

1989,13(2):161-182.

[17] Boussinesq J. Theory of wave and swells propagated in long horizontal rectangular canal and imparting to the liquid contained in this canal[J].Journal de Mathematiques Pures et appliquess,1872,17(2):55-58.

[18] Chen C J, Jaw S Y. Fundamentals of turbulence modeling[M].USA:Taylor & Francis,1998.

[19] 薛雷平,刘桦,刘海江.床面上直立圆柱的三维湍流数值模拟[J].力学学报,2004,36(6):649-654.

[20] Marzio P,Enrico N J,Tomas. DNS study of turbulent transport at low prandtl numbers in a channel flow[J].Journal of fluid mechanics,2002,458:419-441.

[21] 王福军.计算流体动力学分析-CFD 软件原理与应用[M].北京:清华大学出版社,2004.

[22] Mashayek F, Ashgriz N. A Hybrid finite-element-volume-of-fluid method for simulating free surface flows and interfaces[J]. International Journal of Numerical Methods in Fluids,1995(20):1363-1380.

[23] Chern I L, Glimm J, McBryan O. Front tracking for gas dynamics[J]. J. Comput. Phys.,1986(62):83-110.

[24] Harlow E H, Welch J F. Numerical calculation of time-dependent viscous incompressible flow of fluid with free surface[J]. Phys. Fluids,1965(8):2182-2190.

[25] Miyata H. Finite-difference simulation of breaking waves[J]. J. Comput. Phys.,1986(65):179-187.

[26] Miyata H, Nishimura S. Finite-difference simulation of nonlinear ship waves[J]. J. Fluid Mech.m 1985,(157):327-332.

[27] Hirt C W, Nichols B D. Volume of fluid (VOF) method for the dynamics of free boundaries[J]. J.Comput. Phys.,1981(39):201-225.

[28] Mashaye K F, Ashgriz N. Advection of axisymmetric interfaces by the volume-of-fluid method[J]. Int.J. Numerical Method Fluids,1995(20):1337-1361.

[29] 高学平,李昌良,张尚华.复杂结构形式的海堤波浪力及波浪形态数值模拟[J].海洋学报(中文版),2006(01):139-145.

[30] 周勤俊,王本龙,兰雅梅,等.海堤越浪的数值模拟[J].力学季刊,2005(04):629-633.

[31] 邹志利,邱大洪,王永学.VOF 方法模拟波浪槽中二维非线性波[J].水动力学研究与进展 A 辑,1996(01):93-103.

[32] 董志,詹杰民.基于 VOF 方法的数值波浪水槽以及造波、消波方法研究[J].水动力学研究与进展 A 辑,2009(01):15-21.

[33] 任冰.随机波浪对不同接岸型式码头上部结构的冲击作用研究[D].大连:大连理工

大学,2003.

[34] 李雪临.波浪冲击过程的流场变化特性研究[D].大连:大连理工大学,2009.

[35] 丁兆强.波浪对透空式三维结构物的冲击作用研究[D].大连:大连理工大学,2010.

[36] 林毅.自由表面流动问题数值方法的理论研究及应用[D].天津:天津大学,2010.

[37] Larsen J, Dancy H. Open boundaries in short wave simulations-a new approach[J]. Coastal Engineering, 1983, 7: 285-297.

[38] I Demirdzic, M Peric. Finite volume methods for prediction of fluid flow in arbitrarily shaped domains with moving boundaries[J]. Int. J. Num. Meth. Fluids, 1990(100): 771-790.

[39] Lan C W, Liu C C, Hsu C M. An adaptive finite volume method for incompressible heat flow problems in solidification[J]. Journal of Computational Physics, 2002(178): 464-497.

[40] Patanker S V, Spalding D B. A calculation procedure for heat, mass and momentum transfer in three-dimensional parabolic flows. Int J Heat Mass Transfer[J], 1972, (15): 1787-1806.

[41] 洪方文.自由面附近运动物体流场的数值与试验研究[D].无锡:中国船舶科学研究中心,2001.

[42] 王瑞金,张凯,王刚.FLUENT技术基础与应用实例[M].北京:清华大学出版社,2007.

[43] Lin Z P, Liu P L F. Internal wave-maker for Navier-Stokes equations models[J]. Journal of Waterway, Port, Coastal and Ocean Engineering, 1999, 125(4): 207-215.

[44] 叶茂伍,陈云良,张挺,等.FLUENT软件在水利工程中的应用[J].水利水电科技进展,2006(03): 78-81.

[45] 刘加海,杨永全,张洪雨,等.二维数值水槽波浪生成过程及波浪形态分析[J].四川大学学报(工程科学版),2004(06): 28-31.

[46] 李凌.黏性流中水波与浮式结构物相互作用的数值模拟研究[D].上海:上海交通大学,2007.

[47] Fenton J D. Fifth-order stokes theory for steady waves[J]. Journal of Waterway, Port, Coastal and Ocean Engineering, 1985, 111(2): 216-234.

[48] Chakrabarti S K. Hydrodynamics of Offshore Structures[Z]. 1Computational Mechanics Publications, 1987.

[49] Bhattacharyya S K. On two solutions of fifth order stokes waves[J]. Applied Ocean Research, 1995, 17(1): 63.

[50] Bhattacharyya S K. Dispersion of fifth order Stokes waves. A numerical method

[66] Hirtc W N. Volume of fluid (VOF) method for the dynamics of free boundary[J]. Journal of Computational Physics,1981,39:201-225.

[67] Barkhudarov M R. Lagrangian VOF Advection method for FLOW-3D[J]. Flow Science Inc,2004,1(10).

[68] 张婷.波浪的三维数值模拟及其应用[D].天津:天津大学,2009.

[J]. Advances in engineering software and workstations,1991,13(1):40-45.

[51] 石瑞祥,周宗仁,尹彰.二维数值造波水槽不规则波之数值研究[J].燕山大学学报,2004(02):172-178.

[52] 高学平,曾广冬,张亚.不规则波浪数值水槽的造波和阻尼消波[J].海洋学报(中文版),2002(02):127-132.

[53] JTJ/T 213-98.海港水文规范[S].北京:中华人民共和国交通部,1998.

[54] Lu L, Cheng L, Teng B, et al. Numerical investigation of fluid resonance in two narrow gaps of three identical rectangular structures[J]. Applied Ocean Research, 2010, 32(2):177-190.

[55] Li B, Cheng L, Deeks A J, et al. A semi-analytical solution method for two-dimensional Helmholtz equation[J]. Applied Ocean Research, 2006, 28(3):193-207.

[56] Chen Y, Niu G, Ma Y. Study on hydrodynamics of a new comb-type floating breakwater fixed on the water surface: E3S Web of Conferences[C]. EDP Sciences, 2019.

[57] Liang J, Liu Y, Chen Y, et al. Experimental study on hydrodynamic characteristics of the box-type floating breakwater with different mooring configurations[J]. Ocean Engineering, 2022, 254:111296.

[58] Wang X, Liu Y, Lu L. Analytical solution of oblique wave interacting with a periodic array of specific caissons connected with partially immersed thin walls (comb-type)[J]. Ocean Engineering, 2019,186:106107.

[59] Goda Y. Random seas and design of maritime structures[J]. World Scientific google schola, 2010, 2:1665-1678.

[60] Zhang X, Ma S, Duan W. A new L type floating breakwater derived from vortex dissipation simulation[J]. Ocean Engineering, 2018, 164:455-464.

[61] 王永学.VOF方法数模直墙式建筑物前的波浪破碎过程[J].自然科学进展,1993(6):553-559.

[62] Ning D, Zhao X, Göteman M, et al. Hydrodynamic performance of a pile-restrained WEC-type floating breakwater: An experimental study[J]. Renewable energy, 2016, 95:531-541.

[63] Zhang H, Zhou B, Vogel C, et al. Hydrodynamic performance of a dual-floater hybrid system combining a floating breakwater and an oscillating-buoy type wave energy converter[J]. Applied energy, 2020, 259:114-212.

[64] Zhao X, Ning D. Experimental investigation of breakwater-type WEC composed of both stationary and floating pontoons[J]. Energy, 2018, 155:226-233.

[65] 李玉成,滕斌.波浪对海上建筑物的作用(第二版)[M].北京:海洋出版社,2002.